创新教育文库
主编／杨钋

林心颖 著

管中窥豹

科研助理
在高校科研场域中的作用

THE ROLE OF
RESEARCH ASSISTANTS:
A GLIMPSE INTO THE RESEARCH DYNAMICS
IN CHINESE UNIVERSITY

社会科学文献出版社
SOCIAL SCIENCES ACADEMIC PRESS (CHINA)

"创新教育文库"编委会

专业顾问 闵维方 文东茅 陈洪捷 郭建如 卢晓东
　　　　　　吴重涵 姜　华 李　伟 霍丽娟

主　　编 杨　钋

成　　员 井美莹 陈　洁 屈　静 张　华 林心颖
　　　　　　张　凌 解启健 张　俊 吴华杰 燕　山
　　　　　　郭　峰

文库总序

为了教育的创新

周虽旧邦,其命维新。

《诗经·大雅·文王》

创新是高质量教育发展的立足点和目标。党的二十大报告提出,必须坚持科技是第一生产力、人才是第一资源、创新是第一动力,深入实施科教兴国战略、人才强国战略、创新驱动发展战略。创新是社会发展的驱动力,教育领域的创新是全社会创新的新动能来源。

教育创新的社会价值高,形式多元。在我国当前的语境中,教育创新是教育供给侧改革的驱动力,可以不断开辟发展新领域、新赛道,不断塑造发展新动能、新优势。根据开放式创新理论,网络共生创新包含内部合作、消费者合作、价值网络合作、开放式合作和生态合作等五个层次,可以支持丰富、复杂和多元化的教育创新。教育创新的核心在于价值的创造,它既可以采用持续创新的方式,以教育领域已经得到业界认可的方式来创新服务供给方式;又可以采用颠覆创新的方式,引入新的教育产品或服务以创造出新的教育需求。

当前社会缺乏普遍认可的教育创新。过去数十年来,国际组织、政府和非政府组织积极支持教育领域创新,拉美国家的"新学校运动"、我国农村地区的"一村一幼"等获得了多项国际大奖。然而,为何具有巨大社会和公共价值的教育创新并不多见?这可能与教育创新的理念、策略和支持方式有关,这三者分别对应颠覆式创新理论缔造者克里斯坦森提出的创新三要素——价值观、流程和资源。

首先，教育创新的价值观需要获得社会认可。国家公共教育体系的目标是满足社会的基本教育公共服务需求。20世纪以来，学校教育承载了越来越多的社会职能，从提供公共教育，到提高地区和国家的竞争力，再到消除贫困、促进社会公平和实现可持续发展。教育创新只有能够帮助学校和其他教育组织有效地承担新社会职能的创新，才有机会获得社会层面的认知合法性。

其次，教育创新需要符合公认的具有规制合法性的教育流程。与其他组织不同，公共教育体系内部存在行业垄断，新的供给和消费模式很难在较高的行业壁垒下出现。在教育领域中，创新可以在产业链的各个环节以及在学校、教育系统和社会等层面出现，但多数创新出现在公共教育供给尚未全面覆盖的群体、地区和服务领域之中。

最后，教育创新需要资源的支持。创新需要新的观点、新的客户、新的供给者和新资源的支持。除了采用新的观点来思考公共教育服务需要解决的问题，教育创新还需要获得用于解决问题的资源，包括教师、设备设施、经费等有形资源，也包括课程、信息、声誉等无形资源。成功的创新能够充分动员政府与社会资源。

更多教育创新的出现需要学术研究的支持。近年来，创新理论被广泛应用于指导教育领域的创新以及对教育创新的研究。教育经济学、教育管理学、教育学原理、教育技术等领域的博士研究生已经对我国丰富的教育创新实践进行了大量研究。"创新教育文库"所收录的优秀博士论文，敏锐地识别出教育领域的创新性组织、创新性学习方式和教育组织的创新性功能，并综合应用组织学、管理学、经济学和教育学等多学科理论，对教育创新的价值观、流程和资源进行了分析。这些研究虽然来自教育研究领域，它们不约而同地与开放式创新理论进行了对话，凸显了通过实践共同体进行创新的重要性和巨大潜力，拓展了教育创新研究的新方向。

教育创新研究的推进离不开学术共同体的发展，具有集合影响力的文库可以有效促进学术共同体的形成。我国不同历史时期出版了不少具有创新性的教育文库,如民国时期的"新中学文库"和"国民教育文库"。这些文库激发了社会对教育历史和实践中创新的关注,形成了有价值的系列研究成果。"创新教育文库"旨在继承和发扬文库在知识创新和知识共享方面的优势,以发掘和推荐对教育领域的创新性组织、创新性学习方式和教育组织的创新性功能的研究为己任,致力于支持我国的教育创新研究和教育事业的高质量创新发展。

编委会倾力谋划,经学界通人擘画,终以此文库呈现于读者面前。文库草创,难免有不成熟之处,诚盼专家学者和广大读者共襄助之。

杨 钋

北京大学教育学院教育经济与管理系主任

2023年6月于燕园

摘 要

针对科研人员的时间和精力被烦琐的行政事务性工作占用的问题，国家出台了支持建立科研助理专职队伍的政策。然而，目前国内外关于科研助理对科研生产力的影响程度及影响机制的研究非常缺乏，无论是理论层面的分析还是基于实证数据的分析，尤其是个体层次数据的深入分析几乎没有，难以为政策实施提供有效支撑。鉴于此，本书试图弥补该领域的研究空白。

本书聚焦三个问题：其一，科研助理制度是如何在中国高校发展起来的；其二，科研助理是否影响高校教师的科研生产力，影响的方向和程度如何；其三，科研助理影响科研生产力的原因和传导机制是什么，是否存在制度性障碍。依托社会分工理论和劳动力技能互补性假说，在布兰德（Bland）将影响科研生产力的因素归纳为个体特征、机构特征和领导特征的分析框架下，采用定量和质性相结合的方法解析上述三个问题。定量部分以某研究型高校 A 大学的 1219 名理工科教师 2010~2019 年的面板数据为样本，质性部分依据目的抽样访谈该大学 40 位相关受访者，得到以下结论。

1. 科研助理制度的兴起和繁荣源于外部制度环境变化和教师内在需求

为了研究科研助理制度是如何在中国高校发展起来的，本书从理论和实证两个层面展开。理论层面，从需求和供给两个维度揭示了科研助理制度的兴起和繁荣既源于外部制度环境的变化，又是教师内在需求的必然结果。实证层面，Logistic 回归分析与外生政策冲击下的准实验研究进一步验证了科研助理制度在中国高校发展的逻辑：（1）Logistic 回归分析表明，教师所面临的科研压力和劳务费的充裕程度是决定其是否聘用科研助理的关键因素。（2）比较间断时间序列的分析方法从因果推断的角度进一步证实：在国家放开科研经费中劳务费的比例限制后，劳务费由不足变为充足的实验组一和经费更加充裕的实验组二，在政策颁布当年，分别比具有相似研究能力但劳务费始终不足的对照组人均多聘用 0.042 名和 0.095 名科研助理；在政策颁布后的五年内又分别保持人均每年多聘 0.024 名和 0.080 名科研助理的规模，至 2019 年分别累计比对照组多聘用 0.138 名和 0.425 名科研助理，分别相当于 0.22 个标准差和 0.66 个标准差。由此可得出结论：科研助理制度是在现实环境、国家政策以及教师个体的理性选择中发展起来的。

2. 无论是对教师个体还是科研团队，聘用科研助理都显著地提高了科研产出

为了研究科研助理是否影响高校教师的科研生产力，以及影响的方向和程度，本书在科研组织层级上从微观个体到团队合作，在科研成果形式上从个体的学术发表到满足国民经济的发展需求，从纵深两个维度探讨科研助理对科研生产力的影响。运用双向固定效应模型和工具变量法进行分析，结果表明：科研助理对教师的科研发表数量和质量均具有显著的正向影响，且对发表质量的贡献更为突出。中介效应分析进一步揭示：科研助理不但直接支持教师的科研发表，对学术团队中其他成员也起到中介的支持作用。研究生对国家战略导向下的纵向课题贡献显著，科研助理对市场导向下的横向课题贡献显著，科研助理中的行政助理则在专利授权中贡献显著。由此可见，越市场化的项目，科研助理的贡献越显著。

3. 不合理的体制机制和治理结构将影响甚至制约科研助理效能的发挥

为了研究科研助理影响科研生产力的原因和传导机制，本书采用质性研究的方法，分析牵涉各方的利益权衡和博弈。研究发现：科研助理对教师科研发表的贡献在于节约教师花在基础性研究准备工作和行政事务性工作上的时间，从而提高教师对时间的利用效率，但目前依然存在影响其效能发挥的制度性障碍。具体表现为：（1）对科研助理队伍的建设目前还停留在数量的快速增长阶段，对质量的提升缺乏足够的重视和有效的措施，造成了人财物的浪费。双轨制的用人模式、缺乏明确的职业发展通道和预期等，严重影响了科研助理的归属感和工作积极性，进而影响其效能的发挥和队伍的稳定。（2）学校、学院和教师三方在聘用科研助理时，立场和目标的不一致造成管理成本高昂。（3）学术资本分配体制和强调个人绩效的评价体系加剧了教师之间的竞争并在一定程度上阻碍了科研合作。当首席研究员纷纷独立组建团队时，科研助理也需单独配置，这造成科研助理配备不足和人力资源浪费的现象并存。

结合科研助理制度在我国高校的发展状况，本书提出以下政策建议。第一，目前我国高校科研助理的人均聘用数量尚未达到最优规模，应加大对教师聘用科研助理的扶持力度。第二，应加强对科研助理的选拔和职业能力的培训，设置职业发展的通道，进行分类分级管理。第三，应在充分了解外部环境的前提下，优化高校内部治理结构，完善体制机制，实现教师、学院和学校对组织目标的高度认同，从而提高科研助理的效能。第四，国家在科技政策的引导和科研经费的监管上应"抓大放小"，给予高校和科研人员更大的自主权。

本书的创新点包括两个方面：在理论层面，将科研助理对科研生产力的影响放到了教师个体层面，较为精确地估量教师所聘用的科研助理与其科研产出的关系，并进一步将科研助理的作用置于科研团队的组织场域和科研环境的制度场域中，探究产生影响的机制和影响其效能的制度障碍，为研究科研生产力的影响因素提供中国场域的理论视角。在实证层面，采用因果推断的研究方法，丰富了学界在衡量科研生产力影响因素时的研究工具，也为各级政府优化科研助理制度提供了政策依据和有力支撑。

目 录

序 ………………………………………………… 哈　巍 / 001

第一章　绪　论………………………………………………… 001
　　第一节　研究背景………………………………………… 001
　　第二节　研究问题及研究意义…………………………… 007
　　第三节　理论分析………………………………………… 011
　　第四节　研究设计………………………………………… 022
　　第五节　样本选择与描述性分析………………………… 029

第二章　科研助理制度在中国高校的发展状况……………… 035
　　第一节　科研助理的概念和研究回顾…………………… 035
　　第二节　中国场域下科研助理队伍快速发展的必然性… 040
　　第三节　影响科研助理聘用关键因素的分析…………… 065
　　第四节　外生政策冲击下科研助理聘用的准实验研究… 072
　　第五节　小结与讨论……………………………………… 087

第三章　科研助理对科研生产力影响的程度评估…………… 090
　　第一节　核心概念………………………………………… 091
　　第二节　影响科研生产力的个体特征…………………… 098

第三节　定量分析工具……………………………………… 104
  第四节　实证研究的变量说明和描述性统计……………… 105
  第五节　方法与模型………………………………………… 112
  第六节　科研助理对教师科研发表的影响分析…………… 114
  第七节　科研助理在科研团队中的角色分析……………… 131
  第八节　科研助理在科研合作中的效能分析……………… 136
  第九节　科研助理对其他科研生产力指标的影响………… 142
  第十节　小结与讨论………………………………………… 143

第四章　科研助理对科研生产力影响的机制研究……………… 147
  第一节　影响科研生产力的机构特征和领导特征………… 148
  第二节　PI制下高校科研组织的变革 …………………… 152
  第三节　现有评价体制对个人业绩的强调………………… 155
  第四节　教师的视角：PI制下的学术合作困境 ………… 159
  第五节　科研助理的视角：职业状况和个人取舍………… 164
  第六节　学院的视角：学科差异和价值取向对指标
　　　　　分配的影响……………………………………… 173
  第七节　大学的视角：内部治理结构对指标分配的影响… 179
  第八节　科研助理助力科研生产力的效力分析…………… 184
  第九节　小结与讨论………………………………………… 192

第五章　科研组织新样态下的反思与建议……………………… 195
  第一节　研究结论…………………………………………… 195
  第二节　政策建议…………………………………………… 205
  第三节　创新与贡献………………………………………… 209
  第四节　不足与展望………………………………………… 211

附　录 ······ 214
　附录一　样本的描述性统计 ······ 214
　附录二　比较间断时间序列的研究方法 ······ 228
　附录三　倾向得分匹配法选择科研助理聘用研究中的实验组
　　　　　与对照组 ······ 230
　附录四　固定效应模型和工具变量法 ······ 234
　附录五　在科研团队合作中的效能分析使用倾向得分匹配法
　　　　　选择实验组与对照组 ······ 238
　附录六　质性研究方法中的连续比较法 ······ 240

参考文献 ······ 242

序

近三十年来中国高等教育所进行的体制机制改革，是一个巨大而深刻的制度变迁和转型过程。高等教育从精英教育走向大众教育，从以教学为主责转变为集教学、科研和社会服务于一体，在国家的经济建设和社会生活中扮演越来越重要的角色，也承担更多的责任和使命。只有深刻地洞悉时代的脉搏，既把握改革的全貌，又充分理解和论证每一项具体政策的意图和效果，才能揭示其内在的联系和规律，并据此做出恰当的选择和决策，提高科学性，降低盲目性。科研助理制度是2010年前后国家为了促进大学生就业而提出的概念和制度安排，之后，随着中国科研人员的行政事务性工作负担过重的呼声越来越强烈，科研助理作为辅助科研、提高效率的角色定位日益突出。为此从2014年开始，国家从经费、人员、考核等各个角度频繁出台了支持科研助理队伍建设、减轻科研人员行政事务性工作负担的各项政策。然而政策的执行效果如何，学界还鲜有对此进行科学、严谨而又深入的论证。

心颖作为在高校的行政部门工作多年，并且主要负责编外人员队伍建设的资深管理者，深深地嵌入了大学的制度变革和管理实务。内心里，她对自己的要求甚高，常常在理想和现实之间思考、研究和探索、实践。四年前，心颖看到我和我的硕士生于佳鑫发表的《辅助人员对科研生产力的影响——以中国科学院为例》一文，欣喜地发现这篇文章的研究主题正是她这几年一直在思索的问题，并且也是她获批的"北大研究"重大课题的研究方向，她希望能将此作为她的博士学位论文的研究内容。科研助理究竟是否能够助力高校教师的科研工作？作为管理部门，应该如何为教师配备科研助理，以及配备多少为最佳？这些问题不仅深深地吸引她，也同样困扰着她，因为这不仅是学理问题，同时也是她在工作中必须直接面对和解决的实践问题。我提醒她，作为管理者，她需要扎根于实践，具有对现实世界深刻理解之后的妥协；同时作为研究者，她又需要超脱于现实，进入理念世界，怀抱一定的理想主义，用学术的信念和洞见去照亮现实世界，从学理的角度看到更加本质和根源的层面，绝不屈服和将就。作为一名"教育领导与管理"方向的博士生，她要随时在这两种角色和两种思维间自由切换，才能既完成学位论文，又找到解决现实问题的钥匙。心颖带着这样的使命感，开始了她的博士生涯。令我欣慰的是，她的整个博士学习阶段都保持着旺盛的求知状态，围绕研究问题进行各角度的尝试和探索，定期向我汇报她的研究进展和遇到的困难。面对这样的学生，我选择给她更多的自由空间，仅在她需要帮助时给出建议和支持，在她的研究方法出现较大偏离时把她拉回来。尽管在这个过程中也经历过挫折和迷失，但她还是用三年时间高质量地完成了"北大研究"重大课题，并在之后的半年顺利获得了博士学位。我很高兴地看到她在博士学位论文的基础上进一步完善和精进自己的研究，并最终出版了这本书。

这本书以某研究型大学的理工科教师为研究对象，为了准确评估科研助理对教师科研生产的作用并揭示其产生作用的机制，采用了定量和质性相结合的研究方法。定量分析以科研助理在高校科研场域中所起作用的共性为基础，揭示科研助理制度发展过程中统计学意义上的规律，并采用因果推断的研究工具，尽可能剥离复杂世界中围绕研究问题的"杂质"，寻找科研助理影响高校教师科研生产力的"净效果"。然而与现实世界相比，再复杂的计量模型都过于简单，定量分析虽然离不开从事实出发的概括和抽象，但主要是一种抽象的归纳，难以看到规律背后的特殊性和多样性。因此本书进一步借助质性研究的方法，以对具体影响方式的观察和分析为前提，研究科研助理镶嵌在高校科研体制中的内在结构及其与外部环境的联系，从具体的现象中分析隐藏在定量研究结论之后的成因和机制。定量和质性两种研究方法的相互补充较好地规避了各自存在的局限性，以较为科学、严谨的方法，更加全面、深刻的视角分析科研助理在高校科研场域甚至整个中国科研生态中的作用。这是目前学界在这个问题上一次较为深入、系统的探索和研究。

更加可贵的是，本书并不拘泥于科研助理或者高校教师的视角，而是透过他们之间的关系对中国科研制度的历史变迁和科研助理制度产生的现实土壤进行系统的梳理和剖析，并在此基础上看到现行"PI制度"下潜在的危机以及"PI制度"与"有组织科研"之间的龃龉；提出在充分理解外部环境的前提下，优化高校内部治理是解决许多现实问题的根本出路；并分析学术审计与科学研究之间存在的逻辑冲突。通过实践中的真问题看到一个更加广阔的世界并上升到理论的层面去理解、分析和指导实践，这正是研究的目的和乐趣所在。我想，在这个过程中她不仅获得了成长，也乐在其中。

作为一名高校管理者，心颖具有研究者旺盛的好奇心和孜孜不倦的探索精神；作为一名研究者，她又具有管理者丰富的实践经验和务实的工作态度。希望通过这本书的写作和出版，能够助力她将这两种角色进行更加深入和完美的结合。

哈 巍
2023 年 10 月于北京大学燕园

第一章 绪论

本章首先介绍了本书缘起的背景：为了减轻中国科研人员日益繁重的行政事务性负担，国家出台了支持建立科研助理专职队伍的各项政策。配备科研助理能有效解决这个问题吗？据此提出本书的主题：科研助理对高校教师科研生产力的影响，其中样本的选择主要聚焦研究型大学的理工科教师，并进一步将主题分解为三个子问题。其次，基于社会分工理论，以及在此基础上发展出来的劳动力技能互补性假说，本书提出科研助理影响高校教师科研生产力的理论框架：通过分工提高劳动生产率并降低人力资源成本。最后，阐述本书的意义和全书的篇章结构。

第一节 研究背景

党的十九大确立了我国到 2035 年跻身创新型国家前列的战略目标；党的十九届五中全会提出坚持创新在我国现代化建设全局中的核心地位，把科技自立自强作为国家发展的战略支撑。科技创新已经成为国际战略博弈的主战场，围绕科技制高点的竞争空前激烈。习近平总书记在中国科学院第二十次院士大会、中国工程院第十五次院士大会、中国科协第十次全国代表大会上的讲话中指出，我国要实现高水平科技自立自强，归根结底要靠高水平创新人才。培养创新型人才是国家、民族长远发展的大计。在 2022 年中央人才工作会议上，习近平总书记再次强调，要深入实施新时代人才强国战略，全方位培养、引进、用好人才，加快建设世界重要人才中心和创新高地，为 2035 年基本实现社会主义现代化提供人才支撑，为 2050 年全面建成社会主义现代化强国打好人才基础。同时也需要看到我国原始创新能力还不强，创新体系整体效能还不高，科技投入产出效益较低等问题，这些问题很多是长期存在的难点，需要继续下大气力加以解决。

2000~2019 年 20 年间，国家不断加大对研究与试验发展（简称"研发"，R&D）经费的投入。2000 年我国研发经费 896 亿元，仅占 GDP 的 0.9%；2019 年研发经费达到 21737 亿元，占 GDP 的 2.19%，与 2000 年相比研发经费增长了 23 倍。伴随研发经费的增长，研发人员从 2000 年的 92 万人增长到 2019 年的 461 万人（见图 1-1）。按汇率折算，我国已成为仅次于美国的世界第二大研发经费投入国家，我国的研发人员总量于 2013 年超过美国，已连续 6 年稳居世界首位。①

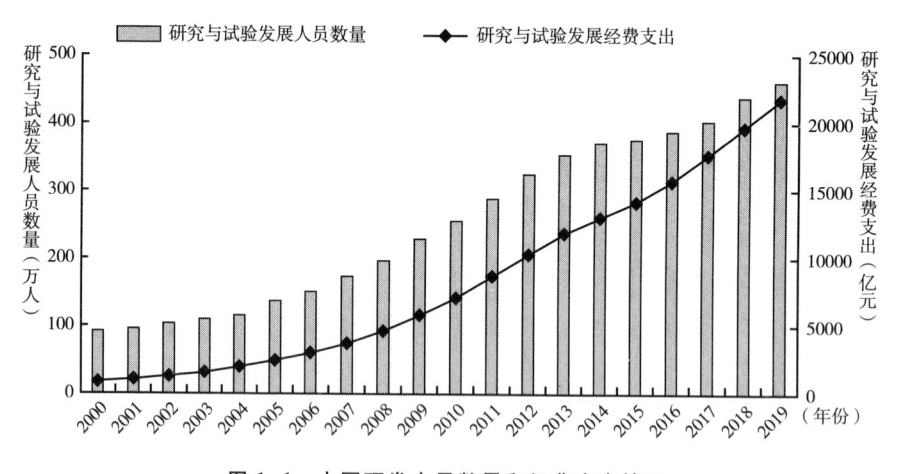

图 1-1 中国研发人员数量和经费支出情况

---

① 《中国研发人员总量连续 6 年稳居世界第一位》，中国经济网，2019 年 7 月 28 日，http://adimg.ce.cn/xwzx/gnsz/gdxw/201907/28/t20190728_32739222.shtml。

研发经费大幅度增长的另一面是科研生产力还有待进一步提高。中国人才资源总量从 2010 年的 1.2 亿人增长到 2019 年的 2.2 亿人，其中专业技术人才从 5550.4 万人增长到 7839.8 万人。① 各类研发人员全时当量达到 480 万人年，居世界首位。从表 1-1 中美研发投入及产出情况对比可以看出，2017 年中国和美国研发经费占 GDP 的比重已经很接近，与此形成鲜明对比的是根据 SCI 数据库统计显示，美国的论文发表量是中国的 1.68 倍，学科规范化的引文影响力（Category Normalized Citation Impact，CNCI）是中国的 3 倍。由此可见，经费的投入目前已不是影响中国科研产出的限制性因素，提高研发人员的科研生产力尤其是高质量的科研产出才是当下中国面临的突出问题。

表 1-1　2017 年中美研发投入及产出情况对比

国家	R&D 经费占 GDP 的比重(%)	论文发表量（篇）	学科规范化的引文影响力(%)
中国	2.14	471502	8.38
美国	2.78	792221	25.20

注：学科规范化的引文影响力是指与同行论文进行比较，相对于同行论文的相对被引表现。
资料来源：R&D 经费占 GDP 的比重来自 OECD iLibrary "Main Science and Technology Indicators，Volume 2020 Issue 1"，论文发表量和引文影响力来自 Web of Science 数据库。

近年来，中国研发人员大量的时间和精力被行政事务占用的案例被各大新闻媒体（如：中新网、腾讯网、科学网、人民政协网）纷纷报道。为了保证科研人员的时间，1961 年中央就曾提出"保证科技人员每周有 5 天时间搞科研工作"。保障时间就是保护创新能力。要建立让科研人员把主要精力放在科研上的保障机制，让科技人员把主要精

---

① 《深入实施新时代人才强国战略　加快建设世界重要人才中心和创新高地》，天眼新闻百家号，2021 年 12 月 15 日，https://baijiahao.baidu.com/s?id=1719207989905798340&wfr=spider&for=pc。

力投入科技创新和研发活动。绝不能让科技人员把大量时间花在一些无谓的迎来送往活动上，花在不必要的评审评价活动上，花在形式主义、官僚主义的各种活动上。要让科研单位和科研人员从烦琐、不必要的体制机制束缚中解放出来。

与国外科研机构相比，中国的科研辅助人员配备情况究竟如何？对比中美高校平均每位教学科研人员配比的行政人员数量后发现，国外高校一般每位教学科研人员可以配 3~7 名行政人员；而绝大部分的中国高校每位教学科研人员配比行政人员不到 1 名，每位高校教学科研人员配比行政人员 0.3~0.7 名（见表 1-2）。虽然行政人员并不完全等同于科研辅助人员，且表 1-2 的统计口径较为粗略，但较大的差距还是可以在一定程度上反映出我国科研人员较重的行政事务性工作负担。一直位居美国生物医学研究机构前 10 的斯克利普斯研究所（The Scripps Research Institute），在目前拥有的 3000 名科学家和员工中，有 270 名教授、约 800 名博士后和 1500 名技术辅助人员，外加 120 多名博士生，教学科研人员与行政人员数量之比接近 1∶6（王纬超等，2019）。

表 1-2 中外高校教师配比行政人员数量

单位：人

序号	学校名称	教学科研人员数量	行政人员数量	每位教研人员配比行政人员数量
1	哈佛大学	2164	12345	5.7
2	耶鲁大学	3478	8685	2.5
3	普林斯顿大学	1126	5400	4.8
4	哥伦比亚大学	3476	10428	3.0
5	麻省理工学院	1704	11100	6.5
6	康奈尔大学	2722	11504	4.2
7	芝加哥大学	2168	14772	6.8
8	加州大学伯克利分校	1723	21836	12.7
9	牛津大学	1465	6954	4.7

续表

序号	学校名称	教学科研人员数量	行政人员数量	每位教研人员配比行政人员数量
10	剑桥大学	1604	7010	4.4
11	东京大学	3490	3933	1.2
12	北京大学	6057	4496	0.7
13	清华大学	6528	7145	1.1
14	复旦大学	4136	2569	0.6
15	同济大学	4130	2173	0.5
16	中国科学技术大学	3023	1475	0.5
17	中山大学	4568	2980	0.7
18	北京理工大学	2099	1597	0.8
19	北京航空航天大学	3017	1949	0.6
20	南京大学	2936	1609	0.5
21	南开大学	3060	1322	0.4
22	厦门大学	3868	2217	0.6
23	武汉大学	5238	2506	0.5
24	浙江大学	6697	2296	0.3

注：表中中国高校行政人员数量包括事业编制人员以及编制外合同期大于等于1年的人员。
资料来源：国外高校数据来自各校官方网站，国内高校数据来自教育部的统计数据。

为了将研发人员宝贵的时间和精力从繁重的行政事务中解脱出来，中国陆续出台各项政策，从经费、队伍建设、配套措施等多方面支持为研发人员配备专职辅助人员。2014年《国务院关于改进加强中央财政科研项目和资金管理的若干意见》（国发〔2014〕11号）首次提出，应当依据科研任务实际需要和财力可能核定项目预算，不得在预算申请前先行设定预算控制额度，劳务费预算应当结合当地实际以及相关人员参与项目的全时工作时间等因素合理编制。相比《国家自然科学基金项目资助经费管理办法》（财教〔2002〕65号）中规定的"面上项目劳务费不得超过自然科学基金资助经费的15%；重点项目、重大项目及各类专项的劳务费不得超过自然科学基金资助经费的10%"出现了巨大的进步，从经费支出上由对劳务费做硬性约束改为据实列支。2016年中共中央办公厅、国务院办公厅印发的《关于进一步完善中央财政科研项目资金管理等政策的若干意见》（中办发〔2016〕50号），除了进一步明确劳务费的支出范围和不设比例限制，还特别强调了要创新服务方式，让科研人员潜心从事科学研究。"项目承担单位要建立健全科研财务助理制度，为科研人员在项目预算编制和调剂、经费支出、财务决算和验收等方面提供专业化服务"，这是改革科研经费管理方式、创新服务形式、让科研人员潜心研究的举措。2018年《国务院关于优化科研管理提升科研绩效若干措施的通知》（国发〔2018〕25号）再次申明，要加快建立健全科研财务助理制度，切实把科研人员从报表、报销等具体事务中解脱出来。2020年科技部等国家六部委联合发文鼓励科研项目开发科研助理岗位吸纳高校毕业生就业（国科发资〔2020〕132号）等。通过这一系列文件，我们可以明显看出国家对于建立科研助理队伍，积极支持科研人员潜心研究的思路。

政策执行的效果如何？科研助理是否显著促进了科研生产力的提高？他们在科研生产中发挥了怎样的作用，以及其产生作用的机制是什么？这些问题有待做出回答。目前国内外关于科研助理对科研生产力的影响方向和程度及影响产生的原因和传导机制的研究还非常缺乏，基于实证数据尤其是个体层次数据的深入分析几乎没有，难以为政策实施提供有力支撑，鉴于此，本书试图弥补这方面的研究空白。习近平总书记指出，高水平研究型大学是国家战略科技力量的重要组成部分，要发挥基础研究深厚、学科交叉融合的优势，成为基础研究的主力军和重大科技突破的生力军。探讨科研助理制度在研究型大学的运行情况，对于论证科研助理对科研生产力的效能、确保国家的政策支持达到预期的效果以及充分发挥高水平研究型大学的优势具有重要的参考意义。

第二节 研究问题及研究意义

一 研究问题

本书的主题是研究科研助理对高校教师科研生产力的影响。因此研究的视域限定在高校领域，对象是高校教师的科研生产力和科研助理。研究的问题可分解为三个层次：首先，科研助理制度是如何在中国高校发展起来的；其次，配备科研助理是否影响高校教师的科研生产力，以及影响的方向和程度如何；最后，如果有影响，影响产生的原因和传导机制是什么，其中是否蕴含影响效率的制度性障碍。

具体而言，本书主要围绕以下三个问题开展研究。

1. 科研助理制度是如何在中国高校发展起来的（第二章）

首先，从理论的角度，从需求和供给两个维度分析科研助理制度是如何在中国高校的场域下发展起来的。从实证的角度考察 A 大学已聘用科研助理的教师和未聘用科研助理的教师在个人特质、科研成果、科研条件等方面的差异，初步推断科研压力和科研任务的多寡决定了教师是否有聘用科研助理的需求，而科研经费是否充裕则是该需求能否满足的门槛。如果科研助理确实可以提高教师的科研生产力，并且已构成当下科研生产力影响因素的短板，那么，在政策和经费许可的情况下，作为"不发表就出局的"的高校教师一定会增加对科研助理的聘用数量。因此，进一步以 2014 年颁布的《国务院关于改进加强中央财政科研项目和资金管理的若干意见》为外生的政策冲击，采用比较间断时间序列的分析方法，验证在放开劳务费占研发经费比例的情况下，劳务费变得充裕的教师是否会增加科研助理聘用数量，聘用数量是否随时间的推移而变化，同时经费充裕程度不同的教师对这一政策的反应是否存在差异。通过以上研究，论述了科研助理制度在中国高校发展的过程。

2. 科研助理对高校教师科研生产力是否产生影响，以及影响的方向和程度如何？（第三章）

借鉴现有研究，将影响科研生产力的因素区分为个体特征、机构特征和领导特征三类的研究范式，使用双向固定效应模型和工具变量法研究科研助理聘用数量对科研产出的影响程度。因变量为某个教师的科研产出（科研发表数量、发表质量，纵向课题数、横向课题数和专利授权数），自变量为该教师聘用的科研助理数量，通过观察其系数是否显著以及其大小和方向，判断聘用科研助理是否显著影响教师的科研产出。同时将科研助理对科研生产力的影响置于科研团队的场域，在模式2的知识生产方式下考察其与团队其他成员之间的关系及其发挥作用的机制。

3. 科研助理对高校教师科研生产力产生影响的原因和传导机制是什么（第四章）

现有的研究通过在回归模型中引入更多的变量，以期达到尽可能全面了解科研生产力影响因素的目的。但是，定量研究方法存在局限性，不足以深描和解释产生影响的原因和传导机制，也难以发现人力资源配置过程中可能存在的体制机制问题。因此，本书基于定量研究的结果，辅之以质性研究的方法，通过调研、访谈一线教师、院系领导、职能部门管理人员和科研助理的方式，从高校、学院、教师和科研助理四个维度深入探讨在聘用科研助理的过程中各方的立场和价值取向，从而丰富和解释定量研究的结果，揭示科研助理对高校教师科研生产力产生影响的原因和传导机制，并进一步发现影响科研助理效能的制度性障碍。

从研究脉络看，第二章首先从供给和需求两个维度分析科研助理制度是如何在中国高校科研场域中发展起来的。然后在国家放开科研经费中劳务费比例这项政策下，观察劳务费由不足变为充足的教师是否比具有相似科研生产能力但劳务费仍然不足的教师显著增加了对科研助理的聘用数量,如果该现象确实存在,那么就从因果推断的角度证实了科研助理对教师科研生产力的重要性。第三章使用双向固定效应模型和工具变量法从定量研究的角度呈现科研助理聘用数量和教师科研发表之间关系的方向和强度的大小,但无法完全解释产生影响的机制。因此第四章辅之以质性研究,揭示科研助理影响高校科研生产力的原因和传导机制,并进一步发现影响科研助理效能的制度性障碍。可见,三个研究问题之间遵循为何影响、影响程度和如何影响的逻辑。

二 研究意义

在中央强调要激发人才创新活力,坚决破除影响和制约科技核心竞争力提升的体制机制障碍的背景下,本书使用定量和定性相结合的研究方法,首先收集定量数据,衡量科研助理是否对科研生产力具有显著的正向作用;然后辅之以质性访谈进一步解释和丰富定量研究的结果,揭示影响产生的原因和传导机制。这种研究方法一方面有力回应了社会各界关于让科研人员从烦琐的行政事务性负担中解脱出来,将更多精力放在研究上的呼声。另一方面也从外部环境、治理结构、职业选择等角度揭示了当下科研生产状况和可能存在的问题,具有重要的理论意义和现实意义。

(一)理论意义

目前,国内外关于科研助理对科研生产力的影响程度及影响机制的研究还非常缺乏,国外学者虽然提出了工作环境是影响科研产出的主要因素,但对工作环境的考量主要集中于文化、团队气氛、专业发展空间等方面,鲜有针对科研助理对科研产出的影响进行的系统研究。本书聚焦科研助理对高校教师科研生产力的影响程度,首次将研究对象拉到个体层面,比较精确地衡量所聘用的科研助理与科研产出的关系，并进一步将科研助理的作用置于科研团队的组织场域和科研环境的制度场域中进行研究，不仅衡量影响的方向和程度，还进一步探究产生影响的原因和传导机制以及影响科研助理效能的制度性障碍，在理论层面对影响科研生产力的因素做出中国场域的解读。

从研究方法上看，现有的研究多从思辨层面或者借助简单的描述性统计提出科研助理对解放科研生产力的重要性。有个别学者进行定量研究，但囿于数据的可获得性，仅以机构为研究对象，估量过于粗糙。本书将定量研究的对象放在教师个体层面上，使得问题的呈现更加精确；并且引入了比较间断时间序列、双向固定效应、工具变量等因果推断的定量研究工具，力求尽可能深入、全面地揭示问题，提高了研究方法的多样性，也加深和丰富了当前对科研助理如何影响科研生产力这个问题的理解。

（二）现实意义

根据利益主体的不同，本书具备的现实意义可归结为以下三个方面。

首先，从教师个体的角度，本书揭示了如何提高科研助理的使用效率，对于科研产出而言，如何配备以及配备多少科研助理能够达到人力资源的边际效用最大化，可为高校教师统筹规划科研经费的使用，并提高经费使用效率和组建更加高效的科研团队提供参考。教师可以结合自身学科特点和经费情况，合理配置博士后、博士生、硕士生以及科研助理在科研团队中的构成。并且根据实际需求，确定从事行政工作和从事专业技术辅助工作的科研助理的数量和比例。

其次，从高校管理部门的角度，本书揭示了院校治理特别是在学校和二级学院之间针对科研助理队伍的建设和管理中，如何进行权责分配能够更加有利于提高教师的科研生产力和科研助理队伍的效能。不同学科以及相同学科的不同研究范式对于科研助理的类别和需求数量也是不同的,这对于高校管理部门进行决策和资源分配具有参考意义。研究还发现,高校教师的过度竞争和不甚合理的业绩评价体系严重地影响了科研合作的开展,进而可能降低满足国家重大需求、解决"卡脖子"问题的能力。以上研究为管理部门在制度层面培育合作更加紧密、学科融合更加深入的科研团队提供了政策依据。

最后,从国家政策制定者的角度,配备科研助理的相关问题不仅是技术问题和经费问题,更是一系列政策问题,是关乎深化人才发展体制机制改革,形成支持全面创新的基础制度的问题。一方面,在科技政策的引导上和科研经费的监管上应"抓大放小",在确保方向性和原则性问题的基础上给予高校和科研人员更大的自主权,既防"朝令夕改",又防"层层加码"。另一方面也需要国家出台更加细化的配套措施,加强政策之间、各职能部门之间的自洽性,例如促进学科之间的交流与合作,更加合理地分配科研经费以及提高经费的使用效率,吸引高校应届毕业生从事科研助理工作等。因此本书也为国家政策制定者提供了一个可供参考的视角。

第三节 理论分析

本节基于社会分工理论以及在此基础上发展而来的劳动力技能互补性假说,提出科研助理影响高校教师科研生产力的理论框架——通过分工提高劳动生产率并降低人力资源成本。

一 社会分工理论

社会分工理论的研究从学科分析的视角大致可分成两个方向:经济学角度和哲学角度。经济学角度以亚当·斯密(Adam Smith)为代表,研究社会分工如何提高劳动生产率和促进经济增长;哲学角度以卡尔·马克思和埃米尔·涂尔干为代表,研究分工对社会历史发展的作用。本书主要关注社会分工的经济学意义，因此主要从经济学分析的角度梳理社会分工理论的发展脉络。社会分工理论的演进经历了古典经济学、新古典经济学、对分工内生思想的回归和新兴古典经济学四个阶段。

古典经济学对社会分工理论的研究以亚当·斯密为代表，但实际上最早可上溯至古希腊的哲学家德谟克利特，柏拉图在《理想国》中假设由四个人组成的国家，因为个人需要是多方面的而个人能力是片面的，因此分工可以提高工作质量。大致与柏拉图同一时期，许多中国的思想家对劳动分工问题也进行了广泛的讨论，分别体现在管仲、老子、孔子、孟子等人的一些著作中。例如，管仲提出同一行业从业者聚居而出现知识溢出效应："相语以事，相示以功，相陈以巧，相高以知事"，因聚居一处，同一行业的从业者在社会生产中更容易彼此传播技艺和行为标准，因此产生知识的溢出（孙广振，2015）。荀子清楚地认识到专业化的巨大利益来自"专一"，这种分析在某些重要的方面与亚当·斯密的劳动分工理论有颇多相似之处，特别是借助职业划分带来的知识积累。古代思想家对社会分工的认识以分工的宏观结构为对象，着重研究社会内部分工，探讨分工对社会组织系统的作用。亚当·斯密是古典经济学分工理论的集大成者，他兼收并蓄，首次把分工作为政治经济学的基本范畴，形成一套系统的分工理论（刘佑成，1985）。斯密1776年在《国民财富的性质和原因的研究》中说明了分工的三大好处：一是劳动者熟练程度的增进将增加他所完成的工作量，二是节省工作转换带来的时间损失并获取相应的利益，三是促进了简化劳动和劳动机械的发明。他认为，"分工是经济增长的源泉""分工水平由市场大小决定"，即著名的斯密定理（郑礼明，2019）。斯密围绕劳动分工（人的劳动的专业化）和劳动组合（经由市场机制而在经济各部分之间将不断分离的劳动予以整合）的概念，构建了其政治经济学体系，劳动分工决定了生产力，劳动组合通过便利交换提升整个社会吸收每个局部生产和供给之剩余的能力。斯密的新框架不仅带来众多重要的贡献，还能够把许多旧有的思想组织进一套奇妙且自洽的科学理论体系之内（孙广振，2015）。斯密认为不但简单劳动存在分工，一旦"哲学家和思想家"在历史中出现，劳动分工原理也同样适用："各人擅长各人的特殊工作，不但增加全体的成就，而且大大增进科学的内容"（Smith，1937）。就是说哲学职业中不同分支的从业者彼此之间的智识异质性在随着社会分工不断深化的同时，社会所获得的科学总量也将逐渐增长。

与古典经济学不同，新古典经济学更多地采取了数学分析方法，由于难以对分工与专业化问题进行数学处理，新古典经济学抛弃了亚当·斯密分工内生的观点，假定社会分工结构是外生给定的。新古典经济学家主要关心如何在价格体系中利用商品或要素有用性的边际估价，取而代之的是边际调节和相关均衡分析，专业化报酬递增在概念和技术上的困难和复杂性致使劳动分工的结构问题几乎完全被忽视。阿尔弗雷德·马歇尔将全社会分成纯消费者和纯生产者两部分，这样市场和企业便被预先假定存在了，经济学研究对象转为既定分工条件下的资源优化配置问题。马歇尔创设了一个名词——外部经济，其含义源自地理上的专业化："当一种工业已选择了自己的地方时，它是会长久设在那里的，因此，从事同样的需要技能的行业的人，互相从邻近的地方所得到的利益是很大的。如果一个人有了一种新思想，就为别人所采用，并与别人的意见结合起来，因此，它就成为更新的思想之源泉。不久，辅助的行业就在附近的地方产生了，为上述工业供给工具和原料，并为它组织运输，因而在许多方面促进它的原料的经济发展"（Marshall，1920）。按照马歇尔的说法，来自产业集聚的收益，是由从事同一贸易的专业化人员之间知识的溢出、附属产业的增长、机器的专业化以及有利于熟练工人更好地专业化和更轻松地实现工作匹配与工作找寻的庞大熟练劳动工人群体所构成的。

第三阶段，随着杨格、斯蒂格勒等人对分工的阐述和研究，分工内生的思想逐步得到回归。阿伦·杨格（Allyn A. Young）在1928年发表的《递增报酬与经济进步》一文中指出：首先，产业的不断分工和专业化是报酬递增得以实现的一个基本组成部分，必须把产业经营看作相互联系的整体。其次，报酬递增取决于劳动分工的发展，现代经济以迂回的形式或者间接的方式运用劳动获得的经济。最后，劳动分工取决于市场规模，市场规模又取决于劳动分工。下一个有重大突破的是乔治·斯蒂格勒（Stigler, 1951），他将所谓的"斯密定理"——劳动分工受到市场范围的限制——应用到了垂直一体化之中。斯蒂格勒认为，"企业使用一系列不同的工序"生产一个最终产品，不同的工序需要使用不同的技术，有些工序表现出成本递减，有些则表现为成本递增。如果所有的工序被纳入同一个企业操作，就可称为垂直一体化。反之，垂直非一体化就会出现：外部企业给下游企业提供更低成本的中间投入品。斯蒂格勒的分析集中关注市场范围的变化是如何在成本递减和递增约束之下影响工序的垂直（非）一体化的，他得出的结论是，垂直一体化发生在衰落行业中（因市场范围缩小），而垂直非一体化发生在新兴行业里（因市场范围扩大）。

从20世纪80年代开始，罗森（Rosen）、贝克尔（Becker）、杨小凯、博兰（Borland）、黄有光等一批经济学家，以新的超边际分析方法为工具，分析市场和价格如何影响整个经济社会的分工水平。他们将古典经济学中分工内生的思想转化为具有决策意义的一般均衡模型，被称为新兴古典经济学。杨小凯和博兰的"专业化干中学"（specialized learning-by-doing）的模型在内生经济增长文献中独树一帜，成功地通过专业化与"干中学"的动态交互，将劳动分工和市场范围的共生演化予以内生化。通过"干中学"，人们积累了更为专业化的人力资本，而专业化反过来又加速了产生"干中学"的人力资本积累。结果，每个个体都变得越来越专业化，并随着时间推移生产效率越来越高，从而带来经济增长。杨小凯是新兴古典经济学的代表人物，他继承并发扬了斯密和杨格的分工思想，将消费者、生产者、专业化经济和交易费用结合起来，假定个人既是生产者又是消费者，分工是内生的，递增报酬来源于分工水平和专业化水平的提高。对于一个给定的分工水平，虽然可以实现资源的优化配置，但只是局部均衡和局部帕累托最优；而全部均衡既包括资源的最优配置，也包括分工的最优结构，是整体的帕累托最优。分工在带来好处的同时，也会增加交易费用。如果交易效率较低，即使达到帕累托最优，也不能代表分工的最高水平。分工水平与专业化水平不仅由市场的大小决定，而且受到分工之后收益与交易成本的约束（孙广振，2015）。

为了更好地扩大专业化和劳动分工的经济效益减去交易费用之后的利润空间，通过组织变迁来降低高昂的交易费用就成了必要之举。经过扩展的关于市场范围的斯密主义框架，给出了一套关于市场扩张引致组织变迁的完整解释，市场的扩张使得手工业生产中的纵向一体化模式宣告结束，手工业向更加充分地利用专业化的外加工制转变。随着工业品市场的扩大，外加工制产生的高昂交易费用又引发了组织的进一步变迁——从外加工制转向工厂体系（孙广振，2015）。

二 劳动力技能互补性假说

劳动力技能互补性假说建立在社会分工理论的基础上。国外学者卢卡斯（Lucas，1988）开创性地使用人力资本平均水平的差异来解释增长的差异性，其微观经济基础是人力资本具有外部效应，通过正式和非正式互动在工人之间分享知识和技能。在小环境内更可能发生随机的交流，这将有利于工人各自的想法得到相互促进。人力资本从一个人外溢到他人身上，这是卢卡斯框架中增长的起因，最终任何技能水平的工资都将随着一国财富的增加而增加。卢卡斯指出，在不考虑资源的自然禀赋差异，并允许资本和消费品处于完全自由贸易的情况下，因为人力资本的外部效应，劳动者在更高人力资本环境下能够产生更强的生产力，劳动力必然将从低人力资本环境流向高人力资本环境。克雷默（Kremer，1993）为了解释生产力差异，假设一个生产函数，其中每个工人的生产力取决于其他工人的技能。因此，工资和产出是技能增长的函数。由于工人技能信息不完善，工人的不匹配导致人力资本投资产生溢出效应和战略互补性。克雷默通过以下方式进行论证：在不完全匹配的情况下，一个人的预期技能会随着其他同事受教育水平的提高而提高。因此，每个员工就有更大的动力选择接受高教育水平，这就产生了乘数效应：一个小的教育补贴就会在质量和产量上产生巨大的差异，足够强的战略互补性会在技能投资方面产生多种均衡。根据克雷默的解释，生产过程由许多任务组成，所有这些任务都必须成功完成，产品才有全部价值，而技能是指工人成功完成任务的概率。在这些条件下，将高技能的工人匹配在一起是最理想的。吉亚内蒂（Giannetti，2001）在克雷默研究的基础上提出技能的互补性和人力资本集中所产生的局部外部性可以解释有才能的工人的高流动率。他从人才推动视角定义人才集聚，认为具有不同技能水平的劳动力个体的合作能大大降低生产成本，实现规模效益。地区或者企业为了创造这样的效益，会通过各种方式实现劳动力个体的集中和组合过程（颜青等，2019）。安德鲁·阿伯特（2016）认为，当需要完成的职业工作多得忙不过来时，非专业人士就会参与进来。如此一来，职业管辖权之间的边界可能会在工作场所中消失，特别是那些超负荷的工作场所，结果出现工作场所的同化现象。从属专业人士、非专业人士以及具有同等地位的相关职业成员，在工作过程中掌握了既定职业知识系统中的技艺环节。专业人士并非同质性群体，这种状况促进了同化过程。在工作场所的管辖权系统中，关键在于个体实际上做什么，而不在于其是否有资格去做。有些从属专业人士中的佼佼者的技能胜过主导专业人士中的最差者，最后他们对这个职业的实际工作贡献远远超过这个职业的许多从业者。

劳动力技能互补性假说指出，就业于同一区域的劳动力之间的技能是相互补充的。劳动力的异质性是技能互补性存在的原因，这种异质性尤其表现在劳动力技能水平的差异性。不同的劳动力个体具有不同的技能水平，他们的合作将大大降低生产成本，实现规模收益递增。敖荣军（2007）提出劳动力技能互补性可能源于工作任务的互补性。由于不同工人的工作任务是互补的，其中任何一项工作的缺失都将降低整个团队的生产效率，所以必须加强工人之间的合作，以提高每个工人的生产率及工资收益。劳动力技能互补性也可能源自人力资本的空间与部门集中所产生的外部效应，这种外部效应使得劳动力的边际收益递增。

吴伟平（2020）认为，劳动力技能互补性的内在要求是劳动专业化和专业多样化。劳动专业化主要指一个劳动力主体在资源能够得到充分利用的条件下所从事的专业数，专业数越少则表示其专业化水平越高。由于技术可分性，专业化生产将引致某一产品生产被分解为若干环环相扣的工序，每一道工序衍生出相应的专业化技能岗位，且每一岗位所需专业人员技能呈现链条性。不同于劳动专业化，专业多样化是指经济体中的产品结构、技能结构、职业结构呈现多样化的发展。存在劳动力专业化分工时，不同技能水平的劳动者倾向于选择符合自身比较优势的行业或职业，为劳动力技能互补形态的形成奠定了基础。在局部分工的演进中，经济结构的多样化随着劳动专业化水平的提高而增强，专业多样化得到发展。随着分工演化的推进，每个经济主体开始专注于一种商品生产，完全分工的经济模式得以形成，不同技能劳动者间的互补性得到增强。因此，劳动专业化和专业多样化是劳动力技能互补形成的内在要求，两者相互依存、相互促进。劳动力技能互补形成的主要推手是经济组织化，经济组织化是指通过一定的社会经济组织形式和制度协调分工使社会构成一个有机整体的过程（向国成和李真子，2017）。经济组织化的意义在于有效推进资源整合利用和组织社会生产，最大化地提高生产能力并降低生产成本。它包括两个方面：一是组织的团队化，即以组织团队的形式开展目标任务和作业流程，通过并行工作和共同参与机制完成过去分散完成的工作。二是组织的市场化，即将市场特征引入组织内部，以提升组织的市场化效率。这与诺斯（North，1691）提出的专业化扩大引起了组织创新，组织创新导致了技术变革，技术变革反过来需要进一步的组织创新来实现新技术的潜力实质是一致的。

关于劳动力技能互补性的实证研究主要从城市中高技能和低技能劳动力的关系展开。贝瑞和格莱泽（Berry 和 Glaeser，2005）发现1970~2000年，美国大城市的高技能劳动力比例提高的同时，低技能劳动力比例也在提高，说明高低技能存在互补。梁文泉和陆铭用2005年全国人口普查数据考察中国城市高技能劳动力比例对不同技能劳动力工资的影响，发现当城市高技能劳动力比例提高1个百分点时，高技能劳动力的小时工资增加6.11%，而低技能劳动力的工资增加7.17%（梁文泉和陆铭，2015）。异质性劳动力之间的交流既可能产生外部性也可能存在沟通成本，只有当正外部性大于沟通成本时，异质性劳动力才呈现互补性。加内罗等（Garnero, et al., 2014）研究发现受教育程度不同的员工产生的正外部性大于沟通成本，会提高生产率，而年龄、种族等异质性的影响则相反。埃克豪特等人（Eeckhout, et al., 2014）利用美国数据分析大、小城市的技能分布，发现在大城市高技能劳动力和低技能劳动力的比例都高，这说明大城市会促进劳动力技能互补。

劳动力技能互补性是基于社会分工理论发展而来的，它主要着眼于基于劳动力的异质性而产生的互补性。目前国内外对劳动力技能互补性的理论分析和实证检验主要集中于对劳动力迁移、人才集聚和城市规模的观察和思考，而且无论是社会分工理论还是劳动力技能互补性假说，其研究对象都主要是手工业或机器大工业的技术工人，缺乏对脑力劳动者特别是科研工作者在分工效果方面的考量。脑力劳动和体力劳动在生产方式、组织机构、任务目标等方面存在一定的差异，基于社会分工理论的劳动力技能互补性假说是否同样适用于科研工作？如果适用，其产生的机制和适用条件是什么，现有的研究在这方面的探索是极为有限的。

三 理论框架

新制度主义学派认为，每个组织都是某个更大的社会系统的一个子系统。组织不仅仅是一种生产系统，也是一种社会与文化系统。它不仅受到技术环境的影响，而且受到更广泛的社会文化因素的重要影响。这种比组织更大的外部环境对于组织起着制约、塑造、渗透和革新的作用（斯科特，2012）。因此，任何组织以及组织里的任何个体，都是历史地存在于特定的社会场域之中，其世界观和价值取向难以超越时代的限制，是特定时空下的产物。科研助理制度的产生和发展是外部制度环境发展和内在个体需求变化的必然结果。

与经济全球化相伴而生的是世界顶尖高校对声誉和人才更为激烈的竞争。经费在这场竞争中既是手段也是目的。一方面，充裕的经费能够"筑巢引凤"，提高学校的声誉；另一方面，引入具有竞争力的人才不但能带来更加丰厚的经费，而且能进一步提高大学的声誉。在各国政府纷纷削减对高等教育定额拨款的大趋势下，资金的良性循环变得尤其重要。大学为了生存和发展变得更富有进取精神，并将这种竞争的压力进一步传导给教师。同样，教师个体为了积累自身的学术声誉并实现职业发展，一方面要积极参与以国家为招标人的各种科研锦标赛；另一方面则通过与地方政府或企业合作，承揽应用型研究以进一步补充科研经费。韦伯宣布"时间就是金钱"，随着速度和效率进一步被重视，后现代主义背景下的资本主义也促进了时间伦理上的变化，时间被物化为资源、资本或投资，将时间视为有形的、可定义的、可交换的想法已经融入了集体的意识（Marx, et al., 1967; Weber, 1958）。学者的时间被锁定在由行业或政府资助的有时间限制的项目当中，考虑到科研课题及合同期限，他们认为时间是与价值相关联的，是线性的又是周期性的，开始新的计划、合同也就意味着回到一个周期的开始。学术界经历着时间的加速期，但是花更少的时间在完成任务上（无论这个任务是研究、写作或者教学）也就意味着质量可能下降。个人时间既是他律的，也是自律的，工作量增加或者减少是可以由学者自己决定，但是学术成功的标准仍然或明或暗地被传达出来。他们需要拿自己与同行进行比较，因此经常体会到未能生产出作为"信誉经济"中学术成果的"足够的资本"而产生的失败感（Blackmore 和 Kandiko, 2011）。课题的周而复始意味着时间不仅与价值相关联而且必须精密计算：投资 X 小时完成的这项研究是否能够换取学术界"信誉经济"中可使用的一定财富？是否可以使用这笔财富以谋求更好的职位、更高的待遇或促进新的研究合作？经过肯定的评估后，这段时间才具有价值。最终，时间成为一名具有科研生产力的学者最稀缺的资源。正如德雷福斯和拉比诺（Dreyfus 和 Rabinow 1982）所言，学术审计实际上是一种政治技术，一种个人通过积极和自由地规范自己的行为而促进政府的社会秩序模式形成的手段。学术审计移除了政治问题，用科学中立的语言重新塑造，程序本身是合理、客观和中立的，用它来构建评估网络和排名体系，将外部主观性与内在主观性结合起来，从而使个人按照规范行事。教师个体一方面在绩效排名和激励机制的鞭策下，积极参与学术竞争；另一方面在严密的监督和问责制的要求下详细地记录经费用途和效果，向审计员证明其工作业绩是"优秀"和"令人满意"的，以确保学术生产的循环链条持续运转。悬置于科研工作之外的这套记录系统进一步剥夺了对于教学科研人员而言弥足珍贵的时间资源（此部分内容将在第二章中详细展开）。

社会分工理论告诉我们，劳动分工能够提高生产力，当分工和专业化所带来的经济效益大于因分工而产生的交易费用时，无论对社会还是对个体而言，这样的分工都是有利的。面对越来越稀缺的时间资源，对于教师来说，一个理智的选择就是将自己不擅长或者可创造价值有限的工作外包出去。一方面，提高从业人员的熟练度，同时减少不同工作间的转换时间，能够提高劳动生产率；另一方面，将教师的时间从低附加值的工作中置换出来能够提高他们时间的平均价值。只要劳动生产率的提高或教师时间价值的提高大于科研助理的聘用费用，就是一场成功的社会分工，这就是科研助理制度产生的内在机制。因此，教师将财务记账、行政杂务和简单、重复性的实验操作外包给科研助理。从专业分工的角度看，经过专门财务培训的科研助理比教师更加擅长协调和追踪科研经费的使用过程。从人力资源配置的角度看，在任何国家，复杂劳动都比简单劳动更昂贵，高级的复杂劳动更是如此。让复杂劳动者承担全部劳动过程，就会将其时间耗费在简单劳动上，而从事简单劳动只需很低的培养成本，让经过专门、长期培养的人从事简单劳动，就会造成人力资源的大量浪费。复杂劳动者从事简单劳动，其效果往往还不及重复操作的简单劳动者。因此在科研工作中通过劳动分工将简单劳动独立出来，交给科研助理来完成，这一方面是因为将任务简单、重复的工作交给科研助理能够提高效率和准确率；另一方面是因为相对于培养高校教师的成本，这些劳动可以通过较低的价格购买，从而降低科研的人力资源成本。科研助理制度产生的理论分析框架见图1-2。

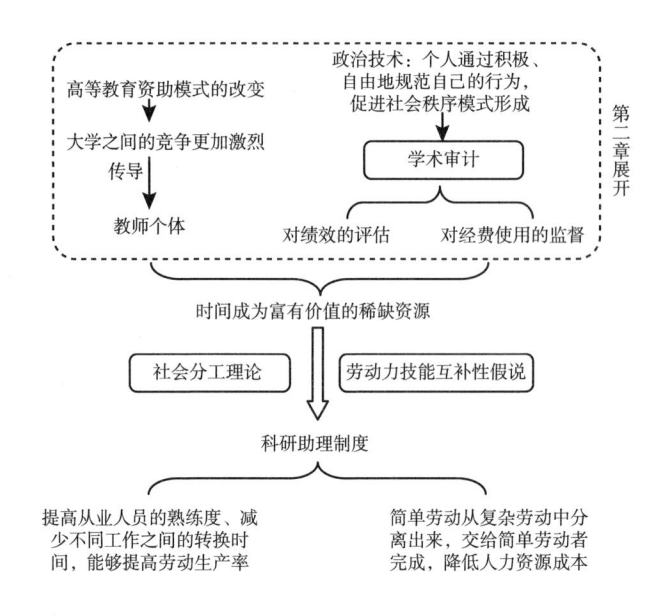

```
                    政治技术：个人通过积极、
高等教育资助模式的改变    自由地规范自己的行为，
      ↓           促进社会秩序模式形成
 大学之间的竞争更加激烈       ↓                     第
      传导            学术审计                     二
      ↓                                          章
   教师个体      对绩效的评估   对经费使用的监督      展
                                                 开
              时间成为富有价值的稀缺资源

     社会分工理论      劳动力技能互补性假说
              ↓
          科研助理制度

提高从业人员的熟练度、减    简单劳动从复杂劳动中分
少不同工作之间的转换时    离出来，交给简单劳动者
间，能够提高劳动生产率    完成，降低人力资源成本
```

图 1-2　科研助理制度产生的理论分析框架

第四节　研究设计

本书将遵循两条主线展开：一条是逻辑线，另一条是技术线。逻辑线为明线，按照本书分解的三个问题层层递进：首先，科研助理制度是如何在中国高校发展起来的；其次，科研助理对高校教师科研生产力是否产生影响，以及影响的程度和方向；最后，影响产生的原因和传导机制如何。技术线为暗线，围绕已有研究将影响科研生产力的因素归纳为个体特征、机构特征和领导特征，选取相应控制变量进行研究设计。

从逻辑线来看，首先回答科研助理制度是如何在中国高校发展起来的。全球科技竞争的加剧使得研究型高校不得不卷入追逐科研成果的锦标赛，并最终传递给高校内"不发表就出局"的教师。而知识生产模式的转变使得组织化、团队化和规模化成为当下最具竞争力的科研生产方式，而且时间成为与价值直接相连的稀缺资源，学术审计的兴起成为悬置于科研工作之外一套实时跟踪、严谨专业的监督体系，如果没有专业的科研助理辅助，在日益繁重的科研压力下完成科研生产是不可想象的。正是基于以上种种原因，在经费和劳动力供给充分的情况下，聘用科研助理成为教师职业发展的理性选择。逻辑回归分析发现，面临的科研压力和科研任务的多寡决定了教师是否有聘用科研助理的需求，而科研经费是否充裕则是该需求能否被满足的门槛。比较间断时间序列的因果推断方法证实了科研助理是进行高效率科研生产的必然要求。其次回答科研助理对高校教师科研生产力是否产生影响，以及影响的程度和方向。科研助理对科研生产力的影响在科研组织层级上表现为对教师个体、科研团队、学科团队、不同学科都具有正向影响；在科研成果形式上表现为对纯粹科学研究、国家战略导向下的科学研究和市场需求导向下的科学研究均有不同程度的效力。最后探究科研助理对科研生产力产生影响的原因和传导机制，从科研助理聘用的视角研究"PI制"下高校科研组织的变革，发现影响科研助理发挥效能的体制机制性障碍。科研助理的配备不仅是数量的问题，更深层次的是体制机制和治理结构的问题，不合理的管理制度将影响甚至制约科研助理效能的发挥。

从技术线来看，大学永不满足的扩张需求与紧张的经费预算之间的矛盾，使得公众对大学的生产力特别是科研生产力的衡量和问责成为关注的热点，日益增大的外部压力（收入和资金减少，政府呼吁加强基于成果的问责制等）迫使大学要求教师以相同或较少的资源不断提高科研生产力水平。许多研究也因此试图明确促进科研生产和提高教师科研生产力的因素，早期的研究主要集中在对教师个体特征的考量上（Finkelstein，1984；Bland 和 Schmitz，1986；Ramsden，1994；Lertputtarak，2008），随后研究的关注点逐渐扩大到机构特征（Creswell，1985；Bland 和 Ruffin，1992；Teodorescu，2000；Burke， et al.，2007；Chung，et al.，2009；Chen，et. al.，2010；Hedjazi 和 Behravan，2011；Jung，2012）以及领导特征对科研生产力的影响（Bland，et. al，2005；Mamiseishvili 和 Rosser，2010）。

布兰德等（Bland，et al.，2005）学者在总结前人对科研生产力影响因素的相关文献基础上，将关于科研生产力的文献合成了一个模型。该模型断言，高的研究生产力与8个个人特征、15个机构特征和4个领导特征密切相关，并提出了这三类特征的等级顺序：高度研究的生产性组织是个人特征和机构特征的整合和相互作用的函数。这些特征的成功整合在很大程度上取决于有效的领导者。而领导特征以部门治理为传导机制，即：只有准备充分的个人进入具有支持性的工作环境才能产生旺盛的生产力，而一个有利的环境是有效领导的结果。模型见图1-3。

由于各个研究使用的研究方法、研究对象、样本大小等存在差异，相同的影响因素呈现不同的研究结果。本书在布兰德总结的科研生产力影响因素的分析框架下进行研究设计，区分为个体特征、机构特征和领导特征。定量研究侧重评估个体特征和机构特征对科研生产力的影响，质性研究则综合考虑个体特征、机构特征和领导特征对科研生产力的整体影响。

从现有研究的方法看，科研生产力影响因素的研究大部分是定量研究，使用的方法多为多元回归，例如梅格尔等人（Megel，et al.，1988）以护士学院的研究人员为样本，以是否进入终身制、学科和博士学位为控制变量，考察个体心理、累积优势和外部支持对研究绩效差异的影响。布莱克本等（Blackburn，et al.，1991）通过在回归方程中加入社会人口统计指标、自我评价指标、职业变量指标等，发现自我评价指标显著地解释了教师在研究、教学和社会服务方面的行为，而社会人口统计和职业变量不能有效解释教师行为的差异。布兰德等人（Bland，et al.，2005）使用逻辑回归和多元

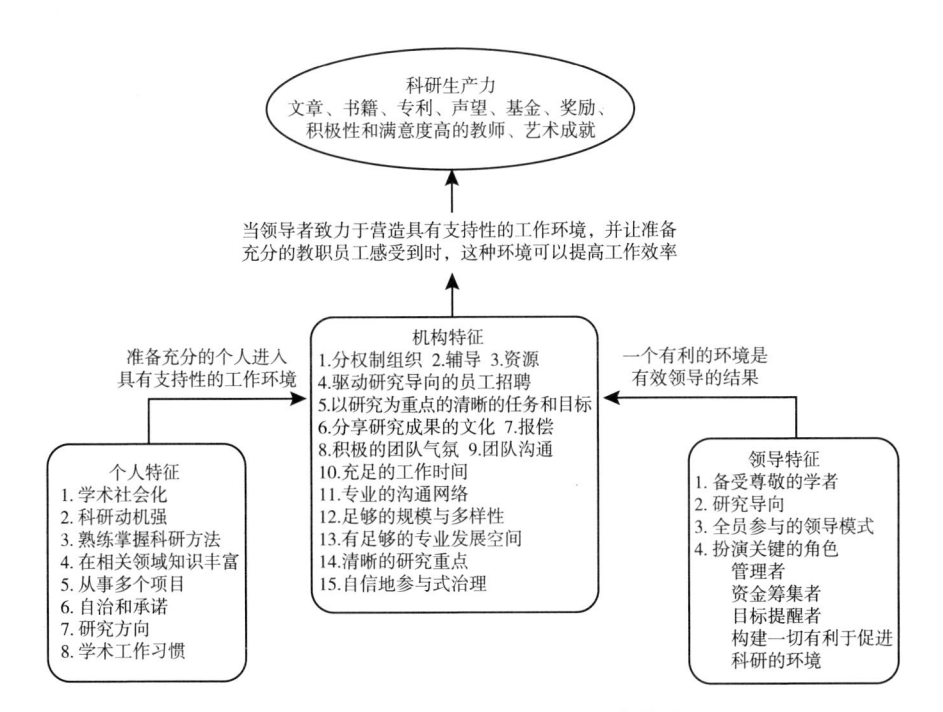

```
                    科研生产力
              文章、书籍、专利、声望、基金、奖励、
              积极性和满意度高的教师、艺术成就
                          ▲
              当领导者致力于营造具有支持性的工作环境，并让准备
              充分的教职员工感受到时，这种环境可以提高工作效率

                          机构特征
                   1.分权制组织 2.辅导 3.资源
      准备充分的个人进入    4.驱动研究导向的员工招聘   一个有利的环境是
      具有支持性的工作环境   5.以研究为重点的清晰的任务和目标  有效领导的结果
                   6.分享研究成果的文化 7.报偿
                   8.积极的团队气氛 9.团队沟通
       个人特征       10.充足的工作时间         领导特征
   1.学术社会化        11.专业的沟通网络      1.备受尊敬的学者
   2.科研动机强        12.足够的规模与多样性     2.研究导向
   3.熟练掌握科研方法     13.有足够的专业发展空间    3.全员参与的领导模式
   4.在相关领域知识丰富    14.清晰的研究重点       4.扮演关键的角色
   5.从事多个项目       15.自信地参与式治理         管理者
   6.自治和承诺                           资金筹集者
   7.研究方向                            目标提醒者
   8.学术工作习惯                          构建一切有利于促进
                                     科研的环境
```

图1-3 布兰德科研生产力影响因素模型

回归的方法，在模型中加入了教师个人特征、机构特征和领导特征等变量。研究结果表明，教师个体的生产力更多受个人特征和机构特征的影响，而团体生产力则更多受制度和领导特征的影响，个人特征和机构特征的动态相互作用，再加上有效的领导，决定了个人和部门的生产力。现有的定量研究大部分使用的是基于个人应答的问卷调查，因变量大多使用个人汇报的科研成果，自变量和控制变量也主要来源于填表人的回忆或主观评价，由于填表人记忆的模糊性或者其填表时可能存在的理解偏差或随意性，研究难以避免可能存在结果偏误。多元回归方程通过不断加入控制变量的方式一方面降低了自由度，另一方面依然很难避免遗漏变量偏误的问题。格雷戈洛特（Gregorutt，2008）的博士学位论文采用了混合研究的方法，首先基于12所美国私立中小型博士授予大学的277名教师的调查问

卷进行定量研究，然后通过一份由 7 个问题构成的在线、开放式问答题和 2 个面对面访谈进行质性研究，因为研究手段单一，访谈的对象过少，结论的说服力不足。因此在研究工具和研究方法上都有待于进一步完善。

为了克服已有研究在方法上存在的问题，本书在定量部分引入了双向固定效应模型，控制变量包括个体特征、机构特征以及代表时间的变量，通过固定个体和时间达到控制个体因素和时间因素对因变量产生的影响的目的，从而很好地控制遗漏变量的异质性给分析结果带来的偏误。同时采用工具变量法，进一步解决聘用科研助理的自选择和反向因果问题，较为准确地对科研助理影响教师科研产出的程度和方向进行因果推断。定量研究虽然能够呈现普遍的规律性，但无法挖掘规律背后的形成机制。机构特征和领导特征与个体特征不同，它们常常是多种因素综合作用的结果，单独提取出某个指标，例如领导者个性、团队气氛等，既不易量化，又容易受个人主观判断的影响。要详细分析相同的研究产生不同结论的原因，需进一步借助质性研究的手段进行深入挖掘，以示环境因素对科研生产力的影响机制。因此本书先通过定量研究的方法确定科研助理是否是高校教师进行科研生产的必需品，科研助理数量对教师的科研生产力是否具有显著的影响，以及其影响的方向和程度如何。接着针对定量分析的结果，围绕可能影响科研助理效能的四个主体——大学、学院、教师和科研助理自身——有针对性地进行质性访谈，从个体、组织、制度和领导的角度解释产生影响的原因和传导机制是什么，其中是否存在影响科研助理效能的制度性障碍。

在量化研究范式的框架下补充质性访谈的佐证材料，通过比较同一系统中的多个层级，最后综合定量研究和质性研究的结果，来获得对研究问题更为全面的理解。科研助理对科研生产力影响的研究框架如图 1-4 所示。

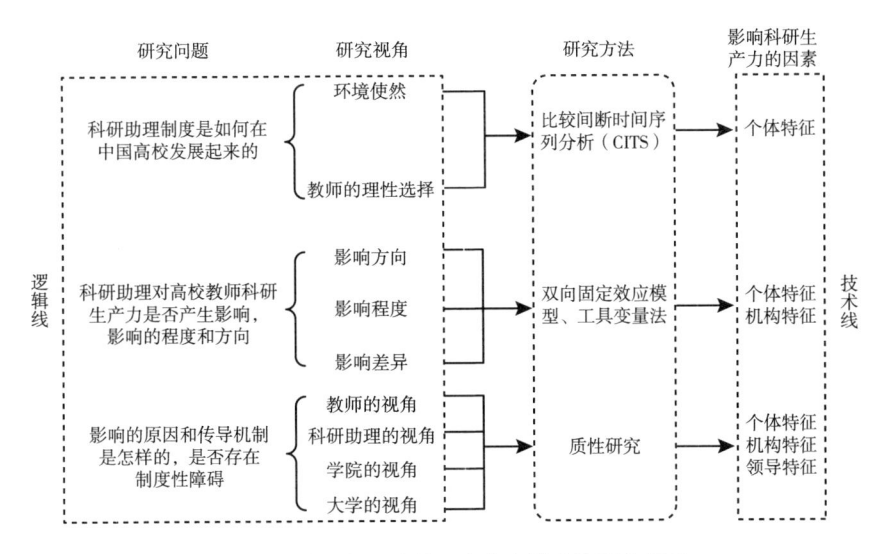

图 1-4 科研助理对科研生产力影响的研究框架

  本书共分为五章，第一章介绍本书的背景、研究意义，明确研究的核心问题。理论分析部分用社会分工理论和劳动力技能互补性假说论证科研助理制度的内在经济性。逻辑线按照为什么会影响、影响程度和如何影响这三个核心问题展开；技术线在布兰德总结的影响科研生产力三大类型因素基础上，依次采用定量研究和质性研究的方法，逐一解决逻辑线提出的三个核心问题。最后是本书的样本选择以及对样本的描述性分析。

  第二章至第四章是研究主体部分，分别回答本书主题分解出来的三个子问题。第二章从制度变革和教师个体职业发展的理性选择方面分析科研助理制度在中国高校快速发展的现实基础，并从实证的角度进行检验。第三章使用双向固定效应模型和工具变量法分析科研助理对高校教师科研生产力的影响程度、方向以及对不同学科影响的异质性，将科研助理的效用放在整个科研团队中研究其是如何发挥作用的。第四章研究科研助理影响教师科研生产力的因素和传导机制。从科研助理聘用的视角，考察"PI制"下高校科研组织的变革，以一项人事制度的推行为切入点，从教师、科研助理、学院、大学四个维度探究在聘用科研助理的过程中其各自的立场、动机和价值诉求。在解释并丰富定量研究结果的同时，进一步发现以教师为主体的科研组织的变革释放知识生产力的水平与高校治理结构的完善具有紧密的联系。

第五章首先对实证研究的主要结论进行总结和讨论；进而结合我国高校的现实情况和国家的战略需求，从提高科研生产力和优化高校治理体制的角度提出政策建议；然后探讨本书研究的创新与贡献；最后阐述本书的不足之处，展望了今后的改进方向。

全书篇章结构如图 1-5 所示。

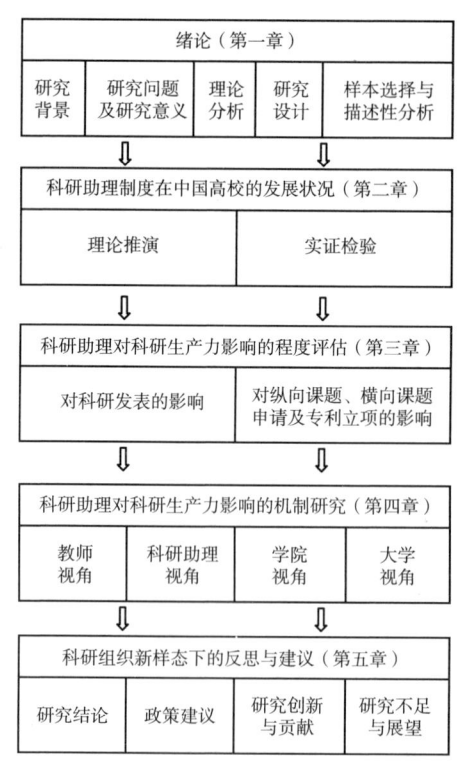

图 1-5　全书篇章结构

第五节　样本选择与描述性分析

本书的分析对象为2010~2019年A大学在职的教师。A大学是一所教育部直属的全国重点大学，位列"双一流"大学、"211工程"大学、"985工程"大学。A大学是一所综合性大学，同时也是一所研究型大学，其文科和理科在全国享有盛名。A大学于20世纪初即建立了工科，新中国成立后又创建了一系列的工科学院，2005年开始致力于针对新兴产业的新工科的建设。考虑到A大学的理科和工科对科研助理的需求远高于社会科学和人文科学，且理工学科的国际发表要求相对于社会科学和人文科学也更具可比性，因此本书将分析对象进一步聚焦于A大学理工学科的在职教师。科研发表数据主要收集被SCI和ISTP收录的文章。除了分析这些教师包括性别、年龄等在内的人口学特征，也对其学历、最高学历毕业国别、职称、在校工龄等资历信息进行梳理，接着匹配了这些教师在2010~2019年每年的国际学术发表（包括发表数量和衡量发表质量的指标），承接的纵向课题、横向课题、专利授权数，每年聘用的科研助理人数，指导的硕士生、博士生、博士后人数，每年可支配的科研经费，以及2010~2019年样本教师的职称变化情况等，剔除其间离校、非全职聘用和退休后的样本，在此期间入职的人员仅保留来校后的数据，最终形成一个包括1219名理工科在职教师、10109条记录，跨越2010~2019年共计10年的非平衡面板数据。

质性研究部分依据目的抽样和滚雪球抽样的原则访谈了9位中层领导、8位提出合同制科研助理岗位招聘申请的教师（其中3位老体制的教授、1位老体制副教授、2位新体制教授、2位助理教授）、4位未提出申请的教师（其中2位新体制教授、1位新体制助理教授、1位老体制副教授）、9位行政管理人员和10位科研助理，共计40位受访者。其中理科院系 16 人、工科院系 12 人、学校职能部门 1 人，为深入了解文理学科的不同，同时访谈了社会科学院系 10 人，文科院系 1 人；男性 20 人，女性 20 人；20~30 岁被访者 3 人，31~40 岁被访者 14 人，41~50 岁被访者 21 人，51~60 岁被访者 2 人。质性研究中的抽样策略采用的是最大差异抽样，力求保证预期样本对核心现象持多样化的观点，即针对同一个问题探讨不同立场个体的看法。

此外，为了有针对性地了解学院在本院教师聘用科研助理时的态度，本书还选择申请科研助理岗位较多的学院进行访谈，尽可能对理科、工科、社会科学学科和人文科学学科进行覆盖，共调研走访了 15 个学院。在研究过程中，主要运用访谈法对研究对象进行深度的半结构化访谈，在访谈的过程中可能根据被访者的回答进一步追问或者扩展。访谈的时间从半小时至两小时不等，主要取决于访谈的需要和被访者的意愿。问题的顺序可能根据被访者的关注焦点进行前后调整。

详细的样本描述性统计和质性研究的访谈大纲详见附录一。

1. 教师的描述性统计

样本包括 1219 名理工科教师（关于高校教师的概念见第三章第一节），为降低样本的异质性，不包括工程技术、实验技术、各类研究技术系列以及专职教学的人员，分布于 A 大学 20 家教学科研单位。其中理科院系教师占总数的 65.6%，工科院系教师占总数的 34.4%；男性占比 82.5%，女性占比 17.5%。因为 A 大学在观察期内经历了职称改革，由原先按照我国教育部规定的职称评价体系改革为参照美国 Tenure-Track（预聘-长聘制，简称 Tenure）的职称评价体系。由于两种评价体系的标准和程序存在很大的差异性，因此将两种评价体系下的职称特别做了区分，为表达方便，不妨将前者称为"老体制"，后者称为"新体制"。老体制职称占比 51.8%，新体制职称占比 48.2%，2014 年之后就不再招聘老体制的教师；

41~50岁和51~60岁的样本分别占总数的31%和33%,构成样本的主体。

2. 科研助理的描述性统计

在了解教师的基本情况后,有必要进一步对教师所聘用的科研助理的情况进行描述(关于科研助理的概念见第二章第一节)。从总量来看,学术助理的人数是行政助理的约2倍,这一方面反映了科研工作对学术助理的需求量大于行政助理;另一方面也反映了学术助理比行政助理具有更大的流动性。学术助理服务于同一教师的平均连续工龄为2.2年,而行政助理平均连续工龄为3.4年,两者之差也反映出其流动性的差异。从性别比来看,学术助理有46%为女性,而行政助理高达88%为女性,人口学特征既与其工作内容和工作特点相关,也在一定程度上决定了流动性。同时,学术助理的平均学龄为18.1年,即平均接近硕士学历,而行政助理平均学龄为16.9年,略高于本科学历,学术助理中从"985"高校毕业的比例也高于行政助理,以上指标说明学术助理需要比行政助理具有相对更高的学历水平。

3. 科研产出与科研助理聘用的描述性统计

本书所指的科研生产力包括线性模式下的纯粹科学研究与知识生产、国家战略导向下的科学研究与知识生产以及市场需求导向下的知识生产,其中线性模式下的纯粹科学研究与知识生产用科研发表的数量和质量衡量;国家战略导向下的科学研究与知识生产用纵向课题数衡量;市场需求导向下的知识生产用横向课题数和专利授权数衡量。关于科研生产力的具体概念见第三章第一节。无论是科研发表数量还是科研发表质量,2011~2016年都是增长最快的时期。纵向和横向课题数以及历年专利授权数也基本呈现逐年上升趋势。特别是2016年,在科研项目数未大幅增加的情况下,科研经费投入有明显的提升,之后每年虽有小幅的回调和波动,但2017年之后的科研经费总额还是明显高于2015年之前。

科研助理的增长速度则是在 2014 年之后随着科研经费中劳务费比例的放开而快速提升。行政助理的总体聘用数量少于学术助理，增长趋势也更加平稳，可能是因为行政助理主要做行政及财务报账相关工作，与科研经费和科研项目的增长有一定的相关性，但两者增长的密切程度要低于学术助理。

4. 科研产出与科研助理聘用的相关性分析

无论是科研发表数量还是科研发表质量，它们与科研助理聘用数量之间的关系都呈基本平滑上升的曲线。可见在当下的聘用规模下，科研助理的聘用数量与科研发表之间呈正相关关系。科研助理聘用数量和科研经费申请之间并非线性关系，存在一个跳跃性的门槛，即人均聘用科研助理低于 0.33 名时聘用人数的增加并不能带来科研经费的增加，人均聘用科研助理超过 0.33 名后则带来科研经费的跳跃性增长。聘用科研助理数量与纵向课题申请数量之间也呈现波动上升的关系，而与横向课题申请数量呈现 U 形关系，说明纵向课题的申请与横向课题的申请可能存在完全不同的逻辑。科研助理聘用数量与专利授权之间的关系不是很明显。

5. 不同职称体系下科研产出及科研助理聘用情况分析

不同职称系列的教师在聘用科研助理和科研产出方面存在异质性。新体制职称的人均科研经费是老体制职称的 2.4 倍，但人均聘用科研助理数量是老体制职称的 3.4 倍。无论是新体制还是老体制，都呈现职称水平越高，科研经费越充足，同时人均聘用科研助理越多的现象。有趣的是新体制职称的预聘副教授和助理教授的人均科研经费与老体制职称的副教授大致相当，但人均聘用的科研助理数量分别是老体制职称副教授的 3 倍和 3.7 倍。这可能是由于与老体制职称的副教授相比，新体制职称的预聘副教授和助理教授因需要经历决定其能否留下的 Tenure 评估，所以面临更大的科研压力。从以上数据比较可初步推断出两个结论：其一，职称水平越高的教师聘用的科研助理越多，也许与高职称等级的教师具有更充足的科研经费有关；其二，新体制职称的教师比老体制职称的教师聘用更多的科研助理，特别是新体制职称的预聘副教授和助理教授在人均科研经费与老体制职称的副教授大致相当的情况下，其聘用科研助理的数量是后者的3~4倍。这说明：科研经费虽然是决定科研助理聘用数量的重要因素，但科研压力也是决定科研助理聘用数量的关键因素，即科研压力越大，聘用的科研助理数量越多。以上结论仅是在描述性统计的基础上初步得出的，下一章将使用回归分析的方法进一步详细论证。

6. 学科异质性在科研助理聘用上的表现

比彻（Becher，1994）总结了每个学科类别的现实特征，将其划分为"纯硬科学"、"应用硬科学"、"纯软科学"和"应用软科学"，分别对应本书中的理科、工科、文科和社会科学[①]。由于学科之间的异质性以及研究范式的不同，科研助理对教师科研产出的贡献无论是大小还是方式上都存在较大的差别，因此不同学科的教师在聘用科研助理的数量和类别上也呈现较大的差异性。根据社会分工理论可知，只有那些能够从复杂的科研活动中分离出的具有明确标准的、客观的简单劳动，才有可能被单独交给科研助理完成，通过劳动分工节约教师在从事简单劳动上所花费的时间，从而实现科研生产力的提高。首先，理科和工科与文科和社会科学相比，具有更强的客观性和更加明晰的正误标准，更多采用定量研究方法，这些特征使得理工科教师可以将部分简单的、重复性的且标准非常清晰的工作单独剥离出来，分配给科研助理完成，因此总体来说理科和工科比文科和社会科学聘用更多的科研助理。其次，工科和社会科学与理科和文科相比，更注重实用性和功利性，研究方法强调实践，在科学研究的同时就不可避免

[①] 文科指中文、历史、考古、哲学等含有人文主义内容并运用人文主义方法研究的学科；社会科学指经济学、管理学、法学、社会学等研究社会现象的学科。

地需要与学术圈之外的社会人士打交道，研究范式的不同使得与社会实践结合更加紧密的工科和社会科学对行政助理的需求量相对较多。

以上数据均为行政数据，在一定程度上可以避免现有大部分研究使用来自问卷调查的数据可能产生的偏误问题，使得统计结果更加准确可靠。

第二章 科研助理制度在中国高校的发展状况

本章首先界定科研助理的概念以及梳理国内现有针对科研助理的文献研究,接着从理论和实证两个层面展示科研助理制度是如何在中国高校的场域下发展起来的。理论层面分别从需求和供给两个维度进行分析,揭示了科研助理制度的兴起和繁荣一方面源于制度变革,另一方面也是教师内在需求的必然结果。实证层面,回归分析与外生政策冲击下的准实验研究进一步验证了科研助理制度在中国高校发展的逻辑。(1) 回归分析表明教师所面临的科研压力和劳务费的充裕程度是决定教师是否聘用科研助理的关键因素。(2) 比较间断时间序列的分析方法从因果推断的角度进一步证实:在国家放开科研经费中劳务费的比例后,劳务费由不足变为充足的实验组确实较与其具有相似研究能力但劳务费始终不足的对照组显著增加了科研助理的聘用数量。

第一节 科研助理的概念和研究回顾

科研助理的表述最早出现在 2007 年教育部、财政部印发的《高等学校勤工助学管理办法》,但这份文件所称的"科研助理"指在校的本专科生和研究生,政策意图是解决在校学生勤工助学问题,与当前普遍意义上专职的"科研助理"并不相同。2009年科技部、教育部等联合发布了《关于鼓励科研项目单位吸纳和稳定高校毕业生就业的若干意见》，提出项目承担单位聘用高校毕业生参加重大科研项目研究的相关规定，其政策意图是缓解高校毕业生的就业压力。2010年教育部印发《高等学校科研助理管理办法（暂行）》（教技〔2010〕4号），首次明确提出科研助理的定义和分类："高等学校科研助理是指学校根据承担科研任务和学校科技长远发展需要聘用的从事项目研究、实验（工程）技术和科研辅助的人员，是学校专职科研队伍的重要组成部分。""高等学校可根据所承担科研任务的需要，自主设立科研助理岗位，包括项目研究、实验（工程）技术和科研辅助等岗位。项目研究岗位人员主要从事科研项目研究工作；实验（工程）技术岗位人员主要从事科学与工程技术实验、分析测试、仪器设备运行等工作；科研辅助岗位人员主要从事科研行政、业务秘书类等工作。"按照文件对岗位类型的划分，项目研究岗位人员和实验（工程）技术岗位人员的工作性质具有一定的专业性和学术性；而科研辅助岗位人员的工作内容则以行政事务为主。鉴于两类岗位在工作内容上存在巨大差异，应聘者的个人特质和职业追求也存在较大的异质性，为分析方便，本书将前者称为"学术助理"，将后者称为"行政助理"，以示区别。

实际上，2009年前后国家明确提出"科研助理"岗位的初始政策意图是应对2008年国际金融危机之后经济萎缩带来的大学毕业生就业难的问题。此外，《教育部关于做好2013年全国普通高等学校毕业生就业工作的通知》（教学〔2012〕11号）、《国务院办公厅关于做好2013年全国普通高等学校毕业生就业工作的通知》（国办发〔2013〕35号）、《教育部关于做好2014年全国普通高等学校毕业生就业工作的通知》（教学〔2013〕14号）也均是出于稳就业的考虑积极支持高校设置科研助理岗位。直到2016年，中共中央办公厅、国务院办公厅联合发文《关于进一步完善中央财政科研项目资金管理等政策的若干意见》（中办发〔2016〕50号）特别强调了"项目承担单位要建立健全科研财务助理制度，为科研人员在项目预算编制和调剂、经费支出、财务决算和验收等方面提供专业化服务"，随后《国土资源部关于授予第一批国土资源部科技创新领军人才杰出青年科技人才科技创新团队称号的决定》（国土资发〔2017〕98号）、《科技部关于印发〈国家重点研发计划资金管理办法〉配套实施细则的通知》（国科发资〔2017〕261号）等文件也从不同的维度支持设立科研助理岗位，以减轻科研人员的各种行政事务性负担。2020年，政府对于科研助理岗位的关注再次转向促进就业方向，例如《关于科技创新支撑复工复产和经济平稳运行的若干措施》（国科发区〔2020〕67号）、《关于鼓励科研项目开发科研助理岗位吸纳高校毕业生就业的通知》（国科发资〔2020〕132号）、《教育部关于做好2022届全国普通高校毕业生就业创业工作的通知》（教学〔2021〕5号）、《科技部等七部门关于做好科研助理岗位开发和落实工作的通知》（国科发区〔2022〕185号）等。应该说科研助理岗位无论是对于拓宽大学生的就业渠道，还是减轻科研人员的行政事务性负担都具有积极的作用和意义，本书主要聚焦其影响高校教师科研生产力的视角。

需要说明的是，"科研助理"依据岗位工作内容而产生，严格来说是岗位的概念。高校中还有一个很"中国化"的概念叫"编制"，指组织机构的设置及其人员数量的定额和职务的分配，财政部门依据各级机构编制部门制定的编制数拨款。科研助理是在2010年之后，特别是2014年国家放开科研经费中劳务费比例后蓬勃发展的一支队伍，由于高校事业编制指标的普遍稀缺，科研助理大多是以劳动合同制的方式聘用。由于编制对人员管理具有深刻的影响，为聚焦岗位而非编制，科研助理特指以劳动合同制方式聘用的科研辅助人员。

国外文献很少有专门针对科研助理的论述，国内第一篇专题讨论科研助理的文献发表在2010年的《教育与职业》上，从促进大学生就业的角度进行论述，作为政府促进高校毕业生就业政策之一，是非常时期的"非常选择"（万祎、闫志刚，2010）。这与2009年科技部、教育部等各部委联合发布的《关于鼓励科研项目单位吸纳和稳定高校毕业生就业的若干意见》的思路是一致的，也就是说科研助理概念最早是从稳就业的角度提出的。截至2022年11月25日，共有137篇以"科研助理"为研究主题的中文文献被知网收录，发表时间见表2-1，2017年以前仅在个别年份发表1~2篇以"科研助理"为研究主题的文献，2016年《关于进一步完善中央财政科研项目资金管理等政策的若干意见》（中办发〔2016〕50号）发布之后，与科研助理相关的文献开始突然增加，2017~2022年的年均发文量在19~27篇的范围内波动，研究的视角逐渐向减轻科研人员行政事务性负担和加强科研助理队伍建设的方向转变。

表2-1　2010~2022年以"科研助理"为研究主题的中文文献数量

单位：篇

	2010年	2012年	2015年	2016年	2017年	2018年	2019年	2020年	2021年	2022年
篇数	1	2	2	1	20	24	21	19	27	20

注：本表仅统计收录在知网上的中文文献。

研究方向主要涉及五大学科：会计（51.09%）、高等教育（39.41%）、科学研究管理（28.47%）、财政与税收（19.80%）、农业经济（10.21%）；来源期刊排名前四的分别是《安徽农业科学》（8.76%）、《会计师》（8.03%）、《商业会计》（6.57%）、《行政事业资产与财务》（5.84%）。其中有113篇是专门针对科研财务助理的，占总数的82.48%。

从研究内容来看，主要涉及三大领域：科研助理队伍现状的调查、科研助理队伍建设的理论研究以及科研助理作用的实证研究。其中，数量最多的是关于科研助理队伍现状的调查。刘宁（2018）运用问卷调查法对中国科学院软件所等10家科研机构的360名一线科研人员进行调查，研究发现，科研财务助理队伍流动性较大是普遍现象，造成这种现象的原因主要是待遇低、无编制、无相应职称。褚珊（2019）基于江苏省24所高校科研财务助理制度执行现状的调查发现，科研财务助理制度落实不到位，虽然92%的高校（22所）认为有必要设置科研财务助理，而实际配备了科研财务助理的高校占比仅为38%（9所）；同时存在科研财务助理职责定位不明确、专业性不够强、薪酬发放不顺畅、考核机制不健全与缺乏激励机制等问题。张思琦（2022）采用问卷调查（有效问卷253份，其中自然科学类学科222份，社会科学类学科31份）与深度访谈相结合的方法，围绕科研人员聘用专职科研财务助理意愿和专职科研财务助理的工作内容，对教育部某直属全国重点大学进行调查，发现普遍存在4个问题：对科研人员重视程度较低；缺乏稳定的经费支持；专职科研财务助理人数不足；人员流动性大、管理难度大。罗雪芹（2022）等对河南省农业科学院某研究所2016~2020年招聘的48名科研助理在该所工作时间的调查发现，实际工作3年以上仅有3人，占总数的6.3%。绝大多数离职的人员追求更加稳定、职业发展更清晰、待遇更好的其他机关事业单位，其中高达63.33%的人员因考取公务员而离职；3.33%的人员考入该单位，成为正式职工。该研究所科研助理流失的原因主要为：科研助理工作与其能力不匹配；同等条件薪资水平较低；职业发展道路模糊；缺乏人文关怀导致融入感较低。

有2篇学术论文涉及科研助理队伍建设的理论研究，孙园（2018）从组织承诺视角对军队院校编外聘用人员组织职业生涯管理进行研究，通过调查问卷和心理测量，得到国防科技大学编外聘用人员的群体特征数据，研究发现开展组织职业生涯管理可以提高编外聘用人员组织承诺。杜雅倩（2012）通过问卷调查和向有关部门收集基础数据的方式对 S 高校租赁制人才工作现状进行分析，归纳出高校租赁制人才离职率高、缺乏归属感和认同感的原因。运用人力资源的激励理论来解释高校租赁制人才目前的工作现状，并通过构建高校租赁制人才激励机制的设想来激发高校租赁制人才的工作积极性和主动性。

现有关于科研助理提高科研生产力的定量研究仅有 3 篇，王力（2019）选取中国科学院某研究所作为实例，通过发放 25 份调查问卷（回收有效问卷 20 份），采用模糊综合评价法评估科研财务助理对科研经费管理水平提升等方面的作用，研究发现科研财务助理是科研单位承上启下、沟通协调的重要岗位。由由等（2017）通过最小二乘估计模型发现，教师占全体教职工的比例与高校论文发表数量之间显著负向相关，以此推出在教师规模一定的情况下，管理辅助等岗位人数少是高校研究成果得分低的重要原因。哈巍和于佳鑫（2019）运用广义矩估计，发现行政人员和工人对科研产出的影响呈现倒"U"形，即边际效益递减，在一定范围内，当专业技术人员数量确定时，增加行政人员和工人的数量对科研生产力有正向促进作用。

第二节 中国场域下科研助理队伍快速发展的必然性

教师个体是直接面对科研市场的微观主体，他们对国际、国内科研的价值取向和需求变化最为敏感，教师个体在外部环境变化下的权衡和抉择与高校作为组织的选择是相互影响和相辅相成的，都体现了行为主体主动适应环境的变化。正如泰恩和布莱克本（Tien 和

Blackburn，1996）所言，"研究生产力的动机既不是纯粹的内在动机，也不是纯粹的外在动机。两者似乎都取决于环境、个人的价值观和当时的社会状况，是一个综合的结果"。在中国的场域下，科研助理队伍的快速发展是制度变革和教师内在需求的必然结果，以下将从需求和供给两个维度考察科研助理制度是如何在中国高校中发展起来的。

一 需求

1. 科研组织模式的变革

当代社会知识生产模式发生了深刻变化，有学者将这种在传统的知识生产模式之外进行的转变称为模式2，与此相对，传统的知识生产模式被称为模式1。在模式1中，设置和解决问题的情境主要由一个特定共同体的学术兴趣所主导；而在模式2中，知识处理则是在一种应用情境中进行的。模式1的知识生产是基于学科的，模式2是跨学科的；模式1以同质性为特征，模式2则以异质性为特征。在组织上，模式1是等级制的，且倾向于维持这种形式；而模式2则是非等级制、异质性、多变的。与模式1相比，模式2的知识生产承担了更多社会责任，涵盖了范围更广的、临时性的、混杂的从业者。可能进行知识创造的场所不再仅限于大学，还有非大学的机构、研究中心、政府的专门部门、企业的实验室、智囊团、咨询机构也会共同参与其中（迈克尔·吉本斯等，2011）。布鲁诺·拉图尔（2005）在《科学在行动：怎样在社会中跟随科学家和工程师》（简称《科学在行动》）中通过记录一位加利福尼亚实验室负责人8天的工作内容，为我们描绘了模式2的知识生产模式下科研工作的复杂性。

第一天，一直在做潘多琳（pandorin）实验。

第二天，在办公室花了大部分时间连续接了12位同行的电话。

第三天，飞往阿伯丁（Aberdeen）会见一位同行，在阿伯丁期间不断地往欧洲打电话。

第四天，飞往法国南部，与一家大型制药企业的负责人讨论潘多琳和大量药品的专利、生产和临床试验问题。晚上和法国卫生部部长讨论在法国建立一个新的实验室。

第五天，上午向来自斯德哥尔摩的科学家展示他的新仪器如何描绘潘多琳在老鼠大脑中的运动轨迹，把一些潘多琳样品送给这位科学家，供他进一步检测。下午在巴黎大学索邦学院做演讲。

第六天，上午和法国总统以及糖尿病患者召开一个大型会议，他的发言得到糖尿病患者父母的积极响应，他们敦促总统给予这项研究优先权，并尽可能多地为检测实验室的新药提供便利，总统允诺将尽力而为。接着在国家科学院用了午餐，试图说服同行开设新的分支机构。下午参加《内分泌学》杂志的董事会，在接下来的飞行途中修改学术论文。下午晚些时候赶回大学给学生上课。

第七天，接待一个机构对实验室的实地考察，该机构提供给实验室100万美元的项目资助。

第八天，上午在一家精神康复医院试图说服医生做第一个潘多琳治疗精神分裂症的临床试验。下午在一家屠宰场说服屠夫尝试另外一种既能砍掉羊头又不损伤羊下丘脑的方法。下午晚些时候批评一名博士后没有及时草拟论文，和同事们商讨购买下一代哪一种高压液体套色版，继续研究潘多琳样品的新数据。

记录者跟随这位实验室负责人接触了这个社会里的各类人群：高级官员、公司负责人、大学学生、记者、宗教人士、科研人员等。但正因为有这位实验室负责人的不懈奔波，团队中每天在实验室花费 12 小时的同行才能够顺利地在《内分泌学》杂志上发表论文；实验室得到糖尿病协会的一项特别研究基金；从屠宰场取得新鲜的、比以前干净得多的羊下丘脑；在法国卫生部新建立的实验室开展研究；从瑞士公司得到一种新仪器，用来绘制大脑中缩氨酸的精确数量。究竟什么是研究？谁在做研究？在模式 2 的知识生产方式下，我们已经很难再将研究刻板地理解为穿着白大褂做实验或者伏案写论文。

与模式 1 相匹配的传统科研组织模式是"个体户"+"学徒"式的科研小团队，即科研人员带着博士生和硕士生完成各项科研任务。然而，科学研究日趋复杂化和加速化，布鲁诺·拉图尔（2005）在《科学在行动》中指出，科学的发展使得一篇学术论文的组织方式是"层积化"的，每一个断言都由文本以内或者文本以外的引证所支持，这些以图、表等形式呈现的引证来自越来越复杂、庞大、精密的仪器设备，甚至是分布在世界各地的科研团队共同研究的结果。这些论文给予读者一种视觉深度，那么多层次相互支持，从而造成了一个丛林，某种你不费九牛二虎之力便不能突破的东西。麻省理工学院的林肯实验室对产出远程雷达、弹道导弹预警系统、弹道导弹防御系统等重大成果功不可没（史仁杰，2007）。剑桥大学物理研究也因为卡文迪许实验室会聚了 20 多位诺贝尔奖获得者开展研究而领先于世界（冯端，2000）。一方面研究趋向于跨学科、跨部门、跨机构的合作，另一方面高校承担了越来越多的服务国家重大战略需求和关键领域核心技术的任务，因此"个体户"+"学徒"式的科研小团队日益难以承担具有交叉性、长期性的科研攻关项目。

模式 2 的知识生产模式催生了新的科研组织形式，研究者因研究课题而加入暂时性的工作团队和网络中。除了决定研究方向、攻克关键问题的首席研究员（Principal Investigator，简称 PI），还需要有在团队中负责落实想法、统筹协调的专职研究人员，以及聚焦具体问题的博士生、博士后。不能忽视的是团队中还需要一类从事基础研究工作的学术助理和行政助理，他们负责与政府、企业、材料供应商、其他科研机构等对接，需要不断地重复成熟的工艺流程，反复沟通分工合作事宜，完成财务报账和撰写调研报告的初稿。因此，一个较成熟的团队构成，第一层需要一个 PI，确定研究路线、解决关键性问题并负责整个研究的推进和监管。第二层需要有若干得力的执行人员，具有一定的学术水平，能够把 PI 的想法具体化，同时具有较强的统筹协调能力，能够推进一些关键项目的研发。第三层需要有很多工程技术人员、实验技术人员，也就是通常所说的学术助理，他们不负责决策，但要完成很多具体的重复性工作。如果是工程项目，还需要经常与企业沟通，跑现场。最后一层是少量的行政助理，负责财务报账、耗材采购、办公室各种行政事务，给学校、政府部门填报各类表格，等等。形成了以首席研究员为核心，包括专职研究人员、博士后、博士生、硕士生，以及行政、财务、实验技术等方面的科研助理在内的金字塔形的科研组织结构。研究之外的日常事务也变得复杂起来，沟通、协调、组织，以及围绕工作安排、人员管理、服务保障等的行政事务性工作成倍地增加。虽然这些工作不直接作用于科研本身，但因为能够通过分工的方式实现术业专攻和技能互补，从而有效地减轻科研人员的行政事务性负担并减少他们耗费在重复劳动上的时间。所以科研生产方式的转变在一定程度上促成了对科研助理需求的大量增加，科研助理成为科研顺利推进的润滑剂。劳动力技能互补性假说认为不同的劳动力个体具有不同的技能水平，他们的合作将大大降低生产成本，实现规模收益递增。经济组织化的意义就在于它有效地推进资源整合利用和组织社会生产，最大化地提升生产能力并降低生产成本，以组织团队的形式开展目标任务和作业流程，通过并行工作和共同参与机制来完成过去分散完成的工作。模式 2 的知识生产方式符合报酬递增的规律，源于分工水平和专业化水平的提高，在生产过程中，各方的劳动力技能是互补的，不同技能水平和技能特质的劳动力通过合作大大提高了生产的熟练程度，降低了生产成本，实现规模效益。在劳动日益专业化，专业日益多样化的背景下，组织化、团队化和规模化的科研生产方式已经成为被普遍认可的发展趋势。

当被问及为什么具体的重复的工作不让学生做，而要聘专职学术助理时，大部分教师说："让博士生、博士后去做具体的重复的事情，对他们的成长不利，他们难以获得满足感，也不会认真干。我通常让博士生做一些关键的、没有被解决的前沿问题，那些已经有答案、需要精益求精的工作让学术助理做。"据一位教师估算，附着于科研工作之上的填表、报账等行政事务性工作大概占整个科研工作的20%，因此他迫切需要聘用一名行政助理辅助完成工作。当被问及为什么不让硕士生做时，这位教师说："让硕士生报账，这很不合理。学生的本职是学习，我不能浪费自己的时间，同样也不能浪费学生的时间。"从效率来看，"学生不停地流动，刚教会一个就毕业了，还要再培养新人，也远不如专职行政助理效率高"。但是在经费有限的情况下，个别教师也会让学生来承担行政事务工作，"我一般让每届研一的学生报账，一个硕士生一个月支出800~1000元，而聘一个行政助理，每个月的用人成本至少得5000元！"甚至某个学院的虚体中心曾经让博士生值班接电话、帮忙处理行政往来的邮件。当被问及"这样效率不低吗？学生没意见吗？"教师也很无奈，"效率低也没办法，总比没人干强。学生有时候也没有选择吧"。可见，如果一个团队中没有科研助理，那么对整个科研工作来说都可能造成人力资源的巨大浪费。

2. 学术资本竞争的加剧

21世纪以来，全球范围内科学技术的迅猛发展与产业结构的加速调整，一方面给大学的知识生产与人才培养带来了新的挑战和机遇，一些新的学院得以设立（石中英等，2020）；另一方面也使大学之间对声誉和人才的竞争日益激烈。学术界也在全球化背景下发生了转变，进入一个具有流动性、灵活性和非物质性的时代。目前全球范围内公认的高校排名体系主要有四种：英国教育市场咨询公司（Quacquarelli Symonds）发表的 QS 排名、泰晤士高等教育（Times Higher Education）发表的 THE 排名、"美国新闻与世界报道"发表的 U.S. News 排名和上海软科教育信息咨询有限公司发表的世界大学学术排名（ARWU 排名）。从四种排名体系关注的指标看，U.S. News 排名和 ARWU 排名都非常注重学术性，在它们的评分项中，几乎找不到与学术无关的项目。THE 排名和 QS 排名的学术比重虽然相较于 U.S News 排名和 ARWU 排名有所下降，但依然高达 30%~40%，在这样的评价体系下，高校在国际竞争中几乎"得学术者得天下"，对于"用声誉换资源"的高校来说，追求科研的卓越成为研究型大学摆脱资源束缚最根本的方式。根据新制度主义理论，组织为了增强其合法性和存活的希望，采纳由社会上组织和制度盛行的概念定义的惯例和程序。高度结构化的组织场域为个体理性地应对不确定性和束缚的努力提供了背景，最终导致了结构、文化和产出的驱同。这个过程既体现了强制性驱同的压力，也带有模仿驱动和规范压力的痕迹（Meyer 和 Rowan，1977）。为了满足知识经济的需要，提高国际排名，吸引更多的学生、明星教师和财富，世界各地的大学变得更加进取（Slaughter, et al.，2012），在应对全球竞争的策略上表现为向世界顶尖高校看齐，在排名体系的"指挥棒"下参与对科技人才和科研成果的争夺。2015 年我国国务院发布《统筹推进世界一流大学和一流学科建设总体方案》，提出要"引导和支持具备一定实力的高水平大学和高水平学科瞄准世界一流，汇聚优质资源，培养一流人才，产出一流成果，加快走向世界一流"。一流的学校和一流的学科必须配备一流的人才，近年来高校纷纷从海外引进各专业的领军人才，然而领军人才回国的前提常常是学校成立专门的学院，划拨独立的办公场所和人员编制，这在一定程度上会进一步加速新学院的出现。据统计，2009年以来，我国C9大学①新设学院共计215个，平均每校新设学院约为24个，而英美9所顶尖大学（斯坦福大学、哈佛大学、牛津大学、剑桥大学、伦敦大学学院、芝加哥大学、麻省理工学院、加州理工学院和帝国理工学院）中仅有4所共新设了8个学院（石中英等，2020）。频繁地增设学院产生的首要问题是空间资源、人力资源紧张，在知识生产模式发生转变的背景下，引进人才需要额外配备的科研助理也成倍地增加。

高校的发展是镶嵌在时代、国家和社会发展大背景下的。20世纪70年代，世界各国开始陆续大幅度削减对公立研究型大学的经费投入（中国从20世纪90年代中期开始），特别是研究及开发的资助份额出现明显的下降（Slaughter和Rhoades，1996）。对高等教育的拨款也由非限制性经费转向具有引导性的限制性经费。对于追求声誉最大化的大学而言，研究基金是大学及其教学科研人员的关键性资源，为保持或扩大资源，教学科研人员不得不展开对外部资金的竞争，这些资金来自与市场有关的研究，包括应用的、商业的、策略性的和有目标的研究等。20世纪七八十年代，环太平洋地区国家日益增长的经济竞争引发了市场全球化，老牌的工业化国家为了挽回丢失的市场份额，通过投资新技术以保持其在全球市场中的竞争力，它们越来越多地求助于研究型大学，以获得科技产品和工艺进而在全球销售。跨国公司对新产品的寻求同教学科研人员对更多资金的寻求一拍即合，许多跨学科中心（如材料科学、光学、认知

---

① 九校联盟（简称C9），是中国首个顶尖大学间的高校联盟，于2009年10月启动。联盟成员都是国家首批"985工程"重点建设的一流大学，包括北京大学、清华大学、复旦大学、上海交通大学、南京大学、浙江大学、中国科学技术大学、哈尔滨工业大学、西安交通大学9所高校。

科学等）在研究型大学中陆续发展起来，并日益卷入市场活动。政府的研究基金越来越多地被用于国家优先项目，以竞争招标的方式被拨付给胜出的申请人。大学和院系开始招收支付全部费用的海外学生，拓展与产业在研究和培训方面的合作，并开发适合市场的产品和工艺。

近年来，大批留学归国的学者给我国引入了一种以 PI 为核心的学术组织形式，通常被称为 PI 团队。就是以 PI 为核心，对人力资源、物力资源进行分配，以经费支持为基本条件对科研资源进行共享，共同完成科研目标的组织结构。PI 制框架下，对于所有研究项目中的研究管理和规划，PI 都有最后的决定权（夏雪，2017）。其优势是使具有一定学识水平、专业能力和创新思维的年轻人拥有更多的机会，实现自己的想法。但带来的问题是基于深度教学合作的教研室被个体化、公司化运作的 PI 团队所取代，在新的评价体系下展现出极高的效率和很强的适应性，但在一定范围内也呈现学术部落瓦解的迹象。2001 年《关于国家科研计划实施课题制管理的规定》改变了财政对科技投入的方式，由对科研机构的一般支持变为以项目为主的重点支持。国家以"招标"的方式设立各种基金和专项，个人撰写申请书进行"投标"，经过专家委员会的严格评审，胜出者获得科研经费的支持，在经费使用的许可范围内，具体的支出方式由课题负责人全权决定。经费拨付方式的改变为 PI 制在我国的广泛推行奠定了制度基础。学术资源的集聚呈现"马太效应"，向科研产出更多、更好、更具竞争力的个体集中，这无疑加剧了科研人员之间的竞争。以 2022 年环境工程学科为例，各类项目（面上项目、青年基金、地区基金、重点项目、优秀青年、杰出青年、创新群体、科学中心项目等）申请共计 2998 项，最终审批通过获得资助的项目 486 项，平均资助率为 16.2%，其中优秀青年和杰出青年的资助率分别只有 8.5% 和 10.9%。

教学科研人员努力从政府固定拨款和经费资助的活动特别是教学及相关活动,显著地转向在竞争性、市场性的领域中创造收入并满足那些奖励条件的活动。斯劳特和罗迪斯(Slaughter 和 Rhoades,1996)把学术资本作为一个用来研究有组织的专业市场或致力于获取外部资金的类似市场的行为的概念,描述了教学科研人员是怎样在越来越激烈的市场竞争环境中转变成利用他们的学术资本赢得资金的"企业家"。资源依赖理论认为丧失关键收入的组织会寻求新的资源,教学科研人员愿意投入大量的专业精力赢得资金回报,只要获得的资源允许他们在地位和声誉体制下保持甚至提高自己的位置。学术资源的分配方式不仅影响大学的行为,也改变了大学内部的权利分配,那些与市场联系更加紧密的应用型学科比纯理论和纯人文的学科更容易获得经费支持,这些经费提高了教学科研人员、大学和院系的声誉,同时也有助于与外部团体建立更好的关系。

朱迪思·沃克(Walker,2009)进一步提出学术资本的时间制度(ACTR),她把时间在学术资本全球化背景下进一步理论化,认为学术资本的时间制度是学术界、资本和时间之间关系重新配置的结果。效率不断提高,时间却永远都不够,越来越多的学术时间被削减,学术型知识员工处于"来不及多想"和"不眠于学术界"的状态中。从心理学的角度看,在学术资本的时间制度里,对工作的道德成本敲响了另一个警钟:教师花更多的时间申请资助,考虑金钱和利润让他们更自私、更独立,以及更多的个人主义、更少的协作、更缺乏信任(Kahneman,2013)。竞争的加剧在一定程度上阻碍了教师之间的合作。某工科学院管理者说:"我们都是独立PI,严格个人考核,所谓的团队,就是一种相对松散的合作形式,没有上下级关系。不像传统的工科,上面一个大教授,中间四五个副教授,下面还有讲师带一群学生。我们都是一个PI,下面有一些博士后,再聘一些合同制的科研助理，然后配上学生。"这是一个新体制的工科学院，至于为什么会改变传统工科大团队合作的模式，形成当下独立 PI 的模式，被访者提到其中一个原因是"（如果不这样）Tenure 评估肯定不合格，因为在一个团队里做，（难以评判）个人的贡献是什么……现在咱们就是评价个人，不考虑团队"。

当深度合作断裂，PI 都纷纷独立时，为 PI 服务的科研助理也势必需要单独配置。课题组不大时，科研助理的工作量通常不够饱和，当被问及能否几个课题组共用一名科研助理时，各个学院都表示有难度。首先，每个 PI 的研究方向不同，学术助理需要具备的研究技能不同；其次，某些 PI 也不希望别人知晓自己的项目和经费情况，所以合用行政助理不现实，特别是当联合聘用涉及分工和经费共担，而 PI 之间的工作又相对独立时，问题就变得更加麻烦。然而通过访谈行政助理了解到，对于理工科来说，如果一名 PI 一年的科研经费低于 500 万元，其单独配置的一名行政助理的工作量难以饱和。当 PI 纷纷独立时，必然造成科研助理的重复设置，这在一定程度上也是近年来科研助理岗位需求激增的原因之一。

3. 学术审计的必然要求

研究活动的日益复杂化同时也引致了政府通过质量保证方案监督大学的行为和绩效表现，20 世纪八九十年代，审计从它最初与财务会计的联系转移到职业生活的新领域，并在这个过程中获得了一套新的含义和功能，被称为概念性通货膨胀，"学术审计"就诞生于此期间，其含义是"公众检查"、"提交审查"、"呈现可见"和"绩效衡量标准"。克里斯·肖和苏珊·怀特（Shore 和 Wright，2000）将"强制性问责制"作为审计文化在高等教育领域中的具体表现时举了一个例子：英国政府在 1991 年的高等教育白皮书中提出其成立了一个新的政府机构——英国高等教育资助委员会（the Higher Education Funding Council for England，简称 HEFCE），该委员会要求各部门提交"标书"，说明自己"优秀"、"令人满意"或"不令人满意",同时提供能证明"产出"和"适合于目的"的"绩效指标"的文件作为证据支持。然后,HEFCE派出了由相关学科的高级学者和他们自己的官员组成的检查小组来访问、观察和评定这些部门。任何被认为"不令人满意"的部门必须在12个月内进行改进,否则"该学科的核心资金和学生名额将被撤回"(HEFCE,1995)。

学术审计的兴起使得科研工作之外还需要有一套实时跟踪、严谨专业的监督体系,以一个基于可见性和强制性责任的制度取代一个基于自主权和信任的制度。学术审计除了造成HEFCE高昂的成本,还给大学带来了巨大的财政负担,使大学教学科研人员产生了额外的工作量。为了应对审计,学者被迫变成专业的管理人员,认真地记录一系列"可审计的结构"和纸质轨迹,以向来访的检查员展示"系统的证据",将时间花在证明自己的兢兢业业和清清白白上,而不是花在本职的教学和研究上。学者需要随时应对关于经费和科研成果的审查,负担异常繁重。

审计文化在重新塑造学术界的工作和思想状况方面产生深远的影响。福柯指出伪装权力是政治技术的核心,德雷福斯和拉比诺(Dreyfus和Rabinow,1982)认为,政治技术将本质上的政治问题从政治话语领域中移除,然后用科学的中立语言重新塑造。学术审计正是这样,程序本身是合理、客观和中立的,然而它被用来构建评估网格,比如竞争排行榜和绩效表,同时对机构和个人进行排名。这个系统所谓的"自我授权"是建立在外部强制性上的,控制和规范被内化,外部主观性和内在主观性结合在一起,从而使个人按照规范行事。因此,审计成为一种政治技术、一种个人积极和自由地规范自己的行为,从而促进形成政府的社会秩序模式的手段(Shore和Wright,2000)。问责制的要求、监督和管理主义的技术愈演愈烈,并在学术著作上施加更大的控制权(Menzies和Newson,

2007）。它们是新形式的治理和权力形式的工具，体现了一种新的理性和道德，旨在在学术人员中产生新的行为规范和职业行为。Power（1997）在《审计社会：验证仪式》（*The Audit Society: Rituals of Verification*）中指出，审计的兴起可以解释为对"风险社会"不确定性的回应，根据贝克和吉登斯等社会学家的观点，Power认为"审计爆炸"代表了"对处理风险需求的独特回应"，这个过程旨在提供"控制和透明度的愿景，以满足管理者、监管机构和政治家的自我形象"。

近年来，我国对科研项目资金的投入不断加大，2000年我国研发经费为896亿元，2020年达到24393亿元，20年间研发经费增长了约26倍。政府或科研机构为确保科研人员能够合理有效地使用资金，出台了一系列管理、审计、核查等措施，而这些措施的不断增加与复杂化，使得对科研项目的资金管理并不只是简单的发票报销，因此要求所学会计知识不断加深与更新（曹明珠，2014）。学术审计在中国科研管理中的体现之一是，科研项目经费的使用需要经历预算编制与审批、采购与支付、审核与报销、账务调整与报表、审计检查与验收五道程序，每一道程序都需要经历真实性、合规性和相关性的检验，管理人员需花费大量时间和精力来审核确认经济业务是否真实、合规、相关，科研人员同样需花费大量时间和精力来证明经济业务的真实、合规、相关。证明材料必须充分、齐全，而证明过程时常需要反复（王守军，2019）。学术审计一方面是对经费使用的审计，另一方面是对绩效指标的审计，保持对教师工作业绩的持续"凝视"，教师在此过程中被抓取，被数据系统和程序使用，被特定的奖励和新的身份定义。通过这些方式，"一流教师队伍"变得更有能力、更有效率、更有生产力，与建设世界一流大学的目标更贴近、对作为用户的学生更友好。教师变成了"知识经济的一部分"（林小英和薛颖，2020）。

信任的缺失、对风险的防范以及应对被审计的要求同样催生了对科研助理的强烈需求，科研人员需要助手帮助他们详细记录经费开支状况并及时汇报科研进展。举例说明，若想置办一台价格超过5万元的新实验设备，需要在申请时说明其对项目的重要性，以及目前已有的相同类型设备的使用状况，包括新设备具有的比已有设备更符合本项目的特点及新设备的拟安置地点等；若想申请材料费，则需要解释清楚所有材料与科研项目的相关性和需求性、所需数量的测算依据，注明每个材料的具体信息，包括名称、单价、购买数量及金额等；发放的经费要标明去处，资金用途必须与预算内容相一致，如开支明细没有列明，就可能会导致科研项目无法结题验收（董洁，2017）。以一个行政助理的工作为例，在项目申请阶段，行政助理要参与科研项目的预算编制，根据实际需要分析整体经费需求和制订预算支出计划，对各项目经费需求和项目支出比例提出合理预算建议。同时对项目预算编制方案进行审核，并将审核后形成的预算建议方案向项目主管部门申报。项目主管部门如有预算修改意见的，应及时向项目负责人反馈，并协助其按照审核意见修改完善预算方案。在项目执行阶段，行政助理要协助项目负责人管理好科研经费收支，抓好预算管理与执行。行政助理必须熟悉单位内部的各项科研经费管理制度，项目经费到账后及时办理上账手续，负责课题组日常的借款和报销，包括对课题组成员的费用支出进行初审、填写借款和报销单据、整理票据和粘贴等，完成整个财务报销工作。行政助理还要协助项目负责人对其承担的各类项目实行预算动态管理，向项目负责人汇报各个项目的经费使用与预算执行情况。积极落实项目预算支出计划，如果有项目涉及预算调整的，及时按规定履行预算调整审批程序。在项目结题阶段，行政助理要按照项目结题验收要求做好项目决算工作：整理分析课题组实际的经费支出明细并进行初稿编制，填制结题财务验收所需要的各种表格并及时提交财务处审核或者提交规定的第三方审计单位进行审计。根据审计意见，协助项目负责人对不合理的支出进行整改（唐严等，2019）。除此以外，行政助理还需具体负责课题组内固定资产和耗材的日常管理、会议组织、人员协调、与合作单位的沟通等工作。要完成上述这些烦琐的工作，不配备专业的辅助人员是不可想象的。

在科研工作日益复杂、繁重，而对科研经费使用的监管依然严格的环境下，科研人员越发为琐碎的行政事务性工作所羁绊。正如一位学者感叹道，年底科研项目报账很费时间和精力，财务人员盘问过细，很多科研项目的管理，都在把科学家逼成会计。[①] 这也是近年来科研人员不断提出大量时间精力为行政事务性工作所困，呼吁国家出台相关政策，支持建立科研辅助队伍，放开劳务费支出比例的原因。

4. 博士生名额受限下的补充

我国的博士生招生规模受教育部对高校分配名额的指标限制，体现的是"一种国家计划模式"（李锋亮等，2009），与英美国家市场化的招生机制有较大差别。受《中国教育与改革发展纲要》（中发〔1993〕3号）提到的"努力扩大研究生的培养数量"指导思想的影响，20世纪90年代直至21世纪初，中国博士研究生的招生规模按照不低于9%的增速快速扩张（除1997年外）。从2005年开始，招生工作的重点从扩张数量转变为提高质量、注重公平和拔尖创新人才的选拔。招生规模的增长速度放缓，保持年均增幅3.5%左右。然而2005年之前快速增加的博士生、博士后有相当部分进入高校教师队伍，再加上国家加大了对海外各类人才的引进力度，使得近几年来博士生导师的扩充速度大大超过了博士生的增长速度，形成博士生名额不够分配的"僧多粥少"的局面。根据张熙博士在P大学的一项调

[①] 《社科院学者谈科研项目报账：把科学家逼成会计》，环球网，2016年1月10日，https://china.huanqiu.com。

研发现，该校2018年的博士新生有2642人，而具有博士招生资格的教师有2138人，平均每位博导的招生数量是1.24人。而针对470份教师调查问卷的分析，博导希望每年招收的博士生平均数量是1.58人，并且理科和工科对博士生的需求量高于人文学科和社会学科。理工科院系的导师普遍认为做大的科研项目缺少人手，现有的博士生名额不能满足实际需要（张熙，2020）。

科研助理成为博士生名额不足的情况下对科研助手的一个有力补充。对本书案例高校A大学2010~2019年2059名科研助理的统计分析发现，拥有博士学位的有300人，占总数的14.6%；拥有硕士学位的有958人，占总数的46.5%，且他们中的相当一部分人以科研助理身份经过一段时间的培训和考察后，成为所聘用教师的正式博士生。因此科研助理制度成为理工科教师在博士生名额难以突破的现实问题下补充科研助手的一种"曲线救国"手段。

如果说以上情境使得教师对科研助理的迫切需求成为"应然"的话，那么国家科研政策的变革和高校毕业生规模的快速增长则使得这种"应然"成为"实然"。

二 供给

1. 中国科研管理体制的变革

科研政策、科研体制和科研经费管理方式是一脉相承、浑然一体的，从1978年的计划调配到2016年的"放管服"改革，中国的科研政策和科研体制改革走过一段漫长而曲折的道路。按政策环境、目标、内容、方式等的不同特点，科研政策的变迁可分为四个阶段。

（1）恢复阶段（1978~1994年）。

改革开放后，中国改革的重心基本上被置于经济领域，社会政策的调整都是基于市场和经济发展的逻辑，服务于经济发展目标（潘译泉，2013），科研政策和科研体制的改革也以"振兴经济，实现四化"为中心。1978年全国科学大会的召开带来了"科学的春天"。为促进科技发展，1985年国家颁布了《中共中央关于科学技术体制改革的决定》，对科技体制改革和科研经费管理改革进行了全面部署，确立了我国科技政策的新范式。但是恢复阶段出台的科研经费管理政策不多，如拨款政策、监督检查政策等，过渡性特征明显，既体现了市场经济发展的要求，也呈现出计划经济的烙印。

（2）建立阶段（1995~2005年）。

1995年，中共中央、国务院就科学技术的发展给出了指导：我国要严格遵循马克思所倡导的"科学技术是第一生产力"理念，把经济建设的重心转移到发展科技的自主创新和加强全民族的科学文化素养上来，在提升自身科技实力的同时抓紧发展社会生产力，为建设科技强国夯实基础（陈琪、盛建新，2007），这就是著名的"科教兴国"战略（刘笑笑，2019）。为贯彻落实"科教兴国"，国家用于科学研究的投入有所增长，并逐步加强了对科研经费的过程管理，对科研项目经费的开支范围与结构、预算编制与调整、经费结余、监督检查等都做了明确规定（盛明科，2018）。2001年的《国家高技术研究发展计划专项经费管理办法》就是按照财政改革要求，在全面引入预算管理、国库集中支付、政府采购等要求后制定的政策。自此以后，财政科研经费管理政策又陆续加入了关于预算评审制度、劳务费范围仅限于没有工资性收入的人员、结余经费收回到科技部或主管部门、审计与财务验收成为必经环节等方面的要求（王守军，2019）。其中关于劳务费的条款有：《国家杰出青年科学基金项目资助经费管理办法》（财教〔2002〕64号）规定支付给直接参加项目研究的研究生、博士后的劳务费不得超过杰出青年基金资助经费的10%，经批准的项目资助经费预算一般不做调整；《国家自然科学基金项目资助经费管理办法》（财教〔2002〕65号）规定支付给直接参加项目研究的研究生、博士后的劳务费中，面上项目劳务费不得超过资助经费的15%，重点项目、重大项目及各类专项劳务费均不得超过资助经费的10%，经批准的项目预算一般不予调整；《高等学校博士学科点专项科研基金管理办法》（财教〔2002〕123号）规定用于直接参加课题研究的研究生、博士后人员的劳务支出，一般不得超过课题资助经费的5%。可见国家对劳务费的支出范围和支出比例有非常严格的限制。

（3）发展阶段（2006~2012年）。

2006年中共中央、国务院出台《关于实施科技规划纲要增强自主创新能力的决定》，自主创新战略成为新时期我国科技政策的战略重点。这一思想指出，现代社会要提高学术和科技的原创性，大力鼓励高校及社会组织开发研究新技术、使用新手段，同时最大限度为一线从事科学研究的人员在工作中提供必要的帮助和便利，增强研究人员的科技创新动力，保持研究人员的科学研究热情（孙顿，2018）。2001年12月，科技部、财政部等四部委联合发布《关于国家科研计划实施课题制管理的规定》，要求对财政拨款的国家科研计划都要采用课题制进行管理。课题制科研计划与传统的科研计划在形式上最大的区别就是把过去的以单位为中心改为以课题组为基本单元，即财政对科技投入的方式由对科研机构的一般支持改为以项目为主的重点支持。这种以项目或者说课题组为中心的科研体制改革，深受现代管理思想的影响，对高校科研管理工作的影响是深远的，它从制度层面明确了课题主持人负责制，即课题负责人可以打破单位编制界限，自主组织或者聘用课题组成员，促进人才流动（林学延，2019）。但自主创新战略背景下的科研经费管理政策仍是一种渐进式的调整策略，没有从根本上解决科研经费使用不当、激励不够等问题，更多的是随着社会环境的变化与科技发展的需要，对上一阶段科研经费管理政策予以改进和调整，逐步完善政策，存在宏观统筹缺乏、碎片化突出等问题（盛明科，2018）。

（4）健全阶段（2013年至今）。

党的十八大明确提出，科技创新是提高社会生产力和综合国力的战略支撑，必须摆在国家发展全局的核心位置。强调要坚持走中国特色自主创新道路、实现创新驱动发展战略。为贯彻落实创新、协调、绿色、开放、共享的新发展理念，深入实施创新驱动发展战略，促进大众创业、万众创新，亟须优化科研经费管理政策，改革和创新科研经费使用和管理方式，由此，国家科研经费管理政策进入全方位的健全与调整阶段（盛明科，2018）。按照"放管服"改革之前财政科研经费管理规定，一项科研项目经费使用需要经历五道程序，每一道程序都需要经历"真实性、合规性和相关性"的检验，科研人员需花费大量时间和精力来证明经济业务的真实、合法和相关，证明材料必须充分、齐全，管理人员也需花费大量时间和精力来审核确认经济业务是否真实、合法和相关，且证明过程时常需要反复（王守军，2019）。这样的科研经费预算管理与报销制度严重不符合科学研究的规律，需要科研人员在与科研经费相关的财务管理上成为"专业会计"（孙颉，2018），既浪费了科研人员的宝贵精力，又造成项目资产的收存与管理的低效。为了解决这一问题，让科研人员能够潜心研究，"十三五"开局之年颁布的《关于进一步完善中央财政科研项目资金管理等政策的若干意见》（中办发〔2016〕50号）提出了简化预算程序、下放预算调整权限，提高间接费用比重、加大绩效奖励力度，明确劳务费使用范围、不设比例限制，改进结转结余资金留用处理方式、建立健全科研财务助理制度等举措（王守军，2019），为激发科研人员的创新创造活力营造良好的政策环境，这预示着我国高校科研经费管理从原先的以"管"为主的模式，进入了更加符合科学研究规律的"放管服"结合的模式。

(5) 历史沿革的三个特点。

回顾1978年以来我国科研政策、科研体制和科研经费管理方式的历史沿革，可以总结出以下三个特点。

第一，在"管"和"放"的逻辑中不断寻找平衡。所谓"管的逻辑"，是从维护科研经费公共利益性质的角度看，政府有责任对科研经费进行管理。拨出经费的政府和单位是经费所有者，而科研人员是经费使用者，为了保障科研经费真正用于科学研究，需要政府部门进行监管。近几年，国务院、财政部等相继出台了一系列政策制度来规范科研经费管理，如《国务院关于改进加强中央财政科研项目和资金管理的若干意见》（国发〔2014〕11号）、《国务院印发关于深化中央财政科技计划（专项、基金等）管理改革方案的通知》（国发〔2014〕64号）、《国家自然科学基金资助项目资金管理办法》（财教〔2015〕15号）等。这些政策从不同角度对高校科研项目从预算编制、项目资金管理以及经费违规使用责任等方面进行了严格细致的规定。各项制度的核心理念是对科研经费管理趋于严格。所谓"放的逻辑"，强调的是充分尊重科研人员的经费使用自主权，发挥他们的科研积极性，落实高校和研究机构在科研管理中的权利，以利于科研项目的有效实施。《教育部、财政部关于加强中央部门所属高校科研经费管理的意见》（教财〔2012〕7号）和《教育部关于进一步加强高校科研项目管理的意见》（教技〔2012〕14号）等文件明确提出，要落实项目负责人直接责任，强化学校主体责任，也就是将科研经费使用的自主权交给项目负责人，将科研经费使用的监管权下放至高校，提高科研经费使用的自主性和合理性。这样就面临两难困境：一方面，为了对政府负责，必须加大对高校科研经费的管理力度，以确保公共利益的实现，这势必会导致对科研经费的使用规定得过细过死；另一方面，科研人员从事研究工作，进行知识生产和科技创新，对政府拨付的科研经费可以在合理范围内自主支配，这是政府对科研人员的基本信任和维护公共利益的体现（董洁，2017）。虽然改革开放以来的科技政策不断在"管"和"放"的两端摇摆和平衡，但总的方向是科研经费管理政策的价值与原则逐步由强的、直接的计划管理向灵活的、自主的、更富有激励性的宏观调控转移，更多的政策注意力集中在确定发展方向、加强统筹协调、强化执行监管和创造有利环境等方面（李燕萍等，2009），例如科研经费预拨制度为科研人员获得经费支持开辟了"绿色通道"，可以助其更为迅速地投入科研活动之中。简化预算编制、合并部分预算科目的"同类项"，可使科研人员在一定程度上按实际所需对预算实施调剂（蒋悟真，2018）。承认部分科研人员的报酬权与获得奖励的权利，以此发挥科研经费的激励作用。2014 年《国务院关于改进加强中央财政科研项目和资金管理的若干意见》（国发〔2014〕11 号）首次提出："除以定额补助方式资助的项目外，应当依据科研任务实际需要和财力可能核定项目预算，不得在预算申请前先行设定预算控制额度。劳务费预算应当结合当地实际以及相关人员参与项目的全时工作时间等因素合理编制"，即完全放开科研经费中劳务费的比例限制，只需"结合当地实际以及相关人员参与项目的全时工作时间等因素合理编制"。相比《国务院办公厅转发财政部科技部关于改进和加强中央财政科技经费管理若干意见的通知》（国办发〔2006〕56 号）中"劳务费的支出总额，重大项目不得超过项目资助额的 5%，其他项目不得超过项目资助额的 10%"的规定产生了巨大的进步，在经费支出上对配备科研助理提供了积极的支持，不再设预算控制，可以据实列支。科研经费的充裕、开支范围的放松使教师配备科研助理的需求得到经费保障。

第二，从"重物轻人"转向"以人为本"。改革开放初期，经济社会的发展迫切需要科学技术的力量。然而，受制于当时的经济发展水平，国家用于科研事业的经费和力量相对有限，不得不"精打细算、勤俭节约","重物轻人"成为这一时期科研经费管理政策的主要理念。随着改革开放的全面推进和"科教兴国""自主创新"战略的逐步提出,科学技术在经济社会发展中的作用和地位进一步提升,国家用于科研事业的经费也不断增长,但"重物轻人"理念仍存在于各项科研经费管理政策中。例如诸多政策中明确提到要"严格规定科研项目的经费预算和编制,如需更改,更改的比例有限制,申请更改的过程也异常烦琐;严格规定科研经费开支范围和支出结构;对科研项目经费结余也有严格规定,如果科研项目剩下的经费太多,甚至影响结题"(田文生、乔梦雨,2016)。一系列"重物轻人"的规定严重挫伤了科研人员的科研热情和积极性,影响了科技创新的进步与发展。因此,在"创新驱动发展"战略提出后,国家更加重视科研人员的积极性和主动性,"以人为本"的理念以不同方式融入科研经费管理政策。《关于进一步完善中央财政科研项目资金管理等政策的若干意见》(中办发〔2016〕50号)明确提出了要"坚持以人为本,以调动科研人员积极性和创造性为出发点和落脚点,强化激励机制,加大激励力度,激发创新创造活力"。这充分彰显了"以人为本"的理念,也实现了政策理念从"重物轻人"向"以人为本"的转变(盛明科,2018)。

第三,管制方式从行政监督向社会监督转变。对违法违规使用科研经费的行为,以往的做法主要是"书面警告、通报批评、停止拨款、撤销项目、追回全部已拨经费"[①],违法违规者承担相应的行政或刑事责任。变革之后的政策确立经费使用的"承诺制度""信用机制""信息公开制度"[②]。由承诺制度与信用机制衍生而来的"黑名单"制度,因对科研人员有"个人行为的限制或信用的贬损"(刘

---

① 参见已废止的《国家社会科学基金项目经费管理办法》(财教〔2007〕30号)。
② 参见《国家社会科学基金项目资金管理办法》(财教〔2016〕304号)第27~29条。

平、史莉莉，2006）的功能，相比传统的处罚方式与行政或刑事责任追究制度，具有更大的心理威慑功能。与此同时，司法机关对经费违法使用行为的刑事责任追究也趋向谨慎，以贯彻宽严相济的刑事政策①（蒋悟真，2018），这体现了我国科研经费管理在强调监管的同时注重科研工作者诚信、自律的政策价值取向（李燕萍等，2009）。

科研经费管理方式变革伴随科研体制改革的全过程，是我国科研政策变革的一个窗口。改革开放以后我国的科研政策变迁经历了从恢复、建立到发展和逐步走向健全的阶段，对科研经费的管理也日渐体现出科学性和务实性，在强调监管的同时逐步放开间接经费管理、预算管理和劳务费管理，给予科研人员更多的自主权，整个过程体现了权变理论中决策设计对于环境的适应性，而研究型大学作为深受国家科技政策影响的组织，组织的结构特征及其分化与整合模式也必然与环境的变化相契合。正是科研经费管理体制的优化，使教师对科研助理的需求在经费的供给层面得以满足。充分理解我国科研管理体制的历史变革过程能够更加清晰地认识中国科研人员的活动场域、价值选择和行动策略。

2. 高校毕业生的持续增长

除了经费的充裕，对科研助理需求的满足还要有劳动力市场的充分供给。2010 年以来全国普通高等学校毕业生人数以年均 4% 的规模增长，从 2010 年的 575 万人增长至 2021 年的 909 万人，累计增长 58%（见表 2-2）。就业市场难以在短期内消化大量涌入的应届毕业生，由于缺乏直接就业所需要的劳动技能，他们中有相当数量的学生留在高校给教师做科研助理。出于对高校科研工作的耳濡目染，加上师生之间由于彼此熟悉所产生的天然信任，科研助理岗

---

① 参见最高人民检察院 2016 年发布的《关于充分发挥检察职能依法保障和促进科技创新的意见》第 8 条。

位成为普通高等学校毕业生在找到更满意的工作岗位之前的首要选择。也正是因为这些得天独厚的优势,2009年国家首次明确提出积极支持高校设立科研助理岗位就是出于在国际金融危机之后解决大学生就业问题的目的。

表2-2 全国普通高等学校毕业生历年增长趋势

单位:万人,%

年份	全国普通高等学校毕业生人数	同比增长率
2010	575	—
2011	608	6
2012	625	3
2013	699	12
2014	727	4
2015	749	3
2016	765	2
2017	795	4
2018	821	3
2019	834	2
2020	874	5
2021	909	4

资料来源:2010~2021年《中国教育统计年鉴》。

在对教师进行访谈时,当被问及"科研助理好招吗?"时某教师说:"很好招,大部分是刚毕业的学生。有些学术助理,其实是来求学的,在实验室做一段时间,可以发表文章,有一定的科研成果,可以帮助他们申请读硕读博,从学术助理转为学生非常普遍,也有优势。"还一种情况是"有些学术助理就是我们原来的学生,因为处于申请国外学位还没拿到offer、等待博士后入站、期刊论文还没有写完、暂时没找到工作的空窗期等,就留下来做学术助理。这既保证他们的科研经历不会中断,又避免了找临时性工作的烦琐"。该教师表示:"我们能够提供的薪水不足以支撑一个外地学生在北京的生活,所以我理解若非有其他所图,就是家里不缺钱,想找个安逸的环境和工作。行政助理中女生居多。"

在供给和需求的分析框架下，科研助理队伍快速发展有其必然性。需求方面，在科研组织新模式下教师之间激烈的竞争迫切需要其组建科研团队，学术审计带来的额外工作、博士生名额不够分配，促使教师产生聘用科研助理的需求；供给方面，国家政策对科研经费支出的支持、放宽经费使用限制以及每年大量高校毕业生涌入劳动力市场，为科研助理的供给提供了人力和财力保障。供给和需求间的关系促进了近年来高校科研助理队伍的快速壮大（见图2-1）。根据科技部统计数据，2020年科研助理岗位吸纳高校毕业生就业人数达16.7万人（陈亚平、索朗杰措，2022）。

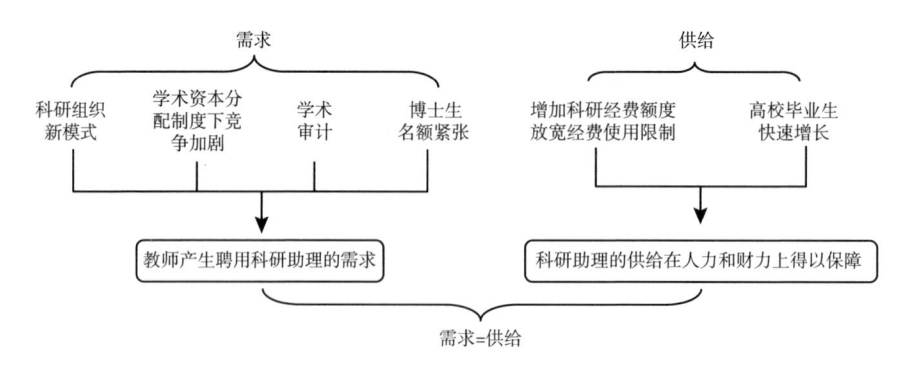

图 2-1　中国场域下科研助理队伍快速发展的必然性

当下科研助理在整个科研团队的配置中是否真的具有紧迫性和不可或缺性？除了以上对科研助理制度必然性的理论分析，本章还将从定量的角度论证。首先，衡量在政策放开以前已经聘用科研助理的教师具有哪些特征，通过比较他们与未聘用科研助理的教师在一些关键指标上的差异，评估影响科研助理聘用的决定性因素。其次，以2014年国家放开科研经费中劳务费比例限制这一外生的政策冲击为工具变量，衡量政策放开以后，作为理性的决策者，高校教师在面对众多需求的情况下（包括：购买仪器设备和耗材，召开学术会议，支付硕士生、博士生、博士后津贴和招聘科研助理等），是否会快速增加对科研助理的聘用数量。如果这一现象确实存在，那么在一定程度上能够对科研助理对于教师科研生产的重要性进行因果推断。

第三节　影响科研助理聘用关键因素的分析

A 大学最早开始使用科研助理可以追溯到 1996 年，但是成规模的使用发生在 2010 年之后，2014 年国家放开科研经费中劳务费的比例限制后引起 A 大学科研助理的聘用数量快速增加。那么在放开劳务费比例限制之前，那些已经聘用科研助理的教师与未聘用的教师相比所具有的特征可能揭示影响科研助理聘用的关键因素。本节以 2013 年 12 月 A 大学所有理工科的在职教师为样本，将其分为聘用过科研助理和未曾聘用科研助理两类，比较两类群体在核心指标上的异同，并采用 Logistic 回归模型分析影响科研助理聘用的因素。

一　Logistic 回归模型的变量说明和描述性统计

以 2013 年 12 月为截面，将所有理工科在职教师分为两组，第一组为 2010~2013 年从未聘用过科研助理的教师，第二组为在此期间曾经聘用过科研助理的教师。首先比较这两组教师在性别、最高学位、年龄区间、获最高学位国家和地区、是否已进入长聘通道、职称等与个人特质相关的变量，见表 2-3。

从描述性统计结果看，男性教师有更高的比例聘用科研助理。博士学位的教师聘用科研助理的比例较大，拥有博士学位的教师通常是较为年轻的一代，正处于学术发展的旺盛时期。在国外获得最高学位的教师聘用科研助理的比例更高，这可能与这些教师在国外求学期间耳濡目染国外高校普遍聘用科研助理的现象有关。无论哪种职称体制的教师，进入正高职称或长聘通道后，由于他们掌握了更充分的科研

表 2-3　2013 年 12 月 A 大学理工科教师个体情况描述性统计

统计分类	指标	2014 年以前未聘用科研助理		2014 年以前已聘用科研助理		小计
		人数	占比(%)	人数	占比(%)	
性别	女性	159	90	17	10	176
	男性	686	83	138	17	824
最高学位	博士	806	84	150	16	956
	硕士	27	93	2	7	29
	学士	12	80	3	20	15
年龄区间	35~40 岁	353	91	33	9	386
	41~50 岁	364	86	57	14	421
	51~60 岁	192	77	57	23	249
	60 岁以上	36	82	8	18	44
获最高学位国家和地区	中国大陆	630	88	90	13	720
	中国香港	10	91	1	9	11
	其他国家	205	76	64	24	269
职称类型	未纳入分系列职称	712	87	105	13	817
	分系列职称	133	73	49	27	182
老体制	正高	340	79	93	21	433
	副高	332	97	11	3	343
	中级	40	98	1	2	41
	小计	712	87	105	13	817
新体制	进入长聘	26	59	18	41	44
	未进入长聘	106	77	32	23	138
	小计	132	73	50	27	182

经费，聘用科研助理的比例均较高。同时，新体制的教师比老体制的教师具有更高的比例聘用科研助理。根据 A 大学的人事管理制度，进入新体制的教师若在两个聘期内（6 年）未能进入长聘通道即要离开 A 大学，而老体制的教师即使未进入长聘通道（即未能被聘上正高职称）也没有离开 A 大学的压力，因此需要进一步分析两类不同职称系列的教师聘用科研助理的情况。对于没有离职压力的老体制教师而言，副高及以下职称（即未进入长聘通道）的教师聘用科研助理的比例很

低（5%）；但对于新体制教师而言，未进入长聘通道的教师聘用科研助理的比例明显比老体制教师高很多（23%）。这是个有趣的现象，可能说明除了经费是否充足，科研压力也是决定是否聘用科研助理的重要因素。通过以上分析可以推断，除了经费的充裕程度可能是影响教师聘用科研助理的决定性因素，科研成果的压力也是重要的影响因素。

为佐证以上假设，进一步比较这两组教师的科研产出和科研团队的构成情况见表2-4。以2013年12月在职的理工科教师为样本，分为已聘用过和未聘用过科研助理两组，统计其在2010年1月至2013年12月期间的科研产出情况和人力资源配备情况。

表2-4 2010年1月至2013年12月A大学理工科教师科研产出及团队构成描述性统计

统计指标	2014年以前未聘用科研助理				2014年以前已聘用科研助理			
	均值	标准差	最小值	最大值	均值	标准差	最小值	最大值
科研发表数量(篇/年)	2.81	3.65	0	37.50	4.67	6.18	0	62.00
科研发表质量	0.41	0.94	0	14.15	0.63	1.04	0	6.62
纵向课题数(个/年)	1.23	1.17	0	7.50	2.21	1.51	0	6.75
横向课题数(个/年)	0.41	0.87	0	12.00	1.08	1.74	0	10.50
专利数(个/年)	0.38	2.19	0	58.16	0.59	1.39	0	10.96
科研经费(万元/年)	44.17	103.30	0	2095.60	170.51	322.10	0	2904.10
硕士生数量(人/年)	1.37	2.55	0	31.75	1.60	2.50	0	15.50
博士生数量(人/年)	1.80	3.20	0	21.00	4.66	5.38	0	25.00
博士后数量(人/年)	0.20	0.53	0	7.46	0.65	0.94	0	6.85
科研助理数量(人/年)	0	0	0	0	1.06	1.30	0.04	11.63

注：2014年前未聘用科研助理样本量为845，2014年前已聘用样本量为155。

从科研产出来看，2014年前已聘用科研助理的教师各项科研产出均高于未聘用科研助理的教师，其中特别突出的是科研发表数量和科研经费。已聘者的科研发表数量均值是未聘者的1.7倍，已聘者科研经费均值更是达到未聘者的3.9倍。从科研团队的构成情况看，已聘者人均博士生人数是未聘者的2.6倍，已聘者人均博士后人数是未聘者的3.3倍。针对以上指标进行的T检验发现两组教师之间确实存在显著性差异（见表2-5），除了专利数和硕士生数量，未聘用科研助理的教师在各项指标上的均值均显著低于已聘用科研助理的教师，且在1%的水平上存在显著差异。两组人均年科研经费相差126.341万元，聘用科研助理数量人均相差1.057人。

表2-5 2010年1月至2013年12月A大学理工科教师科研产出及团队构成指标的T检验

变量	2014年前未聘用均值	2014年前已聘用均值	2014年前未聘用与已聘用均值差
科研发表数量(篇/年)	2.810	4.667	−1.857***
科研发表质量	0.409	0.625	−0.216***
纵向课题数(个/年)	1.229	2.214	−0.985***
横向课题数(个/年)	0.414	1.076	−0.662***
专利数(个/年)	0.381	0.591	−0.210
科研经费(万元/年)	44.167	170.508	−126.341***
硕士生数量(人/年)	1.368	1.596	−0.228
博士生数量(人/年)	1.802	4.657	−2.855***
博士后数量(人/年)	0.202	0.654	−0.452***
科研助理数量(人/年)	0.000	1.057	−1.057***
是否是新体制	0.157	0.323	−0.166***
是否未进入长聘	0.576	0.284	0.292***

注：（1）进入长聘取值为0，未进入长聘取值为1。*** $p<0.01$。
（2）2014年前未聘用科研助理样本量为845，2014年前已聘用样本量为155。

通过表2-3、表2-4和表2-5的分析，我们基本上可以勾勒出在2014年国家放开科研经费中劳务费比例限制之前那些已经聘用科研助理的教师所具有的特征，他们与未聘者相比有更加充裕的科研经费，同时也有产出更多科研成果的压力，从科研产出和带博士生的数量可以看出这是一批非常活跃的学者。充裕的科研经费和繁重的科研压力究竟是否成为这些学者聘用科研助理的影响因素，有待于通过Logistic回归模型进一步证实。

二 科研助理聘用影响因素的回归分析

为了更准确地评估教师聘用科研助理的影响因素，进一步使用

Logistic 回归模型分析。因变量为教师是否在 2014 年以前聘用科研助理的分组，若 2014 年以前聘用过科研助理，取值为 1，否则取值为 0。自变量和控制变量主要包括科研成果、经济资源、人力资源和教师个人特质四个方面，变量定义和赋值详见表 2-6。

表 2-6 影响教师是否聘用科研助理实验研究的自变量和控制变量

变量维度	变量名称	变量定义	变量类型/单位或基底
因变量	$\ln(\frac{p}{1-p})$	聘用科研助理的概率和未聘用科研助理的概率之比的对数值（以 e 为底的对数）	连续变量
科研成果	科研发表数量	理工科教师 2010~2013 年收录在 SCI 或 ISTP 上的英文文章年平均数	连续变量
	科研发表质量	理工科教师 2010~2013 年收录在 SCI 或 ISTP 上的英文文章的 FSS_R 质量评价指标年平均数	连续变量
	纵向课题数	理工科教师 2010~2013 年在研的纵向课题年平均数	连续变量
	横向课题数	理工科教师 2010~2013 年在研的横向课题年平均数	连续变量
	专利数	理工科教师 2010~2013 年授权的专利年平均数	连续变量
经济资源	科研经费	理工科教师 2010~2013 年可支配的年均科研经费	连续变量
人力资源	硕士生数量	理工科教师 2010~2013 年所带的硕士生的年均人数	连续变量
	博士生数量	理工科教师 2010~2013 年所带的博士生的年均人数	连续变量
	博士后数量	理工科教师 2010~2013 年所合作的博士后的年均人数	连续变量
教师个人特质	是否是新体制	纳入 A 大学教学科研职位分系列管理的教师为新体制职称，取值为 1；否则为老体制职称，取值为 0	虚拟变量/老体制职称
	是否未进入长聘	老体制的教授和新体制的教授、长聘副教授为进入长聘通道，取值为 0；其他职称属于未进入长聘通道，取值为 1	虚拟变量/已进入长聘
	交叉项	是否是新体制与是否未进入长聘通道的交叉相乘项，取值为 1 表示未进入长聘通道的新体制教师	虚拟变量/老体制职称或者已进入长聘的新体制教师

回归方程形式为：

$$\mathrm{logit}(p) = \ln(\frac{p}{1-p}) = \beta_0 + \sum \beta_j X_j + \varepsilon \qquad 式(2-1)$$

式（2-1）中 p 表示 2014 年聘用过科研助理的概率，$\frac{p}{1-p}$ 表示聘用过科研助理的概率与未聘用过科研助理的概率之比，及优势比（Odds Ratio）。X_j 为影响教师聘用科研助理的因素，包括科研成果、经济资源、人力资源和教师个人特质等。β_j 为各影响因素的回归系数，β_0 为截距项系数，ε 为随机扰动项。教师聘用科研助理影响因素的回归结果见表 2-7。

表 2-7 教师聘用科研助理影响因素的回归结果

是否聘用分组	优势比	标准误	Z 值	P>|Z|	95%置信区间		显著性水平
科研发表数量	1.007	0.011	0.69	0.491	0.987	1.028	
科研发表质量	0.962	0.040	-0.93	0.350	0.886	1.044	
纵向课题数	1.167	0.041	4.37	0.000	1.089	1.252	***
横向课题数	1.261	0.044	6.72	0.000	1.179	1.350	***
专利数	0.970	0.019	-1.51	0.130	0.933	1.009	
科研经费	1.001	0.000	2.72	0.006	1.000	1.002	***
硕士生数量	0.974	0.019	-1.33	0.182	0.938	1.012	
博士生数量	1.075	0.013	5.80	0.000	1.049	1.101	***
博士后数量	1.166	0.065	2.75	0.006	1.045	1.301	***
是否是新体制	3.069	0.645	5.34	0.000	2.033	4.632	***
是否未进入长聘	0.317	0.048	-7.61	0.000	0.235	0.426	***
交叉项	2.033	0.554	2.60	0.009	1.192	3.467	***
截距项	0.101	0.011	-21.15	0.000	0.082	0.125	***
因变量均值		0.158	因变量标准差		0.364		
拟合指数		0.180	观测值		3750.000		
卡方系数		587.935	Prob>chi2		0.000		
赤池信息量（AIC）		2705.579	贝叶斯信息量（BIC）		2786.563		

注：*** $p<0.01$。

回归结果表明科研发表数量和质量都不是决定教师是否聘用科研助理的因素，但是课题数量（包括纵向课题和横向课题）是影响科研助理聘用的重要因素。每增加 1 个纵向课题使得教师聘用科研助理的概率提高 16.7%，每增加 1 个横向课题使得教师聘用科研助理的概率提高 26.1%，也就是说教师的科研发表能力不会直接影响其是否聘用科研助理，但科研工作量是决定其是否聘用科研助理的重要因素，且横向课题更倾向于聘用科研助理。科研经费在 1% 的水平上显著影响聘用科研助理的决策。博士生和博士后的数量增加都将提高聘用科研助理的可能性，这是因为学生数量增加一方面可能代表教师的科研活跃程度较高；另一方面也因为课题组成员增加，基础研究准备和行政事务性工作也随之增多，因此需要聘用科研助理以协助工作。新体制教师聘用科研助理的概率较老体制教师聘用科研助理的概率提高 206.9%，未进入长聘通道的教师聘用科研助理的概率较已进入长聘通道的教师聘用科研助理的概率下降 68.3%，这里既包含经费充裕程度不同带来的影响，也包含科研压力不同带来的影响。为了进一步鉴别，引入新体制与未进入长聘的交叉项，结果显示交叉项系数在 1% 的水平上显著，且优势比为 2.033，说明未进入长聘通道的新体制教师（交叉项取值为 1 表示未进入长聘的新体制教师，以老体制教师和进入长聘通道的新体制教师为对照组）聘用科研助理的概率将提高 103.3%。根据 A 大学的人事制度，未进入长聘通道的新体制教师入职 6 年后将面临是否要离开的 Tenure 评估，因此他们比其他教师有更大的科研压力。通过以上回归结果可得出结论：面临的科研压力大小和科研任务的多寡决定了教师是否有聘用科研助理的需求，而科研经费是否充裕则是该需求能否被满足的门槛。

第四节 外生政策冲击下科研助理聘用的准实验研究

《国务院关于改进加强中央财政科研项目和资金管理的若干意见》出台，完全放开科研经费中劳务费的比例，只需"结合当地实际以及相关人员参与项目的全时工作时间等因素合理编制"。该政策使有聘用科研助理需求的教师获得了充足的劳务费，促成了 2014 年后 A 大学科研助理的快速增加（见图 2-2）。从图 2-2 中可以看出 2014 年之后科研助理的增速要明显快于以往年度。

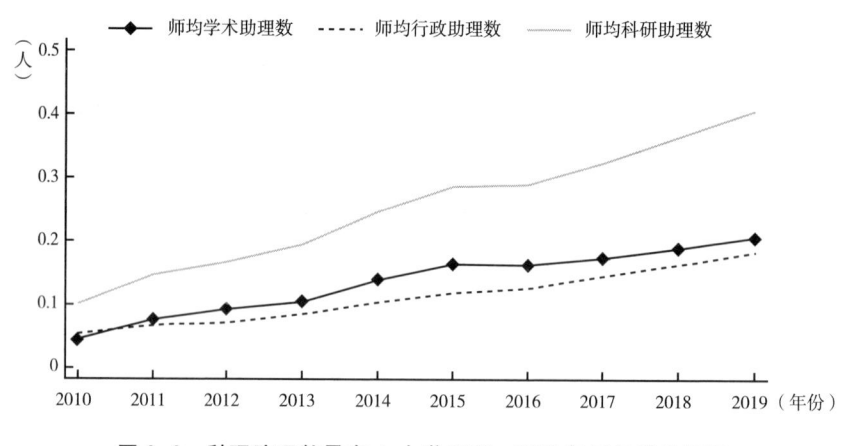

图 2-2 科研助理数量在 A 大学 2010~2019 年历年增长情况

然而以上分析仅能说明科研助理数量与科研生产需求之间的相关性，不能推断因果性。本书进一步采用比较间断时间序列（Comparative Interrupted Time Series，CITS）的分析方法，以 2014 年《国务院关于改进加强中央财政科研项目和资金管理的若干意见》的颁布为外生政策冲击，研究在劳务费占科研经费比例放开的情况下，A 大学教师是否增加了对科研助理的聘用数量，且这种变化是否随时间的推移而不同，以及经费充裕程度不同的教师对这一政策的反应是否有所区别。在教师是理性行动者的前提假设下，通过对以上三个问题的研究，推断配备科研助理是否是教师当前进行科研生产的重要条件。

一 定量分析工具（比较间断时间序列分析，CITS）

关于比较间断时间序列的研究方法具体见附录二。

二 CITS的变量说明和描述性统计

本书在第一章第五节所选取的1219名教师中进一步选取实验组和对照组。选择的实验组是在《国务院关于改进加强中央财政科研项目和资金管理的若干意见》（国发〔2014〕11号）颁布以前，科研经费中的劳务费不足以聘用1名科研助理（劳务费低于当年A大学所在城市的社会平均工资），但因为政策放开了劳务费在科研经费中的比例限制，2014年之后可以聘用1名及1名以上科研助理的教师。相应地，对照组选择的是在国发〔2014〕11号文颁布之前和颁布之后科研经费中的劳务费均不足以聘用1名科研助理的教师。

2010~2019年A大学所在城市的社会平均工资及实验组和对照组历年经费中可用于劳务费的额度如表2-8所示。

具体的方式是首先排除在2010~2013年科研经费中的劳务费已经超过当年社会平均工资的样本，因为理论上这些样本由于科研经费充裕，在聘用科研助理的选择上不会受到政策的影响。其次选取2014~2019年只要有一年的劳务费超过当年社会平均工资的样本进入实验组，因为理论上，在政策放开后这些教师是有能力聘用科研助理的。最后选择2010~2019年科研经费中的劳务费始终低于当年社会平均工资的样本作为对照组，受经费约束，对照组即便在政策放开后也无法聘用科研助理。

表 2-8　A 大学所在城市历年社会平均工资和实验组/对照组的劳务费额度

年度	本市上年社会平均工资(元/人·年)	实验组科研经费中劳务费额度(元/年)	对照组科研经费中劳务费额度(元/年)
2010	48444	小于 48444	小于 48444
2011	50412	小于 50412	小于 50412
2012	56064	小于 56064	小于 56064
2013	62676	小于 62676	小于 62676
2014	69516	大于等于 69516	小于 69516
2015	77556	大于等于 77556	小于 77556
2016	85032	大于等于 85032	小于 85032
2017	92472	大于等于 92472	小于 92472
2018	101604	大于等于 101604	小于 101604
2019	94258	大于等于 94258	小于 94258

注：2014~2019 年，只要其中有一年的劳务费高于当年社会平均工资，该样本即进入实验组。

科研经费不足在一定程度上也可能意味着科研能力相对较弱，因而能够申请到的科研经费相对有限。为了避免将科研能力很强的实验组和几乎"躺平"的对照组比较，除了上述的筛选标准，进一步使用倾向得分匹配法（Propensity Score Matching，PSM），构成具有相似科研能力的实验组和对照组，构造的协变量包括专业技术职称（正高、副高和中级职称）、是否是新体制职称、来校时间①、是否进入长聘通道、历年科研发表数量和发表质量。倾向得分匹配的过程和结果详见附录三。

使用倾向得分匹配法最终形成样本 766 人，其中实验组 501 人，占样本总量的 65%；对照组 265 人，占样本总量的 35%。满

---

① A 大学从 2005 年启动第一批百人计划，拉开了分系列职称的人事聘用制度的序幕，之后的人才引进较先前更多地参考了国际评估标准，因此是否是新体制职称和来校时间能较精细地刻画科研评价标准和学术生产能力。

足比较间断时间序列分析在每个数据点有至少 100 个观测值的要求（Anon，2001）。科研经费包括纵向科研经费与横向科研经费，纵向科研经费是指国家、省、市各级政府科研管理部门按一定程序拨付给高校的科技项目经费，主要指国家自然科学基金、国家科技重大专项、国家重点研发计划、技术创新引导专项（基金）、基地和人才专项等，包括国家级、省部级和地市级三大类。横向科研经费是指科研人员为企事业单位、社会团体等部门通过提供技术开发、技术咨询、技术转让、技术服务等，由受益方支付的用于开展科学研究的经费（蒋悟真，2018）。一般而言，国家对纵向科研经费使用方式的管控较严，国家杰出青年科学基金、国家自然科学基金、高校博士点基金等在 2014 年以前对劳务费所占比例均有明确的约定，其他纵向科研经费虽然没有明文规定劳务费的比例，但在做预算时，劳务费一般不超过预算总额的 30%。来自国家自然科学基金委员会的数据，在我国科研资金的使用过程中，劳务费占总投入的比例为 23.6%（陈中华，2011）。国家关于纵向科研经费中劳务费开支的规定具体见表 2-9。计算劳务费时，2013 年及以前的劳务费除了国家杰出青年科学基金、国家自然科学基金、高校博士点基金、国家社会科学基金按照各自规定的比例计算外，其他纵向科研经费按照总金额的 30% 计算劳务费。2014 年及之后的年份，纵向科研经费中扣除约 10% 的管理费后，理论上剩余的 90% 均可以作为劳务费支出。需要说明的是，科研经费中的劳务费除了用于聘用科研助理以外，还有相当部分用于支付研究生的助研费。经咨询研究生院相关管理人员获知，2007 年以后导师招收的研究生名额分为基本计划和额外计划两类，其中额外计划的研究生助研费需要全部由导师承担。2007 年之后额外计划的研究生所占的比例越来越高，特别是对于理工科而言，目前导师招收研究生都必须支付其助研费。对于有招生资格的教师而言，招收研究生的需求通常排在聘用科研助理之前，因此粗略计算科研经费中可用于聘用科研助理的劳务费，还应在国家规定的劳务费比例之上再打五折。

表 2-9 纵向科研经费中劳务费开支的规定汇总

序号	经费类别	管理办法	劳务费开支规定
1	国家杰出青年科学基金项目资助经费	财教〔2002〕64号	支付给直接参加项目研究的研究生、博士后，不得超过资助经费的10%，经批准的项目预算一般不予调整
2	国家自然科学基金项目资助经费	财教〔2002〕65号	支付给直接参加项目研究的研究生、博士后，面上项目不得超过资助经费的15%，重点项目、重大项目及各类专项不得超过资助经费的10%，经批准的项目预算一般不予调整
3	高校博士点基金	财教〔2002〕123号	支付给直接参加课题研究的研究生、博士后，一般不得超过资助经费的5%
4	教育部人文社会科学研究项目	教社科〔2006〕2号	支付给直接参与项目研究的研究生，以及非课题组成员、科研辅助人员
5	国家重点基础研究发展计划（973计划）专项经费	财教〔2006〕159号	支付给课题组成员中没有工资性收入的相关人员（如在校研究生）和课题组临时聘用人员，严格按照批复预算执行，一般不予调整
6	国家科技支撑计划专项经费	财教〔2006〕160号	支付给课题组成员中没有工资性收入的相关人员（如在校研究生）和课题组临时聘用人员，严格按照批复预算执行，一般不予调整
7	国家高技术研究发展计划（863计划）专项经费	财教〔2006〕163号	支付给课题组成员中没有工资性收入的相关人员（如在校研究生）和课题组临时聘用人员等，严格按照批复预算执行，一般不予调整
8	国家社会科学基金项目经费	财教〔2007〕30号	支付给直接参与项目研究的在校研究生和其他课题组临时聘用人员等，重大项目不得超过项目资助额的5%，其他项目不得超过项目资助额的10%，严格按照批复预算执行，一般不予调整

续表

序号	经费类别	管理办法	劳务费开支规定
9	国际科技合作与交流专项经费	财教〔2007〕428号	支付给没有工资性收入的项目组成员（如在校研究生）和项目组临时聘用人员，以及聘请来华进行合作研发、技术培训、业务指导、讲学的海外专家，支付给海外专家的劳务费标准应当与国内同等水平人员的标准相一致，严格按照批复预算执行，一般不予调整
10	国家重点实验室专项经费	财教〔2008〕531号	支付给重点实验室成员或相关课题组成员中没有工资性收入的人员（如在校研究生）和临时聘用人员，严格按照批复预算执行，一般不予调整，确有必要调整的按原渠道报经财政部批准
11	中央高校基本科研业务费专项资金	财教〔2009〕173号	第九条　基本科研业务费的开支范围主要包括：……劳务费…… 第十条　基本科研业务费的开支标准要严格按照国家有关科技经费管理的规定执行。基本科研业务费不得开支有工资性收入的人员工资、奖金、津补贴和福利支出
12	中央财政科研项目和资金	国发〔2014〕11号	劳务费预算应当结合当地实际以及相关人员参与项目的全时工作时间等因素合理编制
13	中央财政科研项目资金	财科教〔2017〕6号	《国务院关于改进加强中央财政科研项目和资金管理若干意见》发布时，已进入结题验收环节的项目，继续按照原政策执行，不做调整；尚在执行环节的项目，由项目承担单位统筹考虑本单位实际情况，与科研人员特别是项目负责人充分协商后，在项目预算总额不变的前提下，自主决定是否执行新规定

国家对横向科研经费中劳务费比例的限制相对宽松，根据A大学2016年以前关于横向科研经费的管理办法规定："横向项目所得收入，学校收取总收入8%~10%的管理费，学院可收取不超过10%的管理费。扣除管理费中的剩余款项中最高60%可作为人员费用①，余

---

① 根据具体经费负责人介绍，2016年以前对横向科研经费中的人员费和劳务费没有做明确区分，统一称为人员费用。

款作为业务费用。"按照该款规定，2016年以前该校横向科研经费中劳务费的比例是扣除学校收取的10%的管理费和学院收取的10%的管理费后，剩余部分的60%，即总经费的48%可以作为人员费（劳务费）。2016年，参照国家对劳务费放宽比例限制的政策，该校对横向科研经费也规定"其中劳务费不设比例限制"。因此从2016年起，横向科研经费中扣除学校和学院各10%的管理费后，剩余80%的科研经费理论上均可以作为劳务费。教师的横向课题经费也常常用于支付研究生的助研费，粗略估计，用于聘用科研助理的劳务费大约占科研经费中劳务费的50%。按照以上比例分别计算2010~2019年人均科研总经费与科研经费中的人均劳务费（见图2-3）。

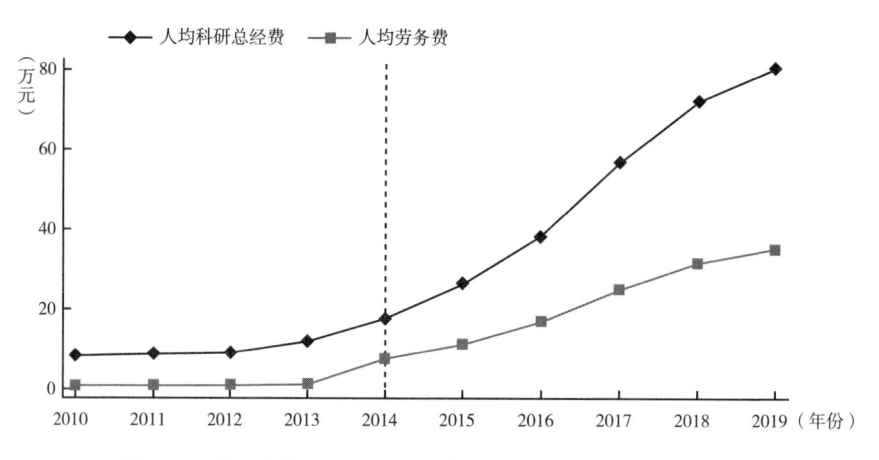

图 2-3　样本总体 2010~2019 年人均科研总经费和人均劳务费

注：年份的坐标所在位置表示该年均值。

从图2-3可以看出，2013年起国家逐渐加大了对科研经费的支持力度，2014年和2016年人均科研总经费均有较大幅度的上涨，但是2014年由于劳务费占科研经费比例限制放开，人均劳务费增长的幅度明显高于人均科研总经费增长的幅度。虽然纵向科研经费和横向科研经费中劳务费比例限制放开的时间不同，但是在A大学，纵向科研经费占科研总经费的比例接近80%，因此劳务费的波动主要反映了纵向经费的变化。

将总样本分为实验组和对照组以后，可用于聘用科研助理的人均劳务费变化区别更加明显（见图2-4）。

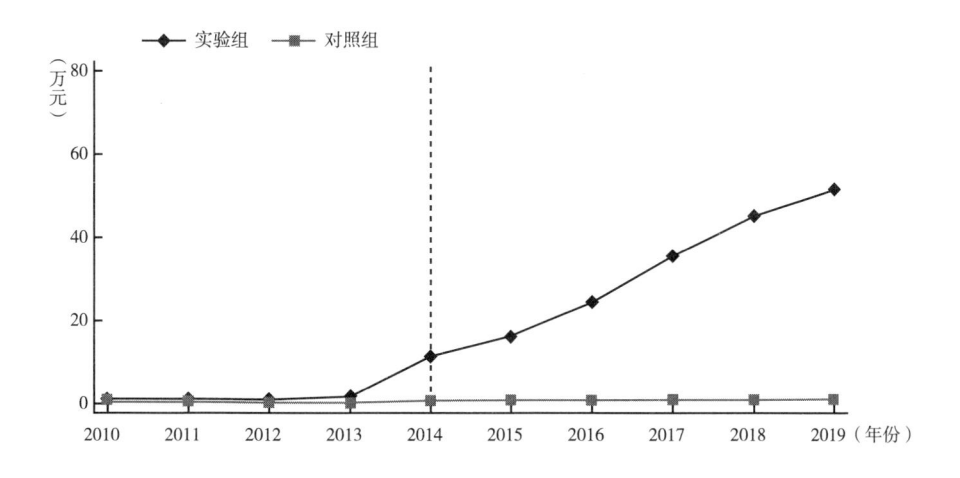

图 2-4　实验组与对照组人均劳务费2010~2019年历年变化

与实验组相比，对照组的人均劳务费数额过少，因此在图2-4中显示的几乎是略高于0的一条直线。国发〔2014〕11号文发布后，需要进一步研究劳务费总额的增长是否带来2014年后科研助理聘用数量的显著增长。图2-5展示了2010~2019年实验组和对照组历年科研助理的聘用情况，2014年，特别是2016年之后，实验组聘用科研助理不仅相对于对照组，而且相对于实验组过去年份都发生了较大幅度的增长，表现为曲线斜率的增大。由于从政策颁布到政策在基层落实直至启动招聘、人员到岗，一般需要1年至2年的时间，因此2014年政策放开劳务费占科研经费比例与2015年之后科研助理聘用数量的大幅度增长从图形上看存在一定的相关性。

为了更加直观地感受劳务费与科研助理聘用数量之间的关系，本书以样本中的一个个案H教师为例，观察2010~2020年H教师

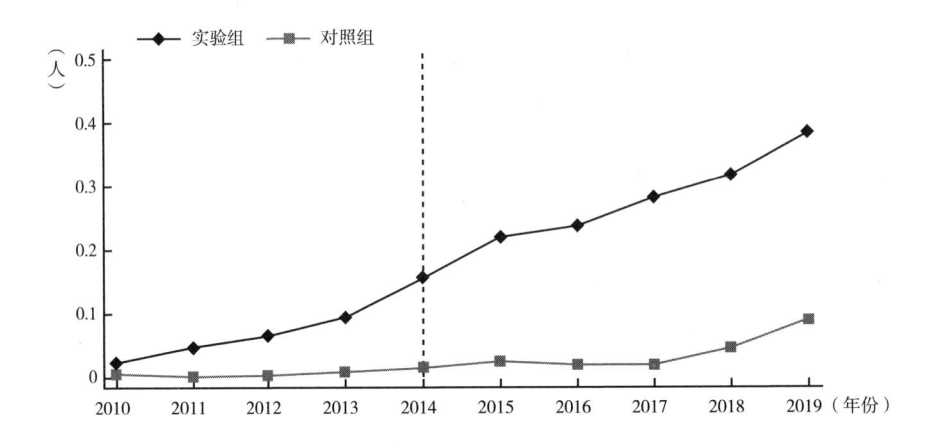

图 2-5　实验组和对照组师均聘用科研助理数量 2010~2019 年历年变化

的劳务费和科研助理聘用数量的变化情况（见表 2-10）。因为国家政策的颁布，H 教师的劳务费由 2013 年的 3.8 万元增长至 2014 年的 30.4 万元，但他的科研助理招聘到位实际发生在 2015 年 12 月，因此计算 2015 年 H 教师平均聘用的科研助理数量是 $1/12=0.083$ 人。2017~2019 年 H 教师的劳务费处于持续增长状态，平均聘用的科研助理数量因此也由 2017 年的 1 人增加至 2018 年的 3 人，2019 年继续增至 5 人。2020 年受经费缩减的影响，其次还可能因为在实际使用中 H 教师也发现聘用科研助理数量过多未必能带来预期的效果，因此将聘用数量减少至 3 人左右。本例直观地呈现了在科研经费中劳务费比例限制放开的情况下教师聘用科研助理数量增加，并且在实际使用过程中根据经费情况和使用效果调整科研助理聘用数量的整个过程。

为研究劳务费与科研助理聘用数量之间的因果关系，在描述性统计的基础上进一步采用比较间断时间序列的方法验证教师是否在政策放开科研经费中劳务费比例限制的情况下"理性"地选择了增加科研助理的聘用数量。

表 2-10 个案 H 教师在观察期内劳务费和科研助理聘用情况

单位：万元，人

年份	劳务费	平均聘用科研助理数量	备注
2010	3.5	0	
2011	3.3	0	
2012	3.6	0	
2013	3.8	0	
2014	30.4	0	
2015	34.5	0.083	2015 年 12 月聘用
2016	32.0	1.000	
2017	50.7	1.000	
2018	72.0	3.000	
2019	84.4	5.083	2019 年 12 月聘用
2020	78.1	3.420	

三 方法与模型

本书以 2014 年 3 月颁布的《国务院关于改进加强中央财政科研项目和资金管理的若干意见》（国发〔2014〕11 号）为外生的政策冲击，检验放开科研经费中劳务费的比例限制，是否使得劳务费由不足变为充足的教师因此增加了科研助理的聘用数量。如果这一现象确实发生，说明科研助理确实是科研生产中必需的人力资源配置，使得作为理性人的教师，在劳务费充足后很快做出反应，增加对科研助理的聘用。以 A 大学理工科学院在 2014 年政策放开以前历年科研经费中用于聘用科研助理的劳务费额度均未达到当年社会平均工资的 766 名教师为样本，根据 2014 年之后劳务费是否超过当年本市社会平均工资区分为实验组和对照组。对照组是指 2014~2019 年每一个年度的劳务费均不超过当年社会平均工资（即劳务费不足以聘用 1 名科研助理）的 265 名教师，实验组即 2014~2019 年只要有一年的劳务费超过当年社会平均工资的 501 名教师。本书采用比较间断时间序列

(CITS)的分析方法,研究政策颁布后对教师聘用科研助理数量的影响,测量政策颁布前后实验组的发展趋势相对于对照组发展趋势的偏离。把对照组的发展趋势作为实验组发展趋势的"反事实",能够有效控制其他共时性政策的影响和实验组与对照组之间的事前差异,进而识别出政策所带来的因果效应。比较间断时间序列分析方法与双重差分方法的不同之处在于双重差分法要求实验组与对照组在政策颁布前发展趋势平行,而CITS则允许实验组与对照组在政策颁布前有不同的发展趋势。由前文描述性统计可知实验组与对照组不能够满足平行趋势假设,因此选择CITS方法更加合适。具体模型如下:

$$Staff_{it} = \beta_0 + \beta_1 \cdot High + \beta_2 \cdot Year_t + \beta_3 \cdot Policy_t + \beta_4 \cdot Year\_Since\_Policy_t$$
$$+ \beta_5 \cdot (High \cdot Year) + \beta_6 \cdot (High \cdot Policy_t)$$
$$+ \beta_7 \cdot (High \cdot Year\_Since\_Policy_t) + \beta_8 \cdot X_{it} + \gamma_i + \varepsilon_{ijt}$$

式(2-2)

$Staff_{it}$为模型的因变量,表示教师i、在时间t聘用的科研助理数量。$High$为虚拟变量,如果是实验组,该变量取值为1;如果是对照组,则该变量取值为0。$Year_t$为时间,分别表示2010~2019年。$Policy_t$为是否受到政策影响,由于从劳务费比例限制放开到招聘科研助理直至人员到岗一般有1年以上的滞后期,所以衡量科研助理聘用数量的变化,应将政策年后推1年至2015年,即如果在2015年前,$Policy_t$取值为0,在2015年及之后则取值为1。$Year\_Since\_Policy_t$为受到政策影响的年数,2014年及之前为0,2015~2019年为1~5。此外还包括其他控制变量:是否已进入长聘通道(进入长聘通道后教师的科研压力下降,可能影响其聘用科研助理的数量),是否是新体制(新体制教师可能面临更大的科研压力),教师年龄的对数(随时间也随个体变化的因素),教师每年主持的纵向课题、横向课题和专利立项数(工作量的多少可能影响对科研助理的聘用数量)。相应各系数的含义如下:β_1为实验组与对照组的截距差;β_2为对照组改革前的时间变化趋势（斜率）；β_3 为政策实施当年给对照组带来的变化；β_4 为政策实施后对照组的时间变化趋势（斜率）；β_5 是实验组与年份交互项的系数，表示政策实施前实验组相对于对照组的时间偏离趋势（政策实施前实验组和对照组的斜率差）；β_6 是实验组与是否受政策影响的交互项的系数，表示政策实施当年，实验组相对于对照组在聘用科研助理数量上的变化（政策实施当年实验组比对照组多聘用的科研助理数量）；β_7 是实验组与政策影响年数交互项的系数，表示政策实施后，实验组相对于对照组随着时间推移而发生的偏离趋势（政策实施后实验组和对照组的斜率差）；β_8 为各控制变量的系数。政策放开后实验组相对于对照组的总影响可以从 β_6 和 β_7 的系数中计算出来。例如，政策实施后第 n 年实验组相对于对照组的总影响为 $\beta_6 + n \cdot \beta_7$。$X_{it}$ 为科研人员 i 在时间 t 的一系列特征变量，ε_{ijt} 表示残差，γ_i 为教师的固定效应，控制不随时间变化的个体无法观测的差异。变量说明见表 2-11。

表 2-11 CITS 变量说明

变量名称	变量定义	变量类型/单位或基底
staff	因变量,表示每名教师每年聘用科研助理的加权平均人数,假设聘用 2 人,其中有 1 人的聘用时间不满 1 年,计算方法是：1+聘用月数/12	连续变量
high	为虚拟变量,实验组取值为 1,对照组取值为 0	虚拟变量/对照组
year	2010~2019 年的观察期	连续变量
policy	表示是否受到政策影响,由于人员招聘相对于经费的滞后性,2015 年之前取值为 0,2015 年及之后取值为 1	虚拟变量/2015 年前
year_since_policy	表示受到政策影响的年数,2014 年及之前为 0,2015~2019 年为 1~5	连续变量
high·year	实验组与年份的交互项,表示政策实施前实验组相对于对照组的时间偏离趋势	连续变量

变量名称	变量定义	变量类型/单位或基底
high·policy	实验组与是否受政策影响的交互项,表示政策实施当年,实验组相对于对照组在聘用科研助理数量上的变化	虚拟变量
high·year_since_policy	实验组与政策影响年数交互项,表示政策实施后,实验组相对于对照组随着时间推移而发生的偏离趋势	虚拟变量
tenure	表示是否已进入长聘通道的虚拟变量,老体制的教授和新体制的教授、长聘副教授为已进入长聘通道,取值为1;其他职称属于未进入长聘通道,取值为0	虚拟变量
newsystem	表示是否是新体制的虚拟变量,执行分系列职称体系为新体制,取值为1,否则取值为0	虚拟变量
ln(age)	教师年龄的对数	连续变量
longitudinal tasks	教师当年在研的纵向课题数	连续变量
crosswise tasks	教师当年在研的横向课题数	连续变量
patent	教师当年授权的专利数	连续变量

表2-12展示了主要变量的描述性统计,其中2010~2019年A校理工科每名教师每年聘用的科研助理数量平均为0.14人,样本中有30%为新体制教师、70%为老体制教师,36%的教师已经进入长聘通道。

表2-12 主要变量的描述性统计

变量	(1) 均值	(2) 标准差	(3) 最小值	(4) 最大值	(5) 样本量
因变量					
staff	0.14	0.63	0.00	14.75	5762
核心自变量					
high	0.65	0.48	0.00	1.00	5762
policy	0.57	0.50	0.00	1.00	5762
year	2014.93	2.84	2010	2019	5762
year_since_policy	1.18	1.49	0.00	4.00	5762

续表

变量	(1)均值	(2)标准差	(3)最小值	(4)最大值	(5)样本量
控制变量					
tenure	0.36	0.48	0.00	1.00	5762
newsystem	0.30	0.46	0.00	1.00	5762
ln(age)	3.76	0.19	3.26	4.14	5762
lenghway	1.16	1.28	0.00	9.00	5762
crosswise	0.26	0.82	0.00	13.00	5762
patent	0.17	0.71	0.00	14.51	5762

四 CITS的实证结果与分析

表2-13中模型的因变量为聘用科研助理的数量，反映了放开科研经费中劳务费比例限制对于教师聘用科研助理数量的影响。为验证劳务费充裕程度不同的教师对于政策的反应是否有差异，本书进一步划分出劳务费更加充裕的样本：将2014~2019年只要有一年劳务费超过当年社会平均工资的样本称为实验组一，而将2014~2019年每年劳务费均高于社会平均工资的样本称为实验组二。模型1和模型2分别表示实验组一和实验组二的回归结果。先看实验组一的回归结果：policy的系数为正但不显著，说明改革对对照组的影响是正向的，但不显著。year的系数为正但不显著，说明改革前对照组聘用的科研助理数量略有增加，但不显著。year_since_policy的系数几乎为0，且不显著，说明长期来看改革对对照组的影响微乎其微。high·year的系数为负，但不显著，说明改革前实验组相对于对照组随着时间的推移聘用科研助理的数量略有减少。本书最重要的是关注high·policy和high·year_since_policy的系数，high·policy的系数为0.042，且不显著，说明政策颁布当年，实验组一相对于对照组聘用的科研助理数量人均增加0.042人，但不显著。这可能是因为虽然国

家在 2014 年出台了相应的政策，放开科研经费中劳务费比例限制，但具体传达落实到项目申报、财务审批等各个环节均可能存在时滞，而 A 大学各院系一线教师知悉，并各自在申报项目和招聘人员时执行政策也可能存在时间差，因此政策执行当年的效果并不显著。high·year_since_policy 的系数为 0.024，且在 10% 的水平上显著，说明政策实施后实验组一在后续年份中人均聘用的科研助理数量依然以平均每年高于对照组 0.024 人的规模增长。截至 2019 年，实验组一相对于对照组累计人均多聘用科研助理 0.138 人（0.042+0.024×4），相当于 0.22 个标准差。

表 2-13　放开劳务费比例政策下科研人员是否增加聘用科研助理数量的准实验研究

变量	(1) 实验组一	(2) 实验组二
policy	0.001	0.004
	(0.01)	(0.01)
year	0.043	0.038*
	(0.03)	(0.02)
year_since_policy	−0.001	0.000
	(0.00)	(0.01)
high·year	−0.003	−0.024
	(0.01)	(0.01)
high·policy	0.042	0.095
	(0.03)	(0.08)
high·year_since_policy	0.024*	0.080**
	(0.01)	(0.03)
控制变量	√	√
观测值	5762	2890
教师数	766	364
R^2	0.04	0.08
年固定效应	√	√
个体固定效应	√	√

注：括号中为以教师层面为聚类变量的稳健标准误；*** $p<0.01$，** $p<0.05$，* $p<0.1$；表中每一列回归系数代表一个方程的回归结果，为简便起见，这里不再展示各个控制变量的系数估计结果。

作为有更充裕劳务费的实验组二,政策实施当年相对于对照组人均多聘用科研助理 0.095 人,但不显著;政策实施后至 2019 年,保持每年相对于对照组人均多聘用 0.08 人,且在 5% 的水平上显著。经计算,政策实施后,截至 2019 年实验组二较对照组累计人均多聘用科研助理 0.415 人（0.095+0.08×4）,相当于 0.66 个标准差。

通过放开科研经费中劳务费比例限制的准实验研究发现,劳务费由不足变为充足的实验组比劳务费始终不足的对照组在政策放开当年和政策放开后的 5 年中都人均聘用更多的科研助理,且在政策放开后的年份尤其明显。即使实验组和对照组在职称类型、职称等级和来校时间上存在一定的差异,更强的科研能力或者更大的科研压力导致作为理性人的教师选择聘用更多的科研助理,该事实本身就证明科研助理是进行科研活动的必需品。

第五节　小结与讨论

科研助理是近十年来中国高校快速发展的一支人力资源队伍,科研助理制度的兴起和繁荣一方面源于制度变革,另一方面也是教师内在需求的必然结果。

知识生产模式的转变使得如今有竞争力的科研开展方式必须是组织化、团队化和规模化的,团队中负责基础研究工作和行政事务性工作的科研助理成为日益复杂的科研运行方式下不可或缺的人员配备。在科研工作日益繁重、对科研经费使用的监管也日趋严格的环境下,教师迫切需要聘用专职的科研助理帮助其从大量的基础研究工作和琐碎的行政事务性工作中解脱出来。在研究型大学,科研成果是教师职业生涯的关键,学术资本分配体制下,教师之间的科研竞争加剧不但影响了合作,也使得在人力资源的配备上每一位教师都需要有独立的科研团队,这从另一个层面提高了对科研助理的需求。一方面,国家不断加大对科研经费的投入；另一方面，为确保科研经费合理合规的使用，国家对申报、审计等环节的监管也愈加严密。国家政策放开科研经费中劳务费比例和劳动力市场上高校毕业生的充分供给使得教师配备科研助理的需求由"应然"变成了"实然"。

  以上从逻辑推演的角度证明了科研助理制度在中国高校场域下发展的必然性，现实情况是否如此还需从实证的角度进行验证。首先，研究在政策颁布以前已聘用科研助理的教师和未聘用科研助理的教师在科研成果、科研经费、科研团队情况和教师个人特质等指标方面的差别，通过 Logistic 回归发现面临的科研压力大小和科研任务多寡决定了教师是否有聘用科研助理的需求，科研经费是否充裕则是该需求是否能够被满足的门槛，而科研发表的数量和质量并不是决定是否聘用科研助理的因素。其次，为了对这一推论做出因果推断，以 2014 年《国务院关于改进加强中央财政科研项目和资金管理的若干意见》的颁布实施为外生政策冲击，采用比较间断时间序列的分析方法，研究结果表明：在国家放开科研经费中劳务费比例限制后，劳务费由不足变为充足的实验组相对于劳务费始终不足的对照组显著增加了对科研助理的聘用数量。实验组一选择的是 2014~2019 年只要有一年劳务费超过当年社会平均工资的所有样本，其在政策颁布当年比对照组人均多聘 0.042 人，并且在之后的 4 年中保持比对照组人均每年多聘 0.024 人的规模，至 2019 年实验组一累计比对照组人均多聘用 0.138 名科研助理，相当于 0.22 个标准差。由于科研经费的波动性，有些样本可能仅在个别年份劳务费充足，而没有长期稳定的经费可能会降低教师聘用科研助理的可能性，因此以上回归结果可能存在低估。为进一步研究劳务费更充裕样本的选择，将实验组二限定为 2014~2019 年每年劳务费均高于社会平均工资的样本，结果表明，政策放开当年实验组二比对照组人均多聘 0.095 名科研助理，并且在政策颁布后的 4 年中保持人均每年多于对照组 0.08 名科研助理的聘用规模，至

2019年累计较对照组人均多聘用0.415名科研助理,相当于0.66个标准差。在假设教师是理性人的前提下,面对众多经费开支需求,实验组教师因为劳务费变得充裕而迅速增加科研助理的聘用数量,揭示了科研助理确实是当下科研生产的必需品。

至此,本章从理论和实证两个角度回答了本书的第一个问题"科研助理制度是如何在中国高校发展起来的"。

第三章　科研助理对科研生产力影响的程度评估

　　第二章通过 Logistic 回归发现教师的科研发表数量和质量并不决定教师是否聘用科研助理，科研压力大小和科研任务多寡才是决定其是否聘用科研助理的关键影响因素，而科研经费是否充裕是聘用科研助理的需求能否被满足的门槛。进一步使用 CITS 分析方法验证了放开科研经费中劳务费比例限制确实显著地增加了教师聘用科研助理的数量，从而揭示了科研助理对科研生产的重要性。对于聘用科研助理是否能对科研产出产生直接影响，影响的方向、程度和机制如何，不同学科、不同聘用主体之间是否存在异质性，科研助理在整个科研团队中究竟扮演什么样的角色等问题都将在本章展开分析。

　　本章的研究脉络，一是明确与研究对象密切相关的两个核心概念——科研生产力和高校教师。二是，根据布兰德总结的模型，影响科研生产力的因素包括个体特征、机构特征和领导特征，本章首先对个体特征进行文献梳理，以说明定量研究的模型设定，其次确定所使用的因果推断工具主要是双向固定效应模型和工具变量法，一方面从科研组织的不同层级研究科研助理分别对教师个体、科研团队、学科团队、不同学科的影响；另一方面从科研成果的不同形式研究科研助理对纯粹科学研究、国家战略导向下的科学研究和市场需求导向下的科学研究的影响。定量分析部分的研究脉络见图 3-1。

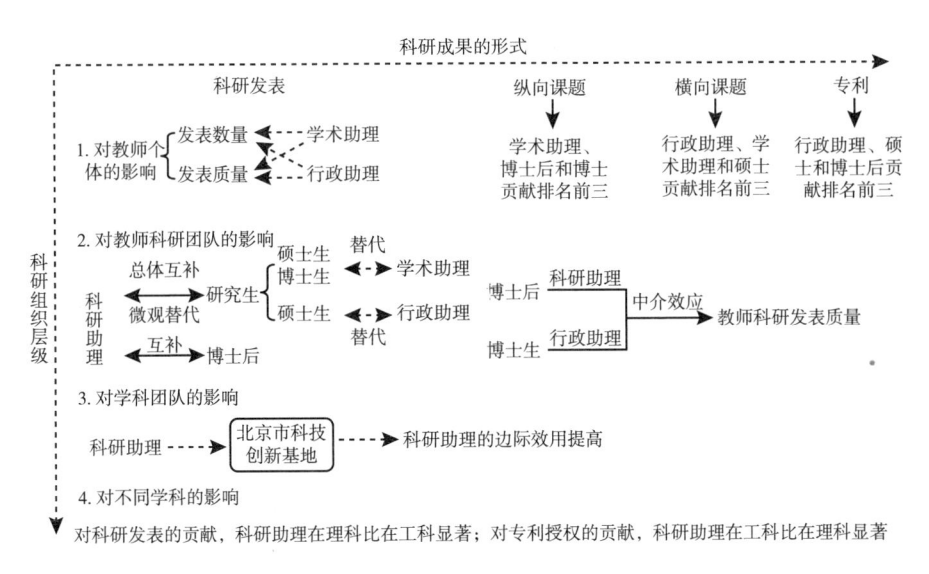

```
                    科研成果的形式
              科研发表        纵向课题    横向课题    专利
                                ↓         ↓         ↓
         1.对教师个  发表数量 ←-- 学术助理   学术助理、   行政助理、  行政助理、
            体的影响  发表质量 ←-- 行政助理   博士后和博士  学术助理和博士 硕士和博士后贡
                                          贡献排名前三  士后贡献排名前三 献排名前三

         2.对教师科研团队的影响
                            替代
                   总体互补 ┌硕士生┐
科                        │博士生│←-- 学术助理    博士后      中介效应
研    科   ←→  研究生     └     ┘                 ┌──────┐→教师科研发表质量
组    研       微观替代    ┌博士生┐←-- 行政助理    行政助理    
织    助                  │硕士生│                博士生
层    理   ←→  博士后      └     ┘
级          互补              替代

         3.对学科团队的影响
                         ┌北京市科技┐
            科研助理 ---→│创新基地 │--→ 科研助理的边际效用提高
                         └────────┘

         4.对不同学科的影响
    对科研发表的贡献,科研助理在理科比在工科显著;对专利授权的贡献,科研助理在工科比在理科显著
```

图 3-1 第三章研究脉络

第一节 核心概念

一 科研生产力的概念及测量工具

马克思认为生产力是人们在物质生产实践中形成的生产能力（吴英，2019）。马克思生产理论还认为，人们如果将科研等智力知识运用到生产中，将创造更强大的生产力（李梦欣、任保平，2019）。大学教师的产出与高等教育的三大输出结果——知识的传播、研究、知识的应用和服务相关。霍普金和马西的研究指出，高等教育的产出分为可测量的产出和不可测量的产出两类，可测量的产出包括课堂教学人数、学位授予人数、研究奖励、论文及引用率、公共服务等；不可测量的产出包括教学质量和数量、研究质量、服务质量、声誉或声望等（谷志远，2016）。认可是学术共同体内部最有

价值的无形资产，它不仅决定了个体在学术系统中的等级、权力和地位，也间接影响了个体在组织机构中对各种有形和无形资源的占有（阎光才，2011）。加斯顿（Gaston，1978）认为，"科学家并不拥有他们的研究成果，他们所拥有的唯一智力财富就是其对科学发展所贡献的知识得到承认……认可由两部分构成，前半部分是贡献，后半部分是在利用他的知识贡献过程中其他科学家对其表示的赏识"。衡量学者的被认可程度最基本的指标是研究产出，这已成为英美学者的基本共识。帕芮思利（Jennings，1998）用访谈和文献研究的方法证明大学教师关注最多的是科研产出。席尔多等在《学术市场化》中指出，大学教师在晋升或竞选某一职位时，主要的评价依据是他们在学科中的研究贡献，评估基于能够证明其研究活动的学术发表、著作或学术论文。基于科研在高校和教师中的重要性，本书对高校生产力的研究聚焦在科研生产力。伯顿·R.克拉克（Burton R. Clark，1994）将影响高等教育系统的三种力量分为专业体制、国家体制和市场体制，对应形成三种科学研究的范式——线性模式下的纯粹科学研究与知识生产、国家战略导向下的科学研究与知识生产以及市场需求导向下的知识生产（孙艳丽，2020）。针对三种科学研究的范式，也应有相应的衡量其生产力的指标。

1. 纯粹科学研究与知识生产的衡量指标

1926年，阿尔弗雷德·J.洛特卡（Lotka，1926）在他里程碑式的论文中使用出版物数量作为科研生产力的衡量指标，由此开启了采用成果数量来评价科学家科研生产力的研究范式。后续很多学者意识到，仅以出版物的数量来评价科研生产力有其片面之处，于是不少学者在计算出版物数量的基础上增加了期刊质量权重以及文章引用率作为衡量科研发表质量的指标（Primack 和 O'Leary，1989；Porter 和 Umbach，2001；Johnes, et al.，1993）。实际上两者并非完全割裂，科尔兄弟研究发现科研发表数量与质量之间的相关系数高达 0.72（Gustin，1973）；扎克曼（Zuckerman，1967）研究发现美国 55 位诺贝尔奖获得者无一例外都是高产者，平均每人每年发表论文 3.9 篇，而其他未获奖的科学家样本平均每人每年发表论文数量只有 1.4 篇。

近年来衡量科研生产力的比较有影响力的指标主要有 h 指数、g 指数、CNCI 指数和 FSS_R 指数。2005 年，学者乔治·希尔施（Jorge E. Hirsch，2005）提出 h 指数（h-index）。该指数首先列出作者文章的完整列表，并确定每篇文章的被引次数，因此该表有两列，第一列表示文章编号，第二列表示文章被引用的次数。文章编号按升序排列，被引次数按降序排列。h 指数即文章被引次数大于等于文章编号时的编号数。例如某研究人员发表了 120 篇文章，按照被引次数降序排列，前 110 篇文章的被引次数大于等于 110 次，第 111 篇文章的被引次数小于 111 次，则该研究人员的 h 指数即 110。因为它将出版物的数量与文章被引次数结合起来，因此提供了一个较全面的科研生产力评价指数，同时衡量了作者的出版物数量和影响力。然而，该指标没有考虑作者在文章中的排序，并且低估了那些出版物数量较少但引用率很高的作者的科研生产力，例如按照 h 指数的计算，有 5 篇文章，每篇引用 5 次的 h 指数，与有 5 篇文章，每篇引用 50 次的 h 指数相同。由于未考虑出版时间区间，h 指数有利于那些职业生涯较长的人。为弥补这一缺陷，利欧·埃格赫（Leo Egghe，2006）提出 g 指数（g-index），以更加凸显高被引成果在学术评价中的重要性，它的计算方式是：首先与 h 指数一样列出作者文章的完整列表，第一列表示文章编号，第二列表示文章被引用的次数。文章编号按升序排列，被引次数按降序排列。计算排序编号的平方，同时将被引次数逐篇累计，当编号的平方等于累计被引次数时，该编号即被定义为 g 指数。如果编号的平方不能恰好等于累计被引次数，则当编号的平方小于且最接近累计被引次数时，该编号就是 g 指数。g 指数弥补了 h 指数对高被引文献不敏感的缺陷，但对于评价那些科研成果暂时还处于"睡美人"状态的科学家的科研生产力是不合适的。如同 h 指数一样，g 指数也未考虑不同领域科学家科研生产力的差异（赵丽梅和马海群，2018）。学科规范化引文影响力（Category Normalized Citation Impact，CNCI）是 Incites 数据库用于评价论文质量的一个标准化指标，表示某出版物实际被引数与同文献类型、同出版年、同学科领域文献的期望被引次数的比值，该指标排除了出版年、学科领域与文献类型的影响，是一个无偏的影响力指标，因此使用它可以进行对不同规模、不同学科领域混合的论文集的比较，该指标的主要问题是仅考虑产出而未考虑投入，同时也未考虑不同作者对同一出版物贡献的差异。

阿布拉莫和安杰洛（Abramo 和 D'Angelo，2014）指出大部分绩效评估指标来自数学思想学派，由于研究活动属于生产过程，因此应从微观经济理论的角度进行分析，据此提出了 FSS_R 指数，它是表示一段时间内个人平均年生产率的指标，计算方式如下：

$$FSS_R = \frac{1}{W_R} \cdot \frac{1}{t} \sum_{i=1}^{N} \frac{c_i}{\bar{c}} f_i \qquad 式（3-1）$$

其中，W_R 为研究者 R 的平均年收入；t 指研究者 R 在观察期间的工作年限；N 表示观察期间研究者的出版物数量；c_i 为出版物 i 的被引数量；$\bar{c}$ 为同年所有与 i 同类的出版物的平均被引量；f_i 表示研究者对出版物 i 的贡献权重（根据每个合著者的署名顺序和合著者的性质给出不同的权重。如果第一作者和通讯作者属于同一所大学，则每人各算 40% 的贡献率，其余 20% 由所有其他作者分享。如果前两位作者和后两位作者属于不同的大学，则第一作者和通讯作者各算 30% 的贡献率；第二作者和倒数第二位作者各算 15% 的贡献率；其余 10% 的贡献率被分配给所有其他作者）。从 FSS_R 指数的计算公式可以看出，该指标综合考量了作者每一篇出版物的被引量与同类出版物平均被引量的比例，并且考虑了一篇出版物中有多个作者时的贡献权重分配。为了引入成本的概念，算出的年平均指数又除以年均收入。与其他指标相比，FSS_R指标综合考虑了更多的因素，但因此数据的收集和计算也变得更加复杂。对FSS_R指标的批评指出，首先，其在成本的投入方面没有考虑设备的资金；其次，类似"欧洲悖论"的概念（以出版物数量衡量，欧洲在科学卓越方面发挥着主导世界的作用，但实际缺乏美国将科研成果转化为创新、增长和就业的创业能力），引文的绝对指标和相对指标都只是研究产出的指标，不应被解释为生产力指标（Javier，2016）。

近年来，《关于深化项目评审、人才评价、机构评估改革的意见》、《关于开展清理"唯论文、唯帽子、唯职称、唯学历、唯奖项"专项行动的通知》和《关于破除科技评价中"唯论文"不良导向的若干措施（试行）》等文件的出台均指向包括高校教师评价在内的科研评价中的"唯论文"等现象。不"唯论文"指的是"不能仅仅看论文"，而不是"不能看论文"。从定量研究的角度，虽然用出版物的数量和质量来衡量高校教师的科研产出有诸多局限性，但是从数据的可靠性和可得性出发，出版物的数量和质量依然是目前为止比较客观地评价高校教师特别是理工学科教师科研产出的主要指标。

针对纯粹科学研究与知识生产，本书遵循已有的研究，衡量科研生产力的指标采用科研出版物的数量和质量。考虑到社会科学学科和人文科学学科的科研发表与理工学科存在显著差异，且对社会科学学科和人文科学学科的评价过于复杂，为了使指标具有相对可比性，本书仅针对A大学理科和工科的科研发表，主要指在2010~2019年被SCI和ISTP（以信息科学为主）所收录的文章进行分析。衡量科研发表的数量使用的是教师历年发表的文章数量。衡量科研发表的质量使用FSS_R指标，其中为了使不同学科之间具有可比性，c_i与$\bar{c}$的比值用学科规范化引文影响力指数（CNCI）来替代。在衡量产出时为了充分考虑成本的投入，计算 FSS_R 指标时需要除以教师的年薪，与国外高校相比，长期以来中国高校教师的收入处于一个较低的水平，近年来为了参与全球科技人才的竞争，中国高校积极引进具有国际水平的拔尖人才，开始大幅度提高工资水平，使得近十年高校教师工资的增长速度大大快于科研产出的增长速度，而这就可能造成 FSS_R 呈现历年下降的趋势，并且这种下降不是由科研产出质量的下降引起的，而是由工资短期内的快速增长引起的。为了解决这个问题，本书引入相对收入的概念，即将当年 A 大学全体教职员工的平均年收入作为基数，将每名教师当年的年收入与全校平均年收入的比值作为该教师的相对收入。由于相对收入只是改变了收入的绝对值，但不改变个体在收入中的排序，因此既能很好地解决收入过快增长造成的 FSS_R 下降的问题，又能有效地衡量投入产出之间的相对关系。

2. 国家战略导向下科学研究与知识生产的衡量指标

"国家战略导向下的科学研究与知识生产"具有三个基本特征：第一，知识生产的目的是解决满足国家战略需要且非常重要的问题；第二，以合作的方式进行大科学研究；第三，知识生产不再缘于好奇，而是会外溢出社会价值（孙艳丽，2020）。衡量指标表现为国家发包的各种纵向课题，例如"863 计划"、"973 计划"、国家科技攻关计划、国家科技支撑计划、国家自然科学基金重大项目等。2014年国务院启动了中央科技计划管理改革，将原来包括 100 多项的科技计划整合成国家自然科学基金、国家科技重大专项、国家重点研发计划、技术创新引导专项（基金）以及基地和人才专项五大类。本书将教师主持的各类纵向课题作为国家战略导向下科学研究与知识生产的衡量指标。

3. 市场需求导向下的知识生产衡量指标

对于知识的市场化，比彻（Becher，1987）用"以市场为背景的学术部落"、德兰迪（2010）用"知识社会中的大学"、吉本斯等（2011）用"知识生产模式2"、霍金斯等人（Hawkins, et al., 2006）用"反馈环"等进行描述（孙艳丽，2020）。为了衡量知识生产是否解决了企业实际生产中面临的各种问题，本书用教师承担的各类横向课题以及成功授权的专利作为市场需求导向下知识生产的衡量指标①。

二 高校教师

本书所指的高校教师是指在A大学属于教师岗位且从事教学科研工作的人员，不包括从事专职教学的教师和专职研究的人员。2014年A大学对教学科研职位实行分系列管理（Tenure-Track），即分为教学科研并重系列（简称"教研系列"）、教学为主系列（简称"教学系列"）和研究技术为主系列（简称"研究技术系列"）三类。教研系列职位是支撑学校教学科研事业发展的核心职位，由助理教授、副教授（又分为预聘副教授和长聘副教授）和教授构成，其中长聘副教授和教授属于进入Tenure通道，通常不需要再面临是否留任的学术评估。教学系列职位是学校教育教学的基础职位，由教学助理、讲师、教学副教授和教学教授构成。研究技术系列职位是学校科学研究的支撑辅助职位，由助理研究员、副研究员和研究员构成。为方便区分，执行Tenure-Track制度之前晋升的职称，称为"老体制"；执行Tenure-Track制度之后晋升的职称，称为"新体制"。实际上A大学从2005年就拉开了分系列职称的人事聘用制度的序幕，两种职称体系并行了13年，2018年正式发文，全面停止了老体制职称的评审。为降低样本的异质性，针对A大学的样本，教师包括"老体制"下的教授、副教授、讲师，以及新体制下所有属于教研系

---

① 专利申请的目标是市场转化，鉴于其主要是一种市场行为，将其归入市场需求导向下的知识生产

列的教师，具体职称包括助理教授、预聘副教授、长聘副教授和教授。为表述方便，本书所称的教师即指本概念中的教师。另外，本书中提到的教学科研人员、研发人员、科研人员、教研人员等，在高校的场域下均指教师。专职研究人员则指教师团队中研究技术系列的专门从事研究工作的人员。针对定量研究，理工学科对科研助理的需求远高于社会科学学科和人文科学学科，且理工学科的国际科研发表影响力相对于社会科学学科和人文科学学科也更具可比性，因此本书的样本主要聚焦 A 大学理工学科的在职教师。

第二节　影响科研生产力的个体特征

已有的研究中影响科研生产力的个体特征主要包括年龄、性别、学科、学位、职称、研究时间、研究者的动机与人格以及所获得的资源（所获得的资源一方面取决于教师个体，另一方面也与机构性质有关，所以实际上既属于个体特征，也属于机构特征）等。

年龄。大多数调查发现，年龄与科研生产力没有关联（Blackburn 和 Lawrence，1986；Bland，et al.，2005），但生命周期模型认为，投资动机和消费动机（Diamond，1986；Levin，et al.，1991）的相互作用决定了学术研究者的行为受自然老化过程的调节。投资动机是指一个人因为感知到显著的未来财务回报所以从事研究活动；消费动机强调，个人对研究的迷恋与解决研究困惑产生的满足感有关。生命周期模型表明，在职业生涯的早期，对研究的强烈投资动机激发了研究人员解决难题的动力，使得科研生产力初步激增，但随着研究者的年龄增长，投资的现值下降，科研生产力就会下降（Hu 和 Gill，2000）。从加州大学伯克利分校和伊利诺伊大学厄巴纳-香槟分校的样本发现，科研生产力在职业生涯的早期急剧上升，达到顶峰后，生产力的下降非常缓慢，特别是对于最有能力的研究人员而言（Goodwin 和 Sauer，1995）。

性别。虽然大部分研究发现女性教师的论文发表数量少于男性教师（Creswell，1985；Sax，L. J. et al.，1991），但布兰德等（Bland，et al.，2005）发现将女性教师处于低职称的因素纳入回归模型后，这种性别的差异就消失了。丹尼尔（Daniel，2000）的跨国研究也发现性别本身对解释生产力没有显著贡献，支持这一观点的学者也有不少（Blackburn，et al.，1978；Clemente，1973；Cameron 和 Blackburn，1981），当性别进入回归方程时，它与获得的经费的数额密切相关，因此性别的影响只是间接的。

学科。关于学科对科研生产力的影响存在很大争议。布兰德等（Bland，et al.，2005）通过比较明尼苏达大学医学院的临床和基础学科发现学科类型在生产力上没有差别。而瓦纳等（Wanner，et al.，1981）发现物理和生物科学家在论文生产力方面比社会科学家和人文学家享有更具决定性的优势；雷齐尔（Layzell，1996）认为不同学科领域的科研生产力差异在某种程度上可归因于学科之间出版模式的差异，例如卫生科学和自然科学学科的期刊文章数量多于平均数量。格雷戈洛特（Gregorutt，2008）的博士学位论文通过对12所美国私立中小型博士学位授予大学的277名教师科研产出的研究发现，理科和应用科学学科的平均发表文章数最多，人文科学学科的平均撰写或合著书籍数量最多，社会科学学科的书籍章节和会议记录的平均数量最多、编辑的书籍数量也最多，学科之间的科研产出数量和方式存在显著差异。

学位。大部分研究认同博士学位具有明显优于硕士学位的科研生产力。

职称。职称与科研生产力的关系是不确定的，一方面，本特利（Bentley，1990）、布莱克本等（Blackburn，et al.，1978）和布兰德等（Bland，et al.，2005）发现职称是教师科研生产力的一个重要预测因子。另一方面，古耶和菲德尔（Guyer 和 Fidell，1973）、奥韦尔（Over，1982）、瓦纳等（Wanner, et al., 1981）则提出当其他相关变量被考虑时，职称对教师的科研生产力没有影响。泰恩和布莱克本（Tien 和 Blackburn，1996）的实证研究发现，在早期的研究生涯中，助理教授和副教授的研究效率都很低；随着研究生涯接近可能的晋升节点，科研生产力逐渐提高，但晋升全职教授后其科研生产力会逐渐下降。对于终身教职是否对科研产出造成影响的问题，古德温和索尔（Goodwin 和 Sauer，1995）研究了7个研究型学系的140名终身经济学教师，发现科研生产力在职业生涯的最初阶段迅速提高，在 Tenure 评估时达到顶峰，然后开始缓慢下降。泰恩和布莱克本（Tien 和 Blackburn，1996）则发现终身教职并不是教师从事研究的唯一或最大的动力，在获得终身教职后，教授会继续进行科研生产，在某些情况下，甚至能获得更高层次的产出。布兰德等（Bland, et al., 2006）的实证研究发现，无论是研究机构还是高校的全职教师，抑或新聘用的全职教师，与非终身制教师相比，终身制教师在科研、教育方面的生产力显著提高，其对职位的投入也更大，平均每周多工作4个小时。

研究时间。缺乏足够的工作时间是进行科研的障碍，这几乎是所有研究的共识（Finkelstein，1984；Chen, et al., 2010；Hedjazi 和 Behravan，2011；Bland, et al., 2005；Jung，2012；Hu 和 Gill，2009）。兰等（Lane, et al., 1990）调查1982~1987年在美国统计协会杂志上发表文章的作者，并确定他们的工作习惯和体制内环境对科研生产力的影响程度，研究发现影响科研发表的最重要因素是有效利用时间。雷齐尔（Layzell，1996）和布兰德等（Bland, et al., 2005）通过实证均发现教学负担和科研产出呈现明显的负相关。贝尔德（Baird，1986）的实证研究也发现，教师在教学中花费的时间与科研生产力呈负相关，而科研生产力与培养博士生花费的时间呈正相关，且学生助理越出色，教师的科研产出越高，原因在于博士生和学生助理能够帮助教师分担部分基础科研工作，从而提高教师的时间利用率。列维坦和雷（Levitan 和 Ray，1992）发现，科研生产率中最重要的影响因素是研究人员的时间管理能力。在所有可用时间内工作是成为高效研究人员的关键因素，拥有研究生助理和较低的教学工作量也可以提高教师的科研发表效率。科林斯（Collins，1993）引用了科普斯针对 102 名护理学院院长的研究，发现科研生产效率的五大抑制因素是"缺乏时间、繁重的教学工作量、缺乏准备和承诺、缺乏足够的资金或仅有用于教学的资金"，其中缺乏时间被排在第一位。

从事行政事务性工作与科研产出之间的关系则存在不确定性。古德温和索尔（Goodwin 和 Sauer，1995）发现担任行政职务所占用的时间会导致教师科研生产力下降，一个人一旦对其他职责（行政职务）的关注持续一段时间，个人的研究水平就会大幅下降，之前的科研生产力水平就可能不再恢复。布兰德等（Bland, et al., 2005）的实证研究则发现承担管理责任与科研产出呈显著的正相关。菊（Ju，2010）的研究在一定程度上可以解释这种矛盾的结论：在研究机构中教师在许多方面具有较高的自主权和较低的对行政的依赖性，他们获得的外部资金与科研生产力有关，而行政影响和支持与科研生产力没有密切关系；与此相反，非研究机构的教师对行政支持有较高的依赖性，行政在确保教师资源、绘制以研究为导向的蓝图和调整平衡教师教学与研究工作量方面发挥着重要作用，因此教师与行政部门的互动将对科研生产力产生相对更大的影响。这也就意味着，当从事行政事务性工作能够使教师获得更多的外部资源以弥补科研时间减少而引起的损失时，从事行政事务性工作对科研产出有正向的影响，否则会因为占用科研时间而导致科研生产力水平的绝对下降。

研究者的动机与人格。 许多学者发现研究者的动机与人格也是影响科研生产力的重要因素,泰恩(Tien,2000)以台湾地区的教学科研人员为样本,研究动机与科研产出之间的关系,她发现好奇心强的人倾向于发表文章,喜欢展示权威的人倾向于出版书籍,而在乎个人收入的人则追逐经费资助。汉特和库(Hunter 和 Kuh,1987)研究了多产的学术人员,发现他们具有至少五个共同的个人特征,即:高标准的生产力、任务导向、好奇心、对认可的需求和适应性。除此以外,科研偏好、学术习惯等都是影响科研产出的个人因素。

所获得的资源。 研究普遍发现,影响科研生产力的重要资源包括人力资源(同事、助手、技术顾问、研究生、具有研究知识的领袖)、时间、资金、研究设备和图书资料(Blackburn, et al., 1978; Creswell, 1985)。布莱克本等(Blackburn, et al., 1978)发现指导硕士生的教师比指导本科生的教师在2年时间内能多发表5篇以上文章。辛德曼(Sindermann,1985)的案例强调了支撑团队的重要性,一个好的研究团队必须同时具有知道如何清洗试管的秘书和能打字的技术人员,即使在首席研究员缺席的情况下也能顺利推进研究。皮诺和拉维(Pineau 和 Levy,1983)调查了155个生物医学团队,他们在对成功的生物医学实验室与不太成功的实验室进行比较时,发现科研生产力最弱的团队几乎没有或者只有很少的全职技术人员,而最高产出的团队均有10名以上的全职技术人员。考茨利等(Kotrlik, et al., 2002)基于从美国农业教育协会会员档案中随机抽取的228名教师的数据发现,分配给教师的研究生助理小时数对教师的科研生产力有显著贡献,该结果与邓达尔和李维斯(Dundar 和 Lewis,1998)利用美国国家研究委员会(NRC)1993年针对3600多个博士项目(涉及理工科和人文社科41个领域274所大学)得出的结论——被聘为研究助理的研究生比例与研究成果高度相关是一致的。

从研究的结论看，虽然在许多因素上，不同的研究结果存在分歧，但充足的研究时间对科研生产力的重要性几乎是所有研究的共识；从研究的发展脉络看，除了研究的重点从内部转向外部，关注的重点也由机械的个体决定论向更加开放的机构、组织甚至系统推进，大部分学者注意到提高科研生产力不仅仅取决于某些因素，而是一个系统工程。泰恩等（Tien，et al.，1996）得出结论：科研生产力的动机既不是纯粹的内在动机，也不是纯粹的外在动机。两者似乎都取决于个人的环境、价值观和当时的社会状况，是一个综合的结果。科研人员自身的能力和素质固然是决定科研产出最主要的因素，但在日益强调团队"作战"的形势下，组织的环境、资源配备的数量和方式也成为影响产出的越来越关键的因素。

国外学者虽然提出了工作环境是影响教师科研产出的主要因素，但对环境的考量主要集中于文化、团队气氛、专业发展空间等方面，未针对科研助理的配备情况进行专门的考量。国内学者虽然已普遍意识到加强科研辅助岗位的人力资源配置是节约科研人员精力、提高科研产出的有效手段，但对这方面的研究主要是定性的描述。少数学者进行定量研究，通常以机构为研究单位，将所有的工作人员都作为辅助人员，既没有对岗位进行仔细辨析，也没有考察不同学科对科研助理需求的差异，估量过于粗糙。实际上，在吉本斯的"知识生产模式2"中，科研产出不再仅仅是某位个体的贡献，而是整个科研团队协调配合的结果。在此过程中，缺乏哪一种角色都可能成为制约科研生产力的瓶颈，区别仅在于影响的程度不同。因此本书将以教师个体的科研产出为研究单位，综合考虑该教师聘用的博士后、博士生、硕士生以及科研助理在科研产出过程中各自的贡献以及相互之间的关系，将科研助理对科研产出的贡献放在以教师为核心的科研团队中进行综合考量。

第三节　定量分析工具

本章使用的定量分析工具主要是进行因果推断的双向固定效应模型和工具变量法。

现有的研究通过不断在回归模型中增加控制变量的方法来达到尽可能地减小误差项，提高对自变量的估计精度。但现实情况是，总会有一些模型未能考察到的异质性，而这些未能予以模型分析的特性就构成误差项。当某些分析单位具有一些类似的异质性时，就会影响模型结果的准确性和无偏性。为了解决该问题，本书采用双向固定效应模型（也称为个体时间固定效应模型）分析纵向数据有助于解决非实验性数据中的遗漏变量问题和相关性问题，因为它可以有效地应对重复观察的特征、控制固定不变的变量以及个体之间的随机差异。只要某个因素（如民族、性别、出生年月、个体偏好、能力）在被调查期间基本保持恒定不变，即使它未被测量到或无法被测量，该因素也可以从模型中被自动删除，从而很好地控制遗漏变量的异质性给分析结果带来的偏误。双向固定效应模型还可以提供更为明确的因果关系，考察因变量是否随自变量的变化而变化，并且能够解决因数据的聚类而引起的相关性问题，得出更精确的参数估计。

然而双向固定效应模型依然无法解决自选择和反向因果的问题。首先，教师聘用科研助理的数量是非随机的，一方面，有科研需求的教师才有聘用科研助理的需求，例如，两名科研能力相同、年龄相同并均已获得教授职称的教师，一名将职业理想定为继续攻克科研难题，其会聘用更多的科研助理，同时科研产出也会更高；另一名将职业理想定为提升课程质量、培养杰出人才，则其聘用科研助理更少，科研产出也相对可能更低。这些将带来模型的自选择问题。另一方面，聘用科研助理可能提高教师的科研产出，反过来，更高的科研产出可能给教师带来更多的科研经费，进而可聘用更多的科研助理。这里存在的反向因果的问题是双向固定效应模型无法解决的。为了解决自选择和反向因果带来的内生性问题，本书继续使用高校劳务费改革作为工具变量，使用外生性政策带来的科研助理的数量变化估计科研助理对教师科研产出的影响，揭示教师科研产出与聘用科研助理之间的因果关系。工具变量法由于"清理"了内生变量中与干扰项相关的变化，能够更加"干净"地进行因果推断。

关于双向固定效应模型和工具变量法的介绍详见附录四。

第四节 实证研究的变量说明和描述性统计

在第一章的样本选择与描述性统计部分已说明，本书的分析对象为2010~2019年A大学在职的理工学科的教师，剔除在此期间离校、非全职聘用以及退休后的样本，在此期间入职的人员仅保留其来校后的数据。最终收录样本1219人，分布于全校20家教学科研单位，其中理科院系教师占总数的65.6%，工科院系教师占总数的34.4%；男性占82.5%，女性占17.5%；新体制教师占48.2%，老体制教师占51.8%；新体制教师中教授占比49.1%，长聘副教授占比22.4%，预聘副教授占比1.4%，助理教授占比27%，老体制教师中教授占比50.6%，副教授占比49.4%；41~50岁和51~60岁的样本分别占总数的31%和33%，构成样本的主体。因变量科研发表数据主要匹配了这些教师在2010~2019年每年的国际学术发表（包括发表数量和衡量发表质量的指标），以及承接的纵向课题数、横向课题数、专利授权数。自变量是教师每年聘用的科研助理人数。因为使用双向固定效应模型，控制变量中不包含那些不随时间和个体变化的变量，例如性别、学位、动机与人格等，但包含随时间或个体变化的变量，包括教师指导的硕士生、博士生、博士后人数，每年可支配的纵向和横向科研经费，以及2010~2019年样本教师的职称变化、新老体制职称系列的变化、进入长聘通道的变化、年龄的变化等情况。针对回归方程中的因变量、自变量和控制变量，变量说明和描述性统计的结果见表3-1和表3-2。

因变量取科研生产力，自变量是人力资源，其中特别关注科研助理对科研生产力的贡献。经济资源、职称变动和年龄的对数作为控制变量。

表3-1 实证研究选取的变量说明

变量维度		变量名称	变量定义	变量类型/单位或基底
因变量	科研生产力	科研发表数量	理工科教师当年收录在SCI或ISTP上的英文文章总数	连续变量
		科研发表质量	理工科教师当年收录在SCI或ISTP上的英文文章的FSS_R质量评价指标	连续变量
		纵向课题数	理工科教师当年在研的纵向课题数	连续变量
		横向课题数	理工科教师当年在研的横向课题数	连续变量
		专利授权数	理工科教师当年新授权的专利数	连续变量
自变量	人力资源	科研助理	教师当年聘用的所有科研辅助人员，包括学术助理和行政助理人数	连续变量
		学术助理	教师当年聘用的学术助理的加权平均人数，假设聘用2人，其中有1人的聘用时间不满一年，计算方法是:1+聘用月数/12	连续变量
		行政助理	教师当年聘用的行政助理的加权平均人数，假设聘用2人，其中有1人的聘用时间不满一年，计算方法是:1+聘用月数/12	连续变量
控制变量	人力资源	博士生	教师当年所带的博士生的加权平均人数，计算方法同上	连续变量
		硕士生	教师当年所带的硕士生的加权平均人数，计算方法同上	连续变量
		博士后	教师当年所合作的博士后的加权平均人数，计算方法同上	连续变量
	经济资源	科研经费	教师当年可支配的科研经费，包括纵向科研经费和横向科研经费	连续变量

续表

变量维度	变量名称		变量定义	变量类型/单位或基底
控制变量	职称变动	老体制正高	当年及以后年度评上老体制正高职称,引起职称的变动	虚拟变量/未发生职称变动
		老体制副高	当年及以后年度评上老体制副高职称,引起职称的变动	虚拟变量/未发生职称变动
		新体制正高	当年及以后年度评上新体制正高职称,引起职称的变动	虚拟变量/未发生职称变动
		新体制副高	当年及以后年度评上新体制副高职称,引起职称的变动	虚拟变量/未发生职称变动
		职称系列的变化	新体制取值为1,老体制取值为0	虚拟变量/老体制
		进入长聘通道	教授职称或新体制长聘副教授职称取值为1,否则取值为0	虚拟变量/老体制副教授、新体制助理教授、预聘副教授
	其他	年龄的对数	观测年份样本教师当年年龄的对数值(以e为底)	连续变量

注:硕士、博士、博士后既是人力资源,又是控制变量。从经济学角度看,他们是生产函数中的人力资源要素;从计量模型的设定来看,他们是控制变量。

表 3-2 变量的描述性统计

变量	观测值	均值	标准差	最小值	最大值
年份	10109	2014.74	2.85	2010	2019
科研发表数量(篇/年)	10109	3.83	4.86	0.00	25.00
科研发表 FSS_R 指标	10109	0.69	1.45	0.00	9.12
纵向课题数(个/年)	10109	1.63	1.57	0.00	11.00
横向课题数(个/年)	10109	0.57	1.27	0.00	19.00
专利数(个/年)	10109	0.31	1.22	0.00	39.89
科研助理(人/年)	10109	0.26	0.74	0.00	4.58
学术助理(人/年)	10109	0.14	0.51	0.00	3.42
行政助理(人/年)	10109	0.12	0.36	0.00	2.00
博士生(人/年)	10109	2.74	4.08	0.00	17.00
硕士生(人/年)	10109	1.27	2.09	0.00	10.00
博士后(人/年)	10109	0.38	0.85	0.00	4.92
科研经费(万元/年)	10109	88.20	660.36	0.00	62918.03
学科(虚拟变量)	10109	0.64	0.48	0.00	1.00

续表

变量	观测值	均值	标准差	最小值	最大值
年龄的对数	10109	3.80	0.18	3.40	4.13
观察期内的职称变化					
老体制正高(虚拟变量)	10109	0.12	0.32	0.00	1.00
老体制副高(虚拟变量)	10109	0.07	0.26	0.00	1.00
新体制正高(虚拟变量)	10109	0.11	0.31	0.00	1.00
新体制副高(虚拟变量)	10109	0.08	0.27	0.00	1.00
进入长聘通道(虚拟变量)	10109	0.50	0.50	0.00	1.00
新体制(虚拟变量)	10109	0.29	0.46	0.00	1.00

表3-2呈现的是对变量的描述性统计。观察期从2010~2019年，因变量分别考虑科研发表的数量和质量以及纵横向课题和专利授权情况。1926年，阿尔弗雷德·J. 洛特卡（Lotka, 1926）首次使用出版物数量作为科研生产力的衡量指标，后续学者意识到其片面之处，增加了期刊质量权重以及文章引用率作为衡量因素，FSS_R指标是目前考量科研发表质量较为理想的指标，既考虑了研究者在多名作者情况下的各自的贡献率，又考虑了教师收入与其科研产出之间的关系（具体计算方式见本章第一节）。本书首先针对中国国情进一步对FSS_R指标进行改良，将出版物i与同年所有与i同类的出版物的平均被引量的比值替换成出版物i的学科规范化引文影响力指数，使得经改良后的FSS_R指标可以进行不同学科间的比较。其次，用相对工资（即将当年A大学全体教职员工的平均年收入作为基数，将每名教师当年的年收入与全校平均年收入的比值作为该教师的相对收入。这改变了收入的绝对值，但不改变个体在收入中的排序）替换绝对工资，以消除近十年来中国高校平均收入的增长速度超过科研产出的增长速度导致的指标值的非预期下降。

为了进一步分辨科研人员的精力究竟更多被基础性科研准备工作所耗费还是被行政事务性工作所牵绊，本书借鉴《高等学校科研助理管理办法（暂行）》，也将科研助理细分为从事基础性科研准备工作（如实验操作、数据收集和整理等）的"学术助理"和从事行政事务性辅助工作（如财务报账、会议筹备、文书撰写等）的"行政助理"，两者数量之和是科研助理总数。从劳动合同书中约定的工作内容看，学术助理和行政助理的工作内容具有显著的差别。例如某学术助理签署的劳动合同中关于具体工作任务的约定为："1. 乳鼠心肌细胞分离；2. 细胞培养间的 CO_2 气体的更换与订购，桌面的卫生以及超净台、水浴锅及培养箱的管理；3. 实验动物的管理与基因型鉴定；4. 试剂耗材的归类整理；5. 协助博士后和研究生等完成日常的实验操作。"而另一位行政助理的劳动合同中关于工作任务的约定是："1. 国家科技支撑计划项目日常管理和课题协调、技术资料归档；2. 财务管理和合同管理；3. 野外测试实验组织和协调。"前者的工作专业性强，后者的工作事务性强。从统计结果看，A 大学教师人均聘用科研助理 0.26 人，其中学术助理 0.14 人、行政助理 0.12 人，人均聘用的学术助理略多于行政助理[①]，可见教师对学术助理的需求量大于行政助理。毕竟对一项研究而言，对从事财务报账、沟通协调等行政事务性工作的行政助理需求量一般不会多于直接服务于基础性科研准备工作的学术助理。某位教师大概评估了一下，他认为聘用科研助理数量主要取决于科研经费的多寡，通常 1 名 PI 有 1 名行政助理就够了，科研经费少的还可以考虑联合聘用。而对于学术助理，一般 1 名教师年均科研经费达到 200 万元以上才考虑聘用，经费越多，科研工作量越大，对学术助理的需求量也越大。从科研团队的整体配备情况看，平均每名教师拥有的博士生数量最多，达到 2.74 人，其次是硕士生（1.27 人）和博士后（0.38 人）。从教师科研团队人力资源的平均配备来看，博士生、硕士生、博士后和科研助理占比分别为

---

① 注：计算科研助理时精确到月，例如 2010 年 4 月入职 1 人，则当年聘用科研助理数量为 (12-4+1)/12 = 0.75 人。又如某员工 2010 年入职，2011 年 3 月底离职，则 2011 年聘用科研助理数量为 3/12 = 0.25 人。其他计算人数的方法类似。

59%、27%、8%和6%，科研助理的配备数量是最少的。伦纳德·L.贝尔德（Baird，1986）基于对一个美国化学、历史和心理学科的全国代表性样本的实证研究发现，教师在教学中花费的时间与科研生产力呈负相关，而培养博士生的时间与科研生产力则呈正相关，出色的学生助理对教师的科研产出有正面影响，原因在于博士生和学生助理能够帮助教师分担部分基础性科研准备工作。由于学生可能给教师带来正向的科研产出，本书增加了对硕士生、博士生以及博士后的考量，并将他们与科研助理对科研产出的贡献率进行比较，以期为人力资源的优化配置提供参考。模型中未纳入专职科研人员的数量是因为A大学是一所以理科见长的研究型大学，受学科研究范式的影响，长期以来教师之间的合作并不多，在理工科学院广泛推行PI制以后，即便是助理教授，也独立组建课题组，很少进入其他教授的课题组中。某理科学院的领导说："我们学院目前没有一个组有2名教授，下面也没有助理教授或新体制副教授。老体制可能存在教授下面还有副教授的情况，但新体制的助理教授、副教授、教授，一定是自己独挑一担。"该领导陈述的现象甚至在A大学的工科学院也普遍存在，仅有个别工科院系中老体制副教授会作为专职科研人员进入其他教授的课题组，但因为数量很少，基本不会对回归结果造成影响。

已有的研究指出组织环境中的一个重要优势是资源。最明显的资源是货币（Copp，1984；Diers，1970；Nieswiadomy，1984；Pranulis和Gortner，1985），货币资源经常被用来获得其他重要的研究资源，如仪器、设备、空间和人员（Andreoli和Musser，1984；Fitzpatrick和Abraham，1987；Gortner，1982），货币本身不是科研的必要或充分的资源，但其对生产力的直接影响不容忽视（Collins，1993），因此模型中也加入了科研经费这个控制变量。

关于学科对科研生产力的影响存在很大争议。布兰德等人（Bland，et al.，2005）、瓦纳（Wanner，et al.，1981）、雷齐尔

（Layzell，1996）采用不同学科样本得出完全不同的结论。为了研究不同学科对科研生产力的影响的差异，又避免过于细致的学科分类导致样本量的不足而影响回归结果，本书将学科区分为理科和工科。表 3-2 学科变量中 1 代表理科，0 代表工科，从均值为 0.64 可知理科的样本量大于工科。A 大学是一所以理科见长的研究型大学，近 20 年来着力发展新工科。如果分别对理科和工科进行描述性统计，结果见表 3-3。理科人均科研发表数量和代表科研发展质量的 FSS_R 指标均低于工科，该结果可能与 A 大学在理科优势强大的情况下致力于建设"小而精"的工科定位有关，也与学科发表的评价标准不同有关。理科和工科纵向课题数相当，但工科教师人均横向课题数和专利数大大高于理科，这与工科更加贴近社会生产的特征密切相关。从人力资源的使用情况看，工科教师人均聘用的科研助理（无论是学术助理还是行政助理）多于理科，这同样与工科的研究范式更加贴近生产实践，涉及更多沟通、协调工作，需要更多人手的特质相关。从学生的配备来看，工科教师人均博士生和硕士生都多于理科，尤其是在国家鼓励工程硕士的培养后，理科与工科教师的硕士生数量的差距更大。理科教师人均博士后人数多于工科，这可能与理科更加强调对高深学问的研究有关。工科教师的人均科研经费高于理科。

表 3-3　按学科分类的描述性统计

学科	科研发表数量（篇/年）	科研发表质量	纵向课题数个/年	横向课题数个/年	专利数个/年	科研助理人/年	学术助理人/年	行政助理人/年	博士生人/年	硕士生人/年	博士后人/年	科研经费（万元/年）
理科	3.43	0.60	1.62	0.45	0.14	0.25	0.14	0.11	2.49	0.42	0.41	75.84
工科	4.54	0.84	1.63	0.78	0.62	0.29	0.16	0.13	3.19	2.79	0.33	110.20

部分研究发现职称的变动对科研生产力产生影响，例如泰恩和布莱克本（Tien 和 Blackburn，1996）的实证研究发现，在最初几年的

研究生涯中，助理教授和副教授的科研效率都很低，随着研究生涯接近可能的晋升节点，科研生产力逐渐提高，但晋升全职教授后其科研生产力会逐渐下降。因此本书中也加入了关于职称变动的虚拟变量，虚拟变量的设置方式是：聘上相应职称当年及以后年度该虚拟变量取值为1，其他年份取值为0。还有一些研究关于是否为终身教职对科研产出的影响存在分歧，为检验这一点，本书也加入了判断是否为终身教职（是否进入长聘通道）的虚拟变量。

第五节　方法与模型

首先，科研助理在科研团队中发挥的作用与博士生、博士后不同，他们通常不直接参与学术论文的撰写，而是通过承担基础性科研准备工作或者行政事务性工作达到支持整个科研团队运行的目的。聘用科研助理通过节约科研人员耗费在科研外围工作上的时间，来提高科研人员对时间的利用效率和从事科研工作时的专注程度，因此科研助理对科研生产力的贡献可能更多体现在提高科研产出的质量而非数量上。据此提出本书的第一个假设。

假设一：聘用科研助理能够提高科研产出，对科研发表质量的影响大于对科研发表数量的影响。

其次，科研助理与研究生、博士后之间由于从事的工作内容和角色分工不同，可能存在替代或互补的关系。在教师有足够经费聘请学术助理以前，基础性科研准备工作一般会交给硕士生和博士生做，聘请学术助理后，其在一定程度上分担了过去研究生所从事的工作内容，一些研究能力较强的学术助理甚至可以承担部分博士生的科研任务，但通常达不到博士后的学术水平，个别不能招收研究生的研究所甚至直接通过聘用学术助理的方式来替代研究生。因此学术助理与研究生之间可能存在一定程度的替代关系，但因为与博士后学术水平差异较大,他们之间可能存在互补关系。对于行政助理而言,团队中人员增加,就会增加整个团队的沟通、协调和各种行政杂务,因此行政助理可能与教师聘用的博士生、博士后存在互补关系。访谈中发现部分硕士生有时也协助教师完成财务报账等简单的行政事务性工作,因此行政助理与硕士生之间可能存在一定的替代关系。因此提出第二个和第三个假设。

假设二:学术助理的工作内容侧重于基础性科研准备,行政助理的工作内容侧重于行政事务支持,他们对科研产出的影响效果存在差异。

假设三:学术助理、行政助理与硕士生、博士生和博士后之间可能存在一定的替代或者互补的关系。

由于学科研究范式的不同,理科和工科对科研助理的需求,以及科研助理对理科和工科教师科研产出的贡献可能存在差异。据此提出第四个假设。

假设四:由于学科研究范式的不同,科研助理对理科和工科教师科研产出的贡献存在差异。

本书基于2010~2019年的面板数据,采用双向固定效应模型,聚焦探讨聘用不同数量和类型的科研助理对教师科研产出的影响。考虑到当期的人力资源配置一般对下一期的科研产出产生影响,本书以当期的科研产出为因变量,以滞后一期聘用的科研助理为自变量,控制变量包括滞后一期的博士生、硕士生、博士后数量和科研经费额度,因为当期的科研产出不可能影响滞后一期的科研助理,滞后变量的引入在一定程度上也规避了反向因果的问题。由于观察期内,有些教师会发生职称晋升,或者由老体制转为新体制,有些教师进入长聘通道,因此,控制变量还包括观察期内的职称变动、新老体制系列的转换、代表进入长聘通道的虚拟变量以及教师年龄的对数,模型如下:

$$Y_{it} = \beta_0 + \beta_1 RA_{it-1} + \beta \sum other_{it-1} + u_i + v_t + \varepsilon_{it} \qquad 式(3-2)$$

其中,因变量 Y_{it} 表示教师 i 在 t 年的科研产出,RA_{it-1} 表示教师 i

在 $t-1$ 年聘用的科研助理数量，其中又可进一步分为学术助理 $assit_{it-1}$（表示教师 i 在 $t-1$ 年聘用的学术助理的数量）和行政助理 sec_{it-1}（表示教师 i 在 $t-1$ 年聘用的行政助理的数量）。$other_{it-1}$ 表示其他既随个体又随时间变化的变量，例如每年招聘的硕士生、博士生、博士后数量，能够支配的科研经费，教师的年龄增长等。u_i 表示个体固定效应，用以控制不随时间变化的个体特征，如教师的性别、国籍、学位、价值观和天赋等。v_t 表示那些随时间变化但不随个体变化的因素，如时间变化带来科研产出的自然增长，A 校各年度经费情况、管理制度的变化等。RA_{it-1} 的系数 β_1 表示科研助理对教师科研产出的影响，是本章重点关注的指标。β_0 为方程的截距项，是回归线与 y 轴的交叉点，其他控制变量的系数 β 表示其他控制变量每增加一个单位（例如每多招 1 名博士生）对研究者科研产出的影响。ε_{it} 为随机误差，表示不包含在模型中的解释变量和其他一些随机因素对被解释变量的总影响。

第六节 科研助理对教师科研发表的影响分析

一 对科研发表数量的影响

科研助理对教师科研生产力的影响，首先表现在对以科研发表为代表的纯粹科学研究与知识生产的影响。其中科研发表又可区分为发表数量与发表质量。表 3-4 衡量的是聘用科研助理对科研发表数量的影响，因变量为科研发表数量，模型（1）是未加入任何控制变量的结果，模型（2）加入了教师固定效应和年份固定效应，模型（3）继续加入控制变量博士生数量、硕士生数量、博士后数量、科研经费数额、教师职称变动和年龄的对数等，模型（4）将科研助理进一步分为学术助理和行政助理。可以看出加入控制变量前和加入控制变量后，科研助理对科研发表数量的贡献均是显著的。

表 3-4 聘用科研助理对科研发表数量的影响

变量	（1）	（2）	（3）	（4）
科研助理（一阶滞后）	3.091***	1.427***	0.771**	
	（0.46）	（0.33）	（0.31）	
科研助理的平方项（一阶滞后）	-0.664***	-0.257***	-0.191***	
	（0.13）	（0.08）	（0.07）	
学术助理（一阶滞后）				-0.037
				（0.18）
行政助理（一阶滞后）				1.227**
				（0.58）
行政助理的平方项（一阶滞后）				-0.49
				（0.31）
博士生（一阶滞后）			0.292***	0.291***
			（0.04）	（0.04）
硕士生（一阶滞后）			0.026	0.028
			（0.04）	（0.04）
博士后（一阶滞后）			0.523***	0.509***
			（0.09）	（0.09）
科研经费（一阶滞后）			0.000***	0.000***
			（0.00）	（0.00）
职称变动（以观察期内没有职称变动为参照组）				
进入长聘通道（一阶滞后）			0.200	0.191
			（0.50）	（0.51）
新体制（一阶滞后）			0.506	0.549
			（0.57）	（0.58）
老体制正高职称（一阶滞后）			-0.956*	-0.934*
			（0.55）	（0.55）
老体制副高职称（一阶滞后）			-0.269	-0.281
			（0.30）	（0.30）
新体制正高职称（一阶滞后）			-0.161	-0.215
			（0.52）	（0.53）
新体制副高职称（一阶滞后）			-0.530	-0.517
			（0.58）	（0.58）
年龄的对数			18.140***	18.576***
			（5.22）	（5.23）

续表

变量	(1)	(2)	(3)	(4)
常数项	3.662***	3.847***	-65.859***	-67.492***
	(0.13)	(0.05)	(19.75)	(19.77)
观测值	8890	8847	8847	8847
R-squared	0.04	0.76	0.77	0.77
年固定效应	NO	YES	YES	YES
个体固定效应	NO	YES	YES	YES

注：括号中为以教师层面为聚类变量的稳健标准误；*** $p<0.01$，** $p<0.05$，* $p<0.1$；表中每一列的回归系数代表一个方程的回归结果。

从模型（3）的回归结果看，上一期聘用的科研助理对当期科研发表数量的贡献在5%水平上是显著的，系数大于博士生和博士后。每多聘用1名科研助理将增加0.771篇科研发表，相当于带来0.2个标准差的变化。同时注意到，科研助理的平方项系数为负且显著，说明对科研助理的聘用数量并非越多越好，科研助理聘用数量对科研发表数量的贡献呈倒U形，存在最优聘用数量，超过最优聘用数量后将出现边际贡献率下降的现象。以模型（3）为例，从图3-2可知，当人均聘用数量达到2人时，科研助理对科研发表数量的边际贡献率最大。加内罗和赖斯（Garnero和Rycx，2014）研究发现，异质性的劳动力之间的交流既可能产生外部性也可能存在沟通成本，只有当正外部性大于沟通成本时，异质性劳动力才呈现

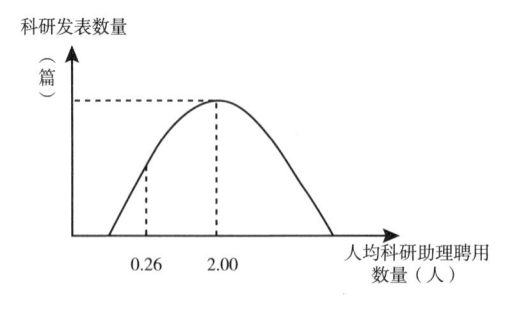

图3-2 科研助理聘用数量对科研发表数量的影响

互补的关系，当不同受教育程度的员工产生的正外部性大于沟通成本时，会提高生产率，反之则会降低生产率。实际上科研助理的数量也并非多多益善，随着招聘数量增多，管理成本相应也会提高，如果未通过管理水平或者管理制度的改善来降低管理成本的话，就可能在达到一定程度后，继续增加科研助理聘用数量反而会降低科研产出。一位被访谈的教师提道："一开始你要培养新人，让他熟悉环境和工作。人数慢慢多起来以后就要考虑他们之间关系的平衡、任务分工、待遇差别、未来的发展预期，事情就变得复杂起来，如果处理不好，还可能会影响团队的长久发展。我现在甚至需要聘一名专职人员来帮我带队伍。"需要注意的是目前 A 大学教师人均聘用的科研助理只有 0.26 人，还远未达到边际贡献率下降的阶段，从表 1-2 "中外高校教师配比行政人员数量"来看，在我国，每位教师配备的科研助理远未达到 2 人，因此目前的聘用规模还处于图 3-2 倒 U 形的左侧上升阶段。

模型（4）按照岗位角色对科研助理做进一步区分后发现，对科研发表数量产生显著影响的实际上是行政助理，在 5% 水平上每增加 1 名行政助理，科研发表数量增加 1.227 篇。博士生和博士后均在 1% 水平上对科研发表数量具有显著正向的影响，硕士生不具有显著影响。伦纳德·L.贝尔德（Baird，1986）发现科研生产力与培养博士生花费的时间呈正相关，原因在于博士生和学生助理能够帮助教师分担部分基础性科研准备工作，该结论与本书观点具有一致性。行政助理对科研发表数量的贡献率最大，其次是博士后和博士生。

已有的研究中职称与科研生产力的关系是不确定的，见本特利（Bentley，1990）、古耶和菲德尔（Guyer 和 Fidell，1973）、泰恩和布莱克本（Tien 和 Blackburn，1996）的相关研究。本书发现进入长聘通道并未降低教师科研发表数量，但进入新体制也并未比老体制时显著增加科研发表数量；评上老体制正高职称对科研发表数量具有显著负效应,而评上新体制正高职称对科研发表数量的负向影响未达到显著水平,与泰恩和布莱克本的研究结论相似。科研经费对科研发表数量的影响是显著的,该结论与以往的研究相同。

二 对科研发表质量的影响

表3-5衡量的是聘用科研助理对教师科研发表质量的影响,因变量为衡量科研发表质量的FSS_R指数,第1列是未加入任何控制变量的结果,第2~4列加入的控制变量同表3-4。模型(5)至模型(7)中科研助理对科研发表质量的贡献都是显著的,从系数大小看,科研助理对科研发表质量的贡献大于博士生和博士后,以模型(7)为例,每多聘用1名科研助理,代表科研发表质量的FSS_R指数将增加0.326;每增加1名博士生,FSS_R指数将增加0.076;每增加1名博士后,FSS_R指数将增加0.089。每多聘用1名科研助理将带来科研发表质量0.5个标准差的变化,可见科研助理对科研发表质量的贡献比对科研发表数量的贡献更加显著(每多聘1名科研助理将带来科研发表数量0.2个标准差的变化),原因可能在于科研助理虽然不直接帮助教师撰写论文,但通过减少教师花在其他工作上的时间,可提高教师科研投入的专注度,从而提高教师论文的质量。同样科研助理对教师科研发表质量的贡献也存在最优的聘用规模——人均3.26人,超过最优聘用数量将出现科研发表质量下降的现象(见图3-3)。

模型(8)按照岗位角色将科研助理进一步区分为学术助理和行政助理,结果显示:学术助理对教师科研发表质量的影响是正向的,但还未达到显著的程度,而行政助理在5%水平上对教师科研发表质量存在显著影响,说明相比于基础性科研准备工作,行政事务性工作对教师科研精力的占用更加严重,这是因为学术助理所从事的基础性科研准备工作在一

表 3-5 聘用科研助理对科研发表质量的影响

变量	(5)	(6)	(7)	(8)
科研助理(一阶滞后)	0.663***	0.481***	0.326**	
	(0.13)	(0.13)	(0.13)	
科研助理的平方项(一阶滞后)	-0.143***	-0.068**	-0.050*	
	(0.03)	(0.03)	(0.03)	
学术助理(一阶滞后)				0.104
				(0.08)
行政助理(一阶滞后)				0.557**
				(0.23)
行政助理的平方项(一阶滞后)				-0.222**
				(0.10)
博士生(一阶滞后)			0.076***	0.076***
			(0.02)	(0.02)
硕士生(一阶滞后)			0.003	0.004
			(0.02)	(0.02)
博士后(一阶滞后)			0.089***	0.089***
			(0.03)	(0.03)
科研经费(万元)(一阶滞后)			0.000***	0.000***
			(0.00)	(0.00)
职称变动(以观察期内没有职称变动为参照组)				
进入长聘通道(一阶滞后)			0.167	0.164
			(0.30)	(0.30)
新体制(一阶滞后)			0.506	0.549
			(0.57)	(0.58)
老体制正高职称(一阶滞后)			0.181	0.198
			(0.30)	(0.31)
老体制副高职称(一阶滞后)			-0.431	-0.426
			(0.31)	(0.31)
新体制正高职称(一阶滞后)			-0.113	-0.118
			(0.10)	(0.10)
新体制副高职称(一阶滞后)			-0.122	-0.132
			(0.30)	(0.30)
年龄的对数			4.143**	4.298**
			(1.90)	(1.92)

续表

变量	(5)	(6)	(7)	(8)
常数项	0.664***	0.666***	−15.299**	−15.880**
	(0.03)	(0.02)	(7.19)	(7.25)
观测值	8890	8847	8847	8847
R-squared	0.02	0.57	0.57	0.57
年固定效应	NO	YES	YES	YES
个体固定效应	NO	YES	YES	YES

注：括号中为以教师层面为聚类变量的稳健标准误；*** p<0.01，** p<0.05，* p<0.1；表中每一列的回归系数代表一个方程的回归结果。

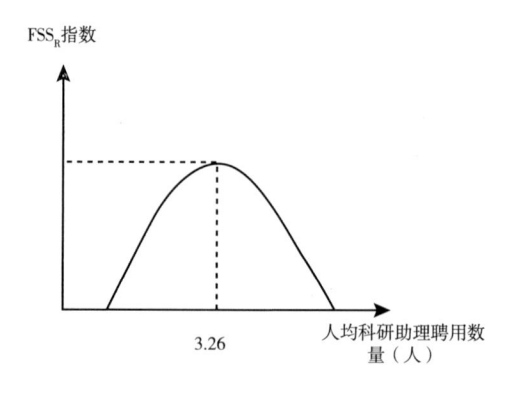

图 3-3　科研助理聘用数量对科研发表质量的影响

定程度上可以让硕士生和博士生承担，但行政助理的工作一般来说不适合让研究生承担。从数值上看，每增加 1 名行政助理，FSS_R 指数将提高 0.557，系数大于博士生和博士后。罗宾斯认为，"团队是为了实现某一目标而由相互协作的个体所组成的正式群体"，该定义突出了团队成员之间的互补性。对教师的访谈发现，在科研团队中，学术助理是"从事项目研究、实验（工程）技术和科研辅助的人员"，其工作内容与硕士生、博士生具有一定程度的相似性，区别主要体现在工作的难易程度和侧重点上，博士生侧重关键性、前沿性的问题，而精益求精的工作主要由学术助理完成，学术助理在一定意义上就是经过基本科研训练的学术"熟练工"。一位化学学院的行政人员说："教师聘用的学术助理的主要工作内容就是辅助科研，包括具体开展实验，记录结果，处理数据，撰写学术论文，同时也承担一些撰写课题进展报告、结题验收报告等工作。"实际上科研工作非常讲究明确的分工和上下游工作环节的配合，学术助理可以通过不断地重复饲养、解剖白鼠、清洗实验设备、记录实验结果等工作，将其做到极为熟练、精益求精，这些工作与研究生的培养目标不同，由专职的学术助理承担更为合适。此外，对中国当下的科研人员而言，面临的很大困境是过于繁杂的行政事务性工作。主要负责财务报账、行政事务的行政助理，相对于研究生和博士后在工作内容上具有不可替代性，虽然某些教师也会安排学生协助财务报账，但是学生的主要精力毕竟不在此，且学生始终处于流动状态，无论是工作的熟练程度还是专业程度都比不上专职的行政助理，在国家和学校三令五申不可滥用研究生的要求下，行政助理越来越成为教师刚需。聘用行政助理对科研发表质量的贡献正在于通过节约教师直接花在行政事务性工作上的时间来提高教师自身对时间的利用效率。同时也需要看到，仅仅从事简单的行政工作对教师的助力还是有限的。以财务工作为例，仅会简单的财务报账与能够进行科研经费支出的科学规划、调整，在节约教师时间和精力方面就存在巨大差异。通过查阅行政助理的劳动合同书发现，学历较低的行政助理通常从事相对简单的工作任务，如协助 PI 完成实验室日常运行和管理，如试剂耗材订购、维护与保修，财务报销，实验室安全管理等，而一位拥有博士学位的行政助理从事的工作内容包括负责与国外客户有关资讯项目的对接、沟通与交流，并撰写英文项目报告；协助开展中心的综合管理工作，包括重大项目协调管理、活动协调执行、中心宣传工作、日常工作管理等。因此除了增加行政助理的聘用数量，还应关注提高他们的专业水平。现有的研究一致认为"影响科研发表的最重要因素是有效利用时间",本书发现更高效的时间利用主要体现在提高科研发表质量上。正如辛德曼(Sindermann,1985)所指出,"一个好的研究团队必须同时拥有知道如何清洗试管的秘书和能打字的技术人员"。需要说明的是,学术助理和行政助理仅是依据他们的工作内容进行划分,在实际工作中可能不会做如此严格的区分,学术助理会帮忙做一些简单的行政事务,而行政助理经过培训也能做些重复性的实验操作。对于经费紧张的教师,招聘的科研助理可能兼任学术助理和行政助理。

从表3-5模型(8)的回归结果看,博士生和博士后对科研发表质量均在1%水平上具有显著的正向效应,但硕士生对科研发表质量的正向效应不显著。

古德温和索尔(Goodwin和Sauer,1995)研究了7个研究型学术系的140名终身经济学教员,发现科研生产力在职业生涯的初期迅速提高,在Tenure评估时达到顶峰后缓慢下降。本书对科研发表质量的考察发现,进入长聘通道后并没有带来科研发表质量的下降,无论评上哪种系列的职称对科研发表质量的影响均不显著,该结论与古德温等人不同,但与瓦纳等人(Wanner, et al., 1981)"当其他相关变量被考虑时,职称对教师的科研生产力没有影响"的研究结果一致。

从以上分析可知,无论对于科研发表数量还是发表质量,科研助理对科研人员的科研生产力确实存在显著的正向效应,可见劳动力技能互补性假说同样适用于科研生产。这与1792年法国数学家甘思普德·德·普隆尼(Gaspard de Prony)的科学实验具有异曲同工之处。1792年,法国国民议会给甘思普德·德·普隆尼下达了一项极为繁重的任务,让他把对数函数和三角函数表制作出来,德·普隆尼当即认识到,他面临一项非常巨大的挑战。受亚当·斯密分工理论的启发,德·普隆尼把他的团队分为三组,每一组负责对数函数和三角函数表制作中的一个阶段。第一组由当时大约 6 位法国数学界最杰出的数学家组成，负责检查各种公式，确定最适用于简单数值计算的公式，这组人并不参与实际的数值计算工作。第二组由 7~8 名较熟悉数学的人员构成，他们从第一组那里拿到公式，将其投入数字运算中，第二组还要负责对第三组提供的计算结果进行核验。第三组成员仅要求受过基本的算术训练即可，由于手工计算对数函数和三角函数表本身极为费时耗力，这一组需要几十人，负责对基于从第二组那里接收的数字进行数值运算，他们的运算非常简单，只需对数字进行加减运算即可，但因为要承担大量的工作，需要付出艰辛的努力。第三组一旦计算完毕，他们所得的结果会被反馈到第二组进行核验，如果有必要再做进一步加工。通过这种方式，甘思普德·德·普隆尼顺利地完成了国民议会交给他的任务，而且令人瞩目的是，处于整个团队金字塔底部的第三组中 90% 的人所拥有的算术知识，并不超过加减这两种运算规则，但这对于他们的工作来说已经足够用了，而且这些人给出的计算结果通常比那些在这方面拥有更多知识的人正确率高一些（Babbage，1989）。在任何国家，复杂劳动都比简单劳动稀少而宝贵，一些高级的复杂劳动更是如此。如果让复杂劳动者承担全部劳动过程，就会把他们的一些时间和精力耗费在简单劳动上，而从事简单劳动只需要很低的培养成本。如果让经过长期专门培养的复杂劳动者来从事简单劳动，就会造成人力资源的大量浪费。此外，由复杂劳动者从事简单劳动，其实际效果可能往往还不及经过专门培训的简单劳动者。因此在科研工作中同样应该通过分工的方式将部分可以标准化的简单劳动分离出来，交给那些经过基本科研训练的人员来完成，这一方面是因为简单劳动者从事任务简单、重复的操作能够提高效率和准确率；另一方面相对于科研人员，这些劳动可以通过较低的价格购买到，从而降低科研生产成本。这也正是科研助理能够助力高校理工科教师提高科研生产力的原因。

三　工具变量法对回归结果的进一步因果推断

在本章第三节对定量分析工具的选择中，提到双向固定效应模型无法解决自选择和反向因果带来的内生性问题，为了进行更加准确的因果推断，本书将进一步使用高校劳务费改革作为工具变量。2014年3月《国务院关于改进加强中央财政科研项目和资金管理的若干意见》的出台意味着完全放开科研经费中劳务费的比例限制，而在此之前对劳务费的支出范围和支出比例有非常严格的限制（见第二章）。劳务费改革使得教师拥有更加充足的经费来聘用科研助理，从而引起2014年后A大学科研助理聘用数量有一定程度的提升（如图2-2所示）。因此，本书将是否发生劳务费改革作为工具变量，使用外生性政策带来的科研助理数量变化估计其对教师科研产出的影响。

基于工具变量进行因果推断有赖于工具变量的相关性与外生性。相关性指工具变量与科研助理聘用数量是相关的。劳务费改革提高了教师聘用科研助理的可用经费，引起了2014年之后A大学科研助理聘用数量一定程度的提升，但还需要检验统计意义上是否存在"弱工具变量问题"。外生性要求工具变量与误差项不相关，由于教师是否有足够的劳务费聘用科研助理是由外生的政策冲击和每年社会平均工资水平决定的，政策和社会平均工资水平除了通过影响教师能否聘用科研助理，没有其他途径能够影响教师的科研产出（招收的研究生和博士后数量已经受控制），因此该工具变量具有外生性。虽然政策改革是完全外生的，但由于工具变量与时间相关，所以模型中无法控制时间固定效应，而随着时间的推移教师科研产出可能有自然增长，也可能存在其他2014年以后的政策影响教师科研产出。为解决这一问题，本书在模型中加入时间趋势变量Time，以在一定程度上控制科研产出的时间变化趋势。基于工具变量的两阶段回归方程如式3-3和式3-4所示：

$$RA_{it} = \delta_0 + \delta_1 Post_t + \delta_2 Time + \varphi X_{it} + u_i + v_{it} \quad \text{(式 3-3)}$$

$$Y_{it} = \alpha + \beta \widehat{RA}_{it} + \gamma X_{it} + u_i + \pi_t + \varepsilon_{it} \quad \text{(式 3-4)}$$

其中，RA_{it} 表示科研助理的聘用数量；$Post_t$ 表示劳务费改革的虚拟变量，2014 年以前取值 0，2014 年及以后取值 1；$Time$ 用于控制时间的变化，数值上等于 year-2014。

表 3-6 展示了使用劳务费改革作为工具变量的实证结果，第（1）列为第一阶段回归结果，第（2）~（3）列是第二阶段回归结果。从第（1）列来看，在控制了年份趋势等控制变量和教师固定效

表 3-6　工具变量法-科研助理对教师科研生产力的影响

变量	(1)	(2)	(3)
	第一阶段回归	第二阶段回归	
	L. 科研助理	论文发表数量	论文发表质量
L. 劳务费改革	0.05***		
	(0.01)		
科研助理（一阶滞后）		5.30*	3.14**
		(2.84)	(1.32)
L. time	0.02**	-0.46***	-0.14**
	(0.01)	(0.15)	(0.07)
博士生（一阶滞后）	0.04***	0.10	-0.03
	(0.00)	(0.11)	(0.05)
硕士生（一阶滞后）	0.02***	-0.10	-0.07*
	(0.00)	(0.08)	(0.04)
博士后（一阶滞后）	0.13***	-0.14	-0.30*
	(0.01)	(0.38)	(0.18)
其他控制变量	√	√	√
教师固定效应	√	√	√
样本量	8847	8847	8847
R-squared	0.79	-0.36	-0.85
一阶段 F 值		11.85	11.85

注：括号中为稳健标准误；*** $p<0.01$，** $p<0.05$，* $p<0.1$；表中每一列的回归系数代表一个方程的回归结果，为简便起见，这里不再展示所有控制变量的系数估计结果。

应后，工具变量劳务费改革的系数显著为正，劳务费改革使得教师人均多聘用0.05名科研助理（即0.2个标准差）；从第（2）~（3）列来看，一阶段F值大于拒绝弱工具变量假设的经验值，可以认为不存在弱工具变量问题。从第（2）~（3）列中科研助理的回归系数来看，科研助理对教师论文发表数量和论文发表质量均显著为正，且数值远大于双向固定效应模型中的回归系数，这既可能是因为工具变量回归系数反映的是局部处理效应，即受到劳务费改革影响的那群人；也可能是因为一阶段F值并不大，即工具变量与内生变量科研助理聘用数量的相关性不够强。

四 稳健性检验

科研助理对教师科研发表的贡献是否具有稳健性是判断效果非常重要的方面，因此本书进行了一系列稳健性检验。第一，科研助理对教师科研发表的影响是否是稳定而持续的，即比较聘用科研助理的第二年、第三年和第四年对教师科研发表的影响是否稳定；第二，只使用平衡面板数据，即剔除新入职教师和退休教师的影响；第三，只使用聘用过科研助理的教师。本书统计发现，2010~2019年间71.4%的教师从未聘用过科研助理。完全未聘用过科研助理的教师与聘用过科研助理的教师间可比性可能较低，比如研究范式差异、科研动力和科研能力差异等，为此本书在稳健性检验中尝试只使用聘用过科研助理的教师重新进行双向固定效应回归分析。

首先，鉴于科研发表的重要性主要体现在质量方面，稳健性检验部分将分别衡量一阶滞后、二阶滞后和三阶滞后聘用的科研助理对当期科研发表质量的影响。回归结果见表3-7，模型（1）、模型（2）和模型（3）分别表示一阶滞后、二阶滞后和三阶滞后聘用的科研助理对当期科研发表质量的影响。从回归结果看科研助理对科研发表质量的贡献均具有相当的稳健性，聘用第二年以及第三年、第四年科研助理对教师科研发表质量的贡献都是显著而稳定的，且聘用的时间越长，对科研发表质量的贡献越显著，这可能是因为长期合作提高了双方的默契程度，也可能是因为较长的工作年限提高了科研助理自身的专业水平。

表3-7 聘用科研助理对科研发表质量贡献的稳健性检验

变量	（1）发表质量	（2）发表质量	（3）发表质量
科研助理(一阶滞后)	0.326**		
	(0.13)		
科研助理平方项(一阶滞后)	-0.050*		
	(0.03)		
科研助理(二阶滞后)		0.461***	
		(0.11)	
科研助理平方项(二阶滞后)		-0.084***	
		(0.03)	
科研助理(三阶滞后)			0.368***
			(0.13)
科研助理平方项(三阶滞后)			-0.073**
			(0.04)
博士生(一阶滞后)	0.076***	0.075***	0.080***
	(0.02)	(0.02)	(0.02)
硕士生(一阶滞后)	0.003	-0.002	-0.008
	(0.02)	(0.02)	(0.02)
博士后(一阶滞后)	0.089***	0.088**	0.068*
	(0.03)	(0.04)	(0.04)
其他控制变量	√	√	√
样本量	8847	7688	6572
R-squared	0.57	0.60	0.62
年固定效应	是	是	是
个体固定效应	是	是	是

注：括号中为以教师层面为聚类变量的稳健标准误；*** $p<0.01$，** $p<0.05$，* $p<0.1$；表中每一列的回归系数代表一个方程的回归结果，为简便起见，这里不再展示所有控制变量的系数估计结果。

其次，只使用平衡面板数据，即剔除新入职教师和退休教师的影响，结果如表3-8中第（1）~（2）列所示，分别与表3-4中的第

（3）列和表 3-5 中的第（3）列比较发现，聘用科研助理对教师科研发表的影响系数依然在 5% 水平上显著，但对科研发表数量的影响系数低于原来的一半，对科研发表质量的影响系数与原来基本一致。说明 2010~2019 年退休的老教师和新入职教师的科研发表数量多于一直在岗的教师，但两者的科研发表质量没有显著差异。

再次，样本只包括聘用过科研助理的教师，结果如表 3-8 中第（3）~（4）列所示，在聘用过科研助理的教师群体中，科研助理数量对科研发表数量和质量依然有显著的正向影响，系数值下降说明科研助理从无到有对教师科研发表的影响要显著大于已聘用科研助理的数量多少对教师科研发表的影响。

表 3-8 稳健性检验-平衡面板和子样本检验

因变量	(1)	(2)	(3)	(4)
	平衡面板		聘用过科研助理的教师	
	论文发表数量	论文发表质量	论文发表数量	论文发表质量
科研助理（一阶滞后）	0.326**	0.312**	0.491**	0.231*
	(0.13)	(0.14)	(0.24)	(0.14)
科研助理平方项（一阶滞后）	−0.050*	−0.044	−0.156***	−0.041
	(0.03)	(0.03)	(0.06)	(0.03)
博士生（一阶滞后）	0.076***	0.083***	0.238***	0.078***
	(0.02)	(0.02)	(0.04)	(0.03)
硕士生（一阶滞后）	0.003	0.000	−0.070	−0.016
	(0.02)	(0.01)	(0.06)	(0.04)
博士后（一阶滞后）	0.089***	0.056	0.550***	0.130***
	(0.03)	(0.04)	(0.09)	(0.04)
其他控制变量	√	√	√	√
样本量	8847	7056	2515	2515
R-squared	0.57	0.57	0.75	0.59
年固定效应	是	是	是	是
个体固定效应	是	是	是	是

注：括号中为以教师层面为聚类变量的稳健标准误；*** $p<0.01$，** $p<0.05$，* $p<0.1$；表中每一列的回归系数代表一个方程的回归结果。为简便起见，这里不再展示所有控制变量的系数估计结果。

五 异质性检验

比彻（Becher，1994）将学科群体区分为"纯硬科学"和"应用硬科学"等，分别对应于本书的理科和工科，比彻认为两学科无论从研究对象、知识发展的性质还是研究程序、研究标准等方面都存在很大的不同。实际上，学科的建构过程交织着两种力量——内在的知识逻辑和外在的制度逻辑。前者遵从知识发展的内在演化规律，体现学科的自然属性，完成知识的系统化使命；后者形诸外在的社会建制，体现学科的社会属性，完成知识的组织和制度化使命。两种逻辑的重要差别在于它们与外部环境（压力）关系的差异，学科的制度逻辑在更大程度上受外部政治、经济和社会结构的变化影响（Fligstein，1987；Barley，1992），而学科的知识逻辑则受外部压力（如全球化、市场化）、学科之间的相互作用影响并随着由内而外的力量变化而发生变化（Becher 和 Trowler，2001；Abbott，2002；引自张熙，2020）。正是由于这些差异的存在，理科和工科的科研产出不完全可比，它们使用科研助理的偏好也可能存在差异，正如表3-3 所示，工科教师人均聘用的科研助理数量要多于理科，为了更细致地刻画科研助理在两个学科中作用的差异，异质性检验部分将分别对两个学科的科研助理和教师科研发表、专利授权进行回归分析。关于两个学科之间在聘用科研助理上为什么会存在差异将在质性研究部分进一步展开。

表 3-9 的因变量分别为科研发表数量、科研发表质量和专利授权，第（1）、（3）、（5）列为理科的情况，第（2）、（4）、（6）列为工科的情况。检验结果表明，科研助理对科研发表数量的贡献在理科和工科都很显著，但在理科的贡献系数大于工科；对科研发表质量的贡献在理科显著，在工科不显著；对专利授权的贡献理科和工科都显著，但在工科的贡献系数大于理科。

表 3-9 异质性检验

变量	(1)	(2)	(3)	(4)	(5)	(6)
	科研发表数量		科研发表质量		专利授权	
	理科	工科	理科	工科	理科	工科
科研助理(一阶滞后)	0.970***	0.536*	0.479***	0.152	0.187***	0.325**
	(0.24)	(0.30)	(0.09)	(0.13)	(0.05)	(0.15)
科研助理平方项(一阶滞后)	-0.260***	-0.095	-0.082***	-0.016	-0.054***	-0.097**
	(0.06)	(0.08)	(0.02)	(0.04)	(0.01)	(0.04)
博士生(一阶滞后)	0.271***	0.296***	0.051***	0.100***	0.031***	0.016
	(0.03)	(0.04)	(0.01)	(0.02)	(0.01)	(0.02)
硕士生(一阶滞后)	-0.008	0.022	0.007	-0.001	0.016	0.132***
	(0.06)	(0.04)	(0.02)	(0.02)	(0.01)	(0.02)
博士后(一阶滞后)	0.536***	0.504***	0.123***	0.033	0.080***	0.139***
	(0.07)	(0.10)	(0.03)	(0.05)	(0.01)	(0.05)
其他控制变量	√	√	√	√	√	√
样本量	5639	3208	5639	3208	5639	3208
R-squared	0.76	0.79	0.57	0.58	0.44	0.50
年固定效应	是	是	是	是	是	是
个体固定效应	是	是	是	是	是	是

注：括号中表示普通标准误；*** $p<0.01$，** $p<0.05$，* $p<0.1$；表中每一列的回归系数代表一个方程的回归结果。为简便起见，这里不再展示所有控制变量的系数估计结果。

综上，比较而言，虽然工科的研究范式决定了工科教师对科研助理的需求量大于理科，但无论是对科研发表数量还是发表质量，科研助理对理科教师的贡献均大于对工科教师的贡献，在专利授权方面科研助理对工科教师的贡献大于对理科教师的贡献。这可能是因为与理科相比，工科的产出主要不是体现在学术发表方面，而更多体现在与生产实践更为密切的工程应用方面，例如专利授权等。因此，并非科研助理对工科不重要，上述结论呈现的可能只是评价指标选择所带来的差异。

第七节 科研助理在科研团队中的角色分析

通过对教师的访谈得知学术助理与硕士生、博士生的工作具有一定的相似性，而行政助理的工作内容则侧重于支持辅助，为验证数据上是否支持这一结论，表 3-10 进一步分析了科研团队中研究生和博士后与科研助理聘用数量之间的关系。模型（1）和模型（3）的因变量是学术助理聘用数量，模型（2）和模型（4）的因变量是行政助理聘用数量，模型（1）和模型（2）的自变量取上期的科研发表数量，模型（3）和模型（4）的自变量取上期的科研发表质量。其他控制变量中博士生、硕士生和博士后取与科研助理当期的数据，科研经费则取相对科研助理上期的数据（科研经费被纳入表 3-10 中的"其他控制变量"），回归结果见表 3-10。

表 3-10　科研助理在科研团队中的角色分析

变量	(1) 学术助理	(2) 行政助理	(3) 学术助理	(4) 行政助理
科研发表数量（一阶滞后）	0.004** (0.00)	0.004** (0.00)		
科研发表质量（一阶滞后）			0.009 (0.01)	0.008*** (0.00)
博士生	0.010* (0.01)	0.021*** (0.00)	0.011* (0.01)	0.022*** (0.00)
硕士生	0.017** (0.01)	0.009** (0.00)	0.017** (0.01)	0.009** (0.00)
博士后	0.059*** (0.02)	0.037*** (0.01)	0.060*** (0.02)	0.038*** (0.01)
其他控制变量	√	√	√	√
样本量	8847	8847	8847	8847
R-squared	0.79	0.78	0.79	0.77
年固定效应	否	是	是	是
个体固定效应	否	是	是	是

注：括号中为以教师层面为聚类变量的稳健标准误差；*** $p<0.01$，** $p<0.05$，* $p<0.1$；表中每一列的回归系数代表一个方程的回归结果。为简便起见，这里不再展示所有控制变量的系数估计结果。

从回归结果看，首先无论是学术助理还是行政助理聘用数量，与硕士生、博士生、博士后的数量之间都存在显著的正相关，即科研助理与研究生、博士后总体上存在互补关系，课题组的学生或研究人员越多，相应的辅助人员越多，这一方面是因为需要更多学术助理协助完成基本的实验材料制备、整理和记录；另一方面是因为随着学生的增加，科研团队里沟通、协调、管理的工作量也大幅度增加，这些都导致对行政助理的需求增加。进一步研究系数大小后发现，无论是模型（1）还是模型（3），博士生增加相应需要增加的学术助理数量是最少的；比较模型（2）和模型（4），硕士生增加相应需要增加的行政助理数量是最少的；而博士后增加，对学术助理和行政助理增加的需求量都是最多的。针对教师的访谈获知：

> 学术助理的工作与博士生、硕士生具有一定的相似性，刚入职的时候，研究生还没有招到，会多聘一些学术助理，培养他们承担研究生的工作，等研究生配齐以后就可以少聘一些学术助理。财务报账等简单的行政事务有时候也会让硕士生帮忙处理。

可见，学术助理的工作内容与研究生相近，因此存在一定的替代性，从回归结果看，学术助理可能可以替代部分博士生的工作，经费不甚充裕的教师则可能让硕士生处理部分行政助理的工作。无论是学术助理还是行政助理，相对于博士后的工作都只具有辅助性，不存在替代性，因此每增加1名博士后对学术助理和行政助理的需求量都是最大的。劳动力的异质性是劳动力技能互补性存在的原因，这种异质性尤其表现在劳动力技能水平的差异上。对于博士后而言，学术助理和行政助理都表现为互补性，但学术助理相对于研究生，行政助理相对于硕士生，除了互补性，又分别呈现一定的替代性。实践中，研究生招生指标紧张的学院或者一些没有研究生指标的研究所，在一定程度上使用学术助理来替代研究生。

综上所述,博士后数量的增加提高了对科研助理(包括学术助理和行政助理)的需求数量,而博士生数量的增加提高了对行政助理需求的数量。其理论依据是劳动力技能互补性假说,教师聘用博士后的产能可能通过科研助理的辅助性工作提高,进而提高教师的科研发表;博士生的产能同样也可能因为行政助理的辅助性工作得到进一步提高,进而提高教师的科研发表质量。为探究科研助理在促进教师科研产出时发生作用的机制,在以上回归分析的基础上进一步验证科研助理对提高博士后和博士生促进教师科研产出过程的中介效应,提出两个假设。

假设五:博士后数量的增加将提高科研助理的聘用数量,由于科研助理对博士后的辅助作用,博士后对教师科研发表质量的贡献中部分是通过科研助理的中介效应实现的。①

假设六:博士生数量的增加将提高行政助理的聘用数量,由于行政助理对博士生的辅助作用,博士生对教师科研发表质量的贡献中部分是通过行政助理的中介效应实现的。②

如果自变量 X 通过影响第三个变量 M 来影响因变量 Y,则 M 是中介变量,它代表一种机制,X 通过它影响 Y,中介效应分析的目的是探究 X 如何影响 Y(温忠麟等,2012)。中介分析揭示了变量间"为什么"会存在关系及这个关系是"如何"发生的,即自变量"怎样"对因变量发挥作用(叶宝娟、胡竹菁,2016)。本节将科研助理

---

① 通过表3-10的回归可知,无论是学术助理还是行政助理与博士后均呈现互补的效果,且表3-5证明博士后对科研发表质量具有显著的作用,因此衡量科研助理对博士后提高教师科研发表质量的中介效应。

② 通过表3-10的回归可知,行政助理与博士生呈现互补的关系,且表3-5证明博士生对科研发表的质量具有显著的作用,因此衡量行政助理对博士生提高教师科研发表质量的中介效应。

作为中介变量,设计博士后影响教师科研产出的单变量中介效应模型,见图 3-4。

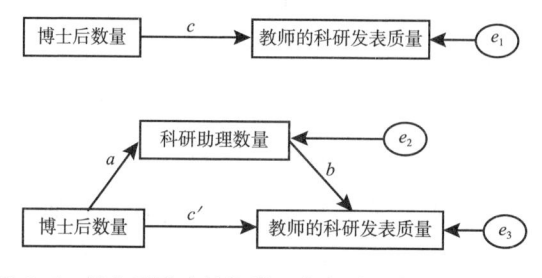

图 3-4 博士后影响教师科研发表质量的中介效应模型

根据前文分析,博士后数量对于教师的科研发表质量的全部影响可设为 c,博士后数量对科研助理聘用数量的影响可设为 a,科研助理数量对教师的科研发表质量的影响可设为 b,控制科研助理影响变量的情况下,博士后数量对于教师科研发表质量的直接影响可设为 c',可用式(3-5)、式(3-6)和式(3-7)来描述变量之间的关系:

$$\begin{cases} \text{SRP} = c\text{PD} + e_1 & \text{式(3-5)} \\ \text{RA} = a\text{PD} + e_2 & \text{式(3-6)} \\ \text{SRP} = c'\text{PD} + b\text{RA} + e_3 & \text{式(3-7)} \end{cases}$$

其中,SRP 表示教师的科研发表质量(Scientific Research Publication);RA 表示科研助理(Research Assistant);PD 表示博士后(Post-doctor)。

式(3-5)描述了博士后与科研发表质量之间的关系,系数 c 是博士后对教师科研发表质量影响的总效应;式(3-6)描述了中介变量科研助理与博士后之间的关系,系数 a 是自变量博士后对中介变量科研助理的效应;式(3-7)描述了教师的科研发表质量与自变量博士后、中介变量科研助理之间的关系,系数 b 是控制了自变量博士后对因变量教师科研发表质量的影响后，中介变量科研助理对教师科研发表质量影响的效应；e_1-e_3 是回归残差。在该中介模型中，中介效应即为系数 a 和 b 的乘积，其与总效应、直接效应的关系是：

$$c = c' + ab \qquad \text{式}(3-8)$$

科研助理中介效应分析的检验结果如表 3-11 所示，通过计算可知，博士后对教师科研发表质量的影响的总效应为 0.145，直接效应为 0.136，科研助理的中介效应为 0.009，中介效应占总效应的比重约为 6.2%（0.009/0.145），且路径系数均在 1% 的水平上显著，验证了科研助理在博士后对教师科研发表质量影响过程中的部分中介作用，也就是说博士后对教师科研发表质量的贡献有 6.2% 是通过科研助理的辅助工作来实现的。

表 3-11 科研助理中介效应分析的检验结果

科研发表质量	系数	标准差	Z 值	P>Z	[95%置信区间]	
博士后（一阶滞后）						
总效应	0.145	0.022	6.600	0.000	0.102	0.188
直接效应	0.136	0.022	6.160	0.000	0.093	0.179
中介效应	0.009	0.002	3.940	0.000	0.005	0.014

同样，也可以验证行政助理在博士生对教师科研发表质量影响中的中介作用，行政助理中介效应分析的检验结果见表 3-12。结果表明，博士生对教师科研发表质量影响的总效应为 0.079，直接效应为 0.076，行政助理的中介效应为 0.002，中介效应占总效应的比重约为 2.5%（0.002/0.079），且路径系数均在 1% 的水平上显著，验证了行政助理在博士生对教师科研发表质量影响过程中的部分中介作用。也就是说博士生对教师科研发表质量的贡献有 2.5% 是通过行政助理的辅助工作来实现的。

表 3-12　行政助理中介效应分析的检验结果

科研发表质量	系数	标准差	Z 值	P>Z	[95%置信区间]	
博士生（一阶滞后）						
总效应	0.079	0.007	11.650	0.000	0.065	0.092
直接效应	0.076	0.007	11.170	0.000	0.063	0.089
中介效应	0.002	0.001	3.140	0.002	0.001	0.004

可见，科研助理除了对教师科研发表质量发挥直接作用，对科研团队中其他成员同样也起到了中介的支持作用，假设五和假设六均得以验证。

第八节　科研助理在科研合作中的效能分析

研究型大学的科研团队最基本的形式可分为师生团队、学科团队与项目团队三种类型（刘惠琴、彭方雁，2005），师生团队由导师及其研究生、博士后以及导师聘用的科研助理组成，具有相当的稳定性和长期性；学科团队一般是同一学科内，由学科带头人及一定数量的教师及其团队成员组成，具有周期性特征；项目团队则是为了完成某一科研项目，由来自不同相关学科的教师及其团队成员组成的科研队伍，具有临时性特征。三种类型科研团队的架构见图 3-5。

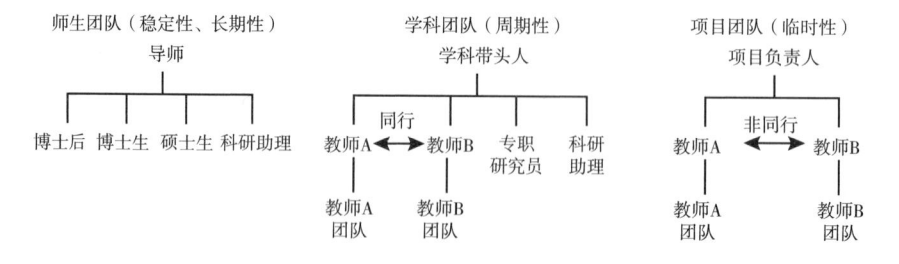

图 3-5　三种类型科研团队架构

由于三种类型科研团队合作的紧密程度不同，科研助理在其中承担的角色和发挥的作用也会有所不同。师生团队的合作最为紧密，如表 3-10 的回归结果显示，科研助理与博士生、硕士生、博士后之间存在一定的互补性和替代性，但由于单个教师的科研经费有限，科研助理特别是行政助理的工作量往往并不饱和，从人力资源配备的角度看存在一定的浪费。学科团队合作的紧密程度介于师生团队和项目团队之间，如果科研助理由学科带头人聘用，一般来说科研助理需要服务于整个团队的工作，工作量最为饱和；如果科研助理由教师个人聘用，科研助理除了主要服务于教师，还会适当协助教师承担团队的部分工作，也能提高工作的饱和程度。项目团队是在一定时期内为了完成某个特定的项目由相关学科的专业人员组成的临时性科研团队，项目负责人和团队成员之间没有固定的层级关系，项目负责人对项目的完成全面负责，其他合作成员在若干子项目中各负其责（刘惠琴、彭方雁，2005）。由于项目团队合作成员之间的松散关系，科研助理通常也由团队成员各自聘用，同样存在仅服务于小团队，工作量不够饱和的问题。以上三种类型仅是对研究型大学科研团队最基本的划分，实际情况异常复杂，有些团队可能同时具有以上团队中两种或者三种的部分特征。以科技创新基地为例，它是高校聚焦国家战略需求和科学前沿问题，开展多学科协同与交叉研究、组织科学攻关的重要创新平台和科研组织形式。科技创新基地作为由政府设立的实体机构，交叉性优于学科团队，而合作紧密性又优于项目团队，较好地融合了两种团队的优势，能够稳定地促进各学科之间的交流与合作。

在以 PI 制为主导的科研组织方式下，教师之间的竞争加剧，合作变得松散，在一定程度上影响了国家重大科技攻关项目的承接和开展。科技创新基地由于其政府背景以及基地负责人较高的学术威望，既能发挥 PI 团队的灵活性，又能加强学科之间的交叉合作，且通过联合聘用科研助理，也可能提高科研助理的使用效率。为了验证这个假设，通过将科技创新基地作为中介变量的方法,检验科技创新基地是否确实通过提高科研助理的使用效率进而提高教师的科研产出。

根据审批的政府机构不同,科技创新基地可分为国家级、省部级和市级三类。由于国家级和省部级科技创新基地通常定期会得到政府部门或者学校的专项经费支持,而市级科技创新基地仅是获得市政府的挂牌承认,没有任何经费的支持,为了排除经费对研究结果的干扰,本书仅考察市级科技创新基地对科研助理使用效率的中介效应。对于部分既参加了国家级或省部级又参加了市级科技创新基地的人员,为避免经费支持对结果的影响,不再纳入参加市级科技创新基地的样本。

为避免进入科技创新基地的教师本身比未进入基地的教师具有更高的科研生产力,在进行中介效应分析之前同样先使用倾向得分匹配法寻找与进入基地的教师具有相似科研生产力的对照组,构建的协变量包括专业技术职称(正高、副高和中级职称)、是否是新体制职称、来校时间、是否已进入长聘通道以及历年科研发表数量、发表质量。匹配的过程和结果详见附录五。

为了探究科研助理对教师科研生产力的影响是如何通过科技创新基地发生变化,以及为什么会变化,首先,需要将科技创新基地作为中介变量,分析提高科研助理使用效率的路径和机制;其次,使用有调节的中介模型还可以进一步揭示中介过程是否受到调节变量的调节,据此深入研究科研助理对提高教师科研生产力的作用机制,回答科研助理怎样影响教师科研生产力,以及这种影响何时更强或更弱的问题。

经济组织化的意义就在于它有效地推进了资源的整合利用和组织社会生产,最大化地提升生产能力并降低生产成本。因此,理论上由教师群体组成的科技创新基地将比教师个体聘用数量更多的科研助理,但基地中教师的人均聘用科研助理数量却少于教师个体单独聘用的科研助理数量,基地通过科研生产组织化达到提高人力资本效率的目的。据此提出假设：

假设七：科技创新基地将提高科研助理的使用效率，并且基地聘用的科研助理越多，科研助理对教师科研发表质量的贡献率越高。

本书首先采用以北京市科技创新基地为中介变量的一般中介模型验证科技创新基地是否提高了科研助理的使用效率，进而采用以科研助理为调节变量的"有调节的中介模型"（Moderated Mediation Model）验证假设七。

北京市科技创新基地在科研助理对教师科研发表数量和科研发表质量影响中的中介效应分析的检验结果分别见表3-13和表3-14。

表3-13 北京市科技创新基地中介效应分析的检验结果（科研发表数量）

科研发表数量	系数	标准差	Z值	P>Z	[95%置信区间]	
科研助理						
总效应	0.827	0.183	4.51	0.000	0.467	1.187
直接效应	0.779	0.183	4.25	0.000	0.420	1.138
中介效应	0.048	0.019	2.60	0.002	0.012	0.085

表3-14 北京市科技创新基地中介效应分析的检验结果（科研发表质量）

科研发表质量	系数	标准差	Z值	P>Z	[95%置信区间]	
科研助理						
总效应	0.359	0.076	4.72	0.000	0.021	0.509
直接效应	0.327	0.076	4.30	0.000	0.063	0.476
中介效应	0.032	0.010	3.21	0.002	0.001	0.052

结果表明，科研助理对教师科研发表数量影响的总效应为0.827，直接效应为0.779，科技创新基地的中介效应为0.048，中介效应占总效应的比重约为5.8%（0.048/0.827），且路径系数均在1%的水平下显著；同理，科研助理对教师科研发表质量影响的总效应为0.359，直接效应为0.327，科技创新基地的中介效应为0.032，中介

效应占总效应的比重约为 8.9%（0.032/0.359），且路径系数均在 1% 的水平上显著。以上结论验证了科技创新基地在科研助理对教师科研发表数量和质量的影响过程中的部分中介作用。

有调节的中介模型是同时包含中介变量和调节变量的一种模型，该模型意味着自变量通过中介变量对因变量产生影响，而中介过程受到调节变量的调节（温忠麟等，2012）。科研助理在该模型中扮演了两个角色，既是模型的自变量，又是调节变量，调节中介变量科技创新基地对教师科研产出的效应，探讨基地在聘用不同规模科研助理的情况下教师的人均科研产出是否有显著的差异。模型如图 3-6 所示。

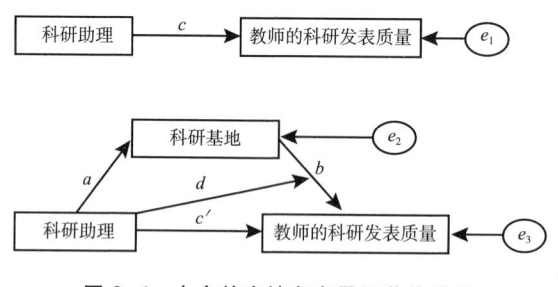

图 3-6　中介效应被自变量调节的模型

有调节的中介效应分析见式（3-9）、式（3-10）和式（3-11）：

$$\begin{cases} \text{SRP} = c \cdot staff + e_1 & \text{式}(3\text{-}9) \\ D = a \cdot staff + e_2 & \text{式}(3\text{-}10) \\ \text{SRP} = c' \cdot staff + bD + d \cdot staff \cdot D + e_3 & \text{式}(3\text{-}11) \end{cases}$$

其中，SRP 表示教师的科研发表质量。$staff$ 表示教师聘用的科研助理。D 表示创新科研基地，是 0~1 变量，取值为 1 表示在基地中，反之则表示不在基地中；$staff \cdot D$ 表示科研助理与中介变量创新科研基地的交叉项对因变量教师科研发表质量的影响；系数 a 表示科研助理聘用数量与是否是创新科研基地的相关系数，b 表示控制了科研助理对教师科研发表质量的影响后，创新科研基地对科研助理助力教师科研发表质量的中介效应，c 表示每聘用一名科研助理对教师科研发表质量的总贡献，c' 表示每聘用一名科研助理对教师科研发表质量的直接贡献，d 表示创新科研基地中每聘用一名科研助理对教师科研发表质量的贡献。

中介效应中同时加入科研助理作为调节变量，用于衡量聘用不同数量水平的科研助理对科研产出影响的变化，将科研助理分别取"均值减 1 个标准差"、"均值"和"均值加 1 个标准差"三个数量水平，衡量有调节的中介效应（科技创新基地对科研助理影响教师科研产出的中介效应），结果见表 3-15。当科研助理数量为均值减 1 个标准差时，科技创新基地在科研助理对教师科研发表质量贡献中的 1.9% 发挥了中介效应；当科研助理数量为均值时，中介有 2.1% 的贡献；当科研助理数量为均值加 1 个标准差时，中介有 2.3% 的贡献，且均在 1% 水平上显著。可见科技创新基地能够进一步提高科研助理使用效率，并且随着科研助理数量的增加，科研助理通过科技创新基地影响教师科研产出的边际效用上升。

表 3-15　自变量不同取值对科研基地中介作用的调节效应分析

科研发表质量	系数	标准差	Z 值	P>|Z|	95%置信区间	
聘用科研助理的数量						
均值减 1 个标准差	0.019	0.004	4.52	0.000	0.011	0.027
均值	0.021	0.003	6.09	0.000	0.014	0.028
均值加 1 个标准差	0.023	0.004	6.58	0.000	0.017	0.031

综上，将科技创新基地作为中介变量的研究发现，科技创新基地能够提高科研助理对教师科研产出的贡献，同时基地中使用的科研助理数量越多，科研助理对教师科研发表质量的贡献率就越高。这可能是因为教师个体单独聘用科研助理存在工作量不饱和的情况，科研团队下的联合聘用将极大地提高科研助理的工作效率和边际效用。

因此，为了提高人力资源的使用效率，建议高校在制度层面建立更多基于深度合作的科研团队，促进合作的持续和深入，同时增加合作团队中科研助理的配备数量。学科交叉与融合是近几十年来学科发展的一个普遍趋势（贾莉莉，2008），应适当进行学科群的合并，打破学科边界，成立新型交叉研究中心，建立更加友好、便利的合作平台。深度的学术交流与大团队运行不仅需要平台支持，更需要制度支持。

第九节　科研助理对其他科研生产力指标的影响

衡量科研生产力的指标，除了代表纯粹科学研究与知识生产的科研发表，还有代表国家战略导向的纵向课题和代表市场需求导向的横向课题及专利授权。为了避免与科研经费产生多重共线性，使用课题的项目数而非经费作为因变量。科研助理对项目申请及专利授权的影响的回归结果见表3-16，对于国家战略导向的纵向课题，学术助理在1%水平上的贡献显著为正，行政助理的贡献显著为负；对于市场需求导向的横向课题，学术助理和行政助理均在1%的水平上有显著的正向贡献，且行政助理的贡献系数大于学术助理；对于专利授权，学术助理的贡献显著为负，但行政助理在1%水平上的贡献显著为正。博士生和硕士生对以上三项均有显著的正向贡献，且博士生对纵向课题的贡献大于其对横向课题和专利授权的贡献；硕士生对专利授权的贡献大于其对横向课题和纵向课题的贡献；博士后对纵向课题的贡献大于其对专利授权和横向课题的贡献。从显著性水平和系数大小可大致推测出科研助理和学生在不同项目的分工：对纵向课题，学术助理、博士生和博士后贡献较多，对横向课题，行政助理、学术助理和硕士生贡献较多，而对专利授权中行政助理、硕士生和博士后的贡献较多。可见，越市场化的项目，科研助理参与的角色越多，且行政助理在市场化项目中的表现比学术助理更突出，这可能与学术助理和行政助理的岗位分工、其自身的学术能力以及教师对科研助理在整个科研团队中的定位相关。

表 3-16 科研助理对项目申请及专利授权的影响的回归结果

变量	(1) 纵向课题数	(2) 横向课题数	(3) 专利授权
学术助理(一阶滞后)	0.155***	0.126***	-0.108**
	(0.04)	(0.04)	(0.04)
行政助理(一阶滞后)	-0.219***	0.220***	0.195***
	(0.06)	(0.05)	(0.06)
博士生(一阶滞后)	0.070***	0.040***	0.025***
	(0.01)	(0.01)	(0.01)
硕士生(一阶滞后)	0.061***	0.067***	0.106***
	(0.01)	(0.01)	(0.01)
博士后(一阶滞后)	0.154***	0.040**	0.106***
	(0.02)	(0.02)	(0.02)
其他控制变量	√	√	√
样本量	8847	8847	8847
R-squared	0.67	0.62	0.50
年固定效应	是	是	是
个体固定效应	是	是	是

注：括号中为普通标准误；*** $p<0.01$，** $p<0.05$，* $p<0.1$；表中每一列的回归系数代表一个方程的回归结果；为简便起见，这里不再展示所有控制变量的系数估计结果。

第十节 小结与讨论

本章从定量的角度研究科研助理是否对高校的科研生产力产生影响，影响的程度和方向如何，并尽可能将科研助理对科研产出的影响放在整个科研团队的场域中进行研究，并从人力资源配置的角度分析科研助理对科研生产力影响的机制。本章的研究脉络为：在科研组织层级上遵循从微观个体到团队合作的视角转换，在科研成果的形式上从个体的学术发表到满足国民经济的发展需求，从纵深维度探讨科研助理对高校科研生产力的影响。

为了解决模型中未能考察到的异质性，本书采用双向固定效应模型，从误差项中排除分析个案之间共有的故而也是系统性的异质性。结果表明：无论对科研发表数量还是发表质量，科研助理均具有显著的正向影响，每多聘用1名科研助理，教师科研发表数量将增加0.771篇，相当于0.2个标准差；每多聘用1名科研助理，代表科研发表质量的FSS_R指数将提高0.326，相当于0.5个标准差。可见科研助理对科研发表质量的贡献比对科研发表数量的贡献更加显著。从贡献系数的大小比较看，科研助理对科研发表数量和科研发表质量的贡献系数比博士生和博士后都更大。科研助理的二次项系数为负，表明科研助理对科研发表的影响呈倒U形，即并非多多益善，而是存在最优聘用规模，对科研发表数量的最优聘用规模大约为人均2人，对科研发表质量的最优聘用规模为人均3.26人，目前A大学对科研助理的人均聘用规模仅为0.26人，还远未达到最优规模。根据工作内容的不同，科研助理可以具体区分为学术助理和行政助理，前者主要从事专业技术类工作，后者从事行政类工作，他们所从事的工作内容存在较大差异，目前行政助理对科研发表的贡献更加显著，说明相比于基础性科研准备工作，行政事务性工作对教师科研精力的占用更加严重。为了进一步解决自选择和反向因果带来的内生性问题，基于工具变量法的因果推断也支持科研助理对理工科教师科研发表贡献显著的结论。以上研究表明，科研人员面临的困境在很大程度上是过于繁杂的行政事务性工作和基础性科研准备工作，科研助理对科研发表的贡献，一方面在于通过节约教师花费在行政事务性工作和基础性科研准备工作上的时间，来达到提高科研发表数量和质量的目的。另一方面在于通过劳动分工提高有组织科研的整体效能。这与已有研究的共识是一致的：缺乏足够的工作时间是进行研究的障碍，影响科研发表最重要的因素为是否有效利用时间。无论是基于多期的稳健性检验还是基于平衡面板和子样本检验均表明，科研助理对于科研发表的贡献具有相当的准确性和稳定性。

衡量科研助理的作用，不仅要考量其自身，更应将其放入整个科研团队的场域中进行考察。从人力资源的配置上看，科研助理与研究生、博士后总体上呈现互补关系，课题组越庞大，需要的科研助理也越多。但进一步研究发现博士生与学术助理之间存在一定的替代性，而硕士生与行政助理之间存在一定的替代性，这与他们在课题组中承担的角色相近有关。通过进一步中介效应分析发现，科研团队中博士后的数量增加，将提高对科研助理的需求量，进而提高教师科研发表质量，博士后对教师科研发表质量的贡献约有 6.2% 是通过科研助理的辅助工作实现的。同样，博士生对教师科研发表质量的贡献有 2.5% 是通过行政助理的辅助工作实现的。可见科研助理除了对教师科研发表的直接作用，对学术团队中其他成员同样起到了中介的支持作用。

科研团队不仅指教师自己组建的课题组，还包括由不同教师基于学术合作组建的科技创新基地，以北京市科技创新基地为研究对象，基于有调节的中介效应分析发现，科技创新基地聘用的科研助理越多，人均效用越大。科技创新基地本身能够提高科研助理对教师科研发表质量的贡献，同时科技创新基地中科研助理的数量越多，其边际贡献越大，这可能是因为教师单独聘用科研助理存在工作量不饱和的情况，大团队下的联合聘用将极大地提高科研助理的工作效率和边际效用。

科研助理对不同学科科研发表的影响效果也存在差异，受学科研究范式的影响，工科教师人均聘用的科研助理多于理科教师，但回归结果表明，对科研发表的贡献，科研助理在理科表现得比工科突出；对专利授权的贡献，科研助理在工科表现得比理科突出，这可能与学科之间不同的评价标准有关。

除了对科研发表的影响，科研助理对于教师承担课题和专利授权也均有不同程度的贡献。由于代表国家战略导向的纵向课题和以市场需求为导向的横向课题、专利授权具有不同的逻辑，硕士生、博士生、博士后和科研助理在其中扮演的角色也不同。从显著性水平和贡献系数的大小可以推断，越市场化的项目科研助理的贡献越突出，特别是其中的行政助理，这可能与科研助理的岗位分工、他们自身的学术能力以及当前教师对他们在整个科研团队中的定位相关。

至此，本章回答了本书的第二个问题"科研助理对高校教师科研生产力是否产生影响，以及影响的程度和方向"，并在一定程度上也回答了"产生影响的原因和传导机制。"

第四章　科研助理对科研生产力影响的机制研究

　　第二章和第三章一方面通过定量研究的方法验证了在中国高校的组织场域中，科研助理不仅是开展科研活动的必要配置，而且确实对教师的科研生产力产生了积极的正向影响。这表现在国家放开科研经费中劳务费的比例限制后，教师迅速做出反应，显著增加了对科研助理的聘用数量。另一方面，双向固定效应模型和工具变量法的分析也验证了配备科研助理对科研产出具有显著的正向影响。然而，科研助理的配备不仅是数量的问题，更深层次的是体制机制和治理结构的问题，不合理的管理制度将可能影响甚至制约科研助理效能的发挥。布兰德等（Bland, et al., 2005）在总结前人对科研生产力影响因素的文献基础上，发现科研生产力的高低是个人特征、机构特征和领导特征三大类因素综合的结果，并提出了这三类特征的等级顺序：高产的研究型组织是个人特征和机构特征的整合和相互作用的函数。只有准备充分的个人进入具有支持性的环境才能产生旺盛的生产力，而一个有利的环境是有效领导的结果。机构特征和领导特征与个人特征不同，它们常常是多种因素综合作用的结果，现有的定量研究单独设置反映领导者气质、团队气氛等的指标，既不易量化，又容易受个人主观判断的影响。因此本章首先梳理了已有研究中影响科研生产力的机构特征和领导特征因素，然后以 A 大学一项新的人事制度的推行为切入点，借助质性研究的方法，分析新制度牵涉的利益各方的权衡和博弈，从个体、组织、机构和领导相互作用的角度，探究在个体和组织的互动过程中，科研助理如何对科研生产力产生影响，其中是否存在制度性的障碍。并将这种博弈尽可能放入一个更加宽广的视野，在国际科技竞争和 PI 制下高校科研过程的变革中探索一个更加有利于解放科研生产力的体制机制，以示机构特征和领导特征对科研生产力的影响机制。

第一节　影响科研生产力的机构特征和领导特征

许多研究提出机构特征是科研生产力的重要影响因素，例如龙和麦金尼斯（Long 和 McGinnis，1981）发现当一个科学家从一个机构换到另一个机构时，科研产出也会发生变化。进入一个不利于研究的环境，即使最具生产力的科学家科研产出也会下降。据他们观察，被任命到新环境的教授将在 3~6 年适应这些新环境的特征，而不管他们以前的科研发表记录如何。佩里等（Perry, et al., 2000）的研究发现，新员工的研究生产率随着机构对研究的重视程度的提高而逐步提高，从最不重视研究的员工转变为对研究和教学同等重视的员工或者以研究为主的员工都取决于机构对研究的态度。这表明，以研究为导向的机构不仅招募具有特定特征的教师，而且创造了强化这种倾向的环境。福克斯（Fox，1991）指出，研究是相互交流、相互作用和思想交换的高度社会化、政治化的过程。这并不是说个人特征不重要，而是个人特征虽重要但仅有个人特征是不够的，要想具有生产力，研究者必须在一个适合研究的环境中工作。具体而言，激励并保持科研生产力的机构特征包括：以研究为重点并且具有良好的团队氛围、与同行的交流、分权制的组织并且具有发挥协调作用的清晰目标等。

1. 以研究为重点并且具有良好的团队氛围

宾（Bean，1982）提出，以研究为重点指的是机构在决定教师是否晋升和是否给予其终身教职时赋予研究成果很大的权重。布莱克本等人（Blackburn，et al.，1978）发现，强调研究生教学的高校比强调本科生教学的高校更具有科研生产力。埃利森和龙（Allison 和 Long，1990）发现，学院对研究的期望和学术文化比聘用顶尖的教师更重要。同时，多数研究还发现团队氛围与研究生产力之间存在正相关关系，龙和安德鲁斯（Long 和 Andrews，1981）发现，对以下团队氛围指标的评级水平与团队的科研生产力呈正相关关系：创新精神、对工作的奉献精神、考虑新想法的程度、新成员的想法得到考虑的程度、合作程度和员工会议的频率。

2. 与同行的交流

布兰德等人（Bland，et al.，2005）的实证研究发现，与部门内同事交流与科研产出显著负相关，但与部门外同事的交流则与科研产出显著正相关。这可能是因为部门内部同事的研究领域和研究范式等比较相近，不如一个相对陌生但有交叉的领域对个体研究的启发意义大。苏珊等人（Susan，et al.，2000）发现，参加国际学术会议能够显著提高科研发表。与此相反的是，斯梅比和揣（Smeby 和 Try，2005）得出的结论是：尽管个别教员的老龄化可能伴随生产力的下降，但年长教员与年轻教员的结合可以产生积极的整体影响。高级教授有更高的声望和更优秀的研究记录，这帮助他们从资助中获得更多的资金。不同年龄组的人作为研究团队的一部分相互受益。与同行的交流不仅体现在思想和信息的交换和互助上，也体现在前辈对后辈的提携和引荐上。格雷戈洛特（Gregorutt，2008）在质性访谈中，提到一位被访者说："对我的研究来说，重要的是我从一开始就是团队的一员，我被介绍给其他研究人员，这些联系帮助了我，让我进入一个更广阔的学术世界。我每年都与常春藤大学的同事联系，他们与我们一起工作，这帮助我融入了整个行业。"

3. 分权制的组织并且具有发挥协调作用的清晰目标

扁平而分权的组织结构与高产的组织机构正相关（Bean，1982；Okrasa，1987）。伯恩鲍姆（Birnbaum，1983）观察了来自15所高校84个学术研究项目的长期科研表现，发现一个分权的、扁平的组织架构对良好科研生产力产生重要影响。具有清晰目标的组织，在协调科研人员时能够产生更高的效率，布兰德和施密茨（Bland 和 Schmitz，1986）回顾了20世纪70年代至90年代的研究，发现具有生命力的科研机构必须有清晰的组织目标，同时个人目标与组织目标相互协调。组织目标和科研人员自主权之间的关系就像"组织指明了需要征服的山脉，至于怎么爬取决于个人"。

除此以外，经常交流、足够的规模并且构成具有多样性的研究小组、适当的奖励、招聘和甄选有竞争力的人员等都是具有科研生产力的机构特征。布兰德等人（Bland，et al.，1992）指出，"这些特征是相互依赖的，它们就像构成整个织物的细线一样相互交织，为研究者提供了一个强大、支持和激励的环境"。

除了机构特征，领导特征也是影响科研生产力的重要因素，莱斯等人（Lase, et al.，2018）的研究发现，部门领导是否干练地发挥关键的领导作用与团队的科研产出没有直接对应关系，但对部门的治理产生积极或消极的重大影响；良好的部门治理能够帮助教职员工提高科研生产力，因此领导特征是以部门治理为传导机制实现科研生产力的提升。

本书结合第二章、第三章和第四章各章的研究重点，分别梳理了现有研究关于影响科研生产力的个体特征、机构特征和领导特征。这些特征对科研生产力的影响在不同国家具有不同的表现。特奥多雷斯库（Teodorescu，2000）选取了澳大利亚、巴西、智利、中国香港、以色列、日本、韩国、墨西哥、英国和美国10个国家和地区进行跨国、跨地区研究。他将影响大学教师科研发表的因素分为个人特征

（包括年龄、性别）、个人成就（包括研究生教育质量、在目前机构的工作年限、在高校工作年限、专业技术职务、是否获得终身职务、学术兼职、非学术兼职、参加国际专业活动、所在学科、科研经费、每周投入研究的时间、研究项目合作）和机构特征（包括科研压力、每周投入教学的时间、每周投入行政事务的时间、感知的外部奖励、薪酬、感知机构对研究的支持、学生质量、机构对研究的重视、学校的国际化和对研究的合理评价）。他的研究表明，影响教师科研生产力的因素在国家和地区之间存在显著的差异，对一国或地区具有重要影响的因素对其他国家和地区可能没有影响，例如获得终身职务在美国对科研发表有显著正效应，但在其他国家和地区均不显著。在大部分国家和地区均具有显著影响的因素有三个：一是在专业协会中兼职并参加专业会议，二是获得科研的经费支持，三是投入研究的时间。

综合前文对现有文献的梳理，虽然已有研究从不同角度考察了影响科研生产力的因素，但从研究对象看，国内外关于科研助理对科研生产力影响方面的研究还非常匮乏，布兰德等（Bland, et al., 2005）虽然提出了工作环境是影响教师科研产出最主要的因素，但对工作环境的考量主要集中于文化、团队气氛、专业发展空间等，鲜有针对科研助理岗位的专门研究。国内学者虽然开始意识到加强科研助理岗位建设的重要性，但相关研究大多是对现状的定性描述，研究内容集中在科研助理的队伍现状、存在问题和建设思路等方面。有3篇针对科研助理影响科研生产力的定量研究，一方面研究方法过于单一；另一方面囿于数据的可获得性，以机构为研究单位，将所有行政人员视为科研助理进行分析，现实情况是相当部分的行政人员从事的工作与科研无关，因此研究过于粗糙。更重要的是国内现有关于科研助理的研究还主要停留在对现象的呈现上，鲜有对现象之下形成机制的深入探讨。对科研助理的配备不仅是调整数量的关系，更深层次是调整单位的组织架构、管理模式、行政权力和学术权力的关系，集权和分权的博弈，协调工作环境与个人特质的差异，它常常是多种因素综合作用的结果，单独提取出某个指标，例如领导者特征、团队气氛等，既不易量化，又容易受个人主观判断的影响，这些因素通过问卷的方式进行定量化，往往比较粗糙，难以发现管理中复杂而深层的问题。因此，结合质性研究的方法，能够在定量研究发现普遍规律的基础上进一步追踪定量结果之后的原因和机制，将质性方法作为定量方法的有力补充将有助于我们更深入和全面地理解该问题。本章采用质性研究方法中的连续比较法，关于方法的介绍详见附录六。

第二节　PI 制下高校科研组织的变革

受苏联高校办学模式的影响，中国高校过去以教研室为主要的基层学术组织，肩负着"教学为主，兼顾科研"的组织使命，教研室人员包括教研室主任、副主任以及同一学科方向的所有教师，通常由若干名教授、副教授和讲师组成。改革开放以来，随着我国大学肩负的科研功能日益强大，特别是"985 工程""211 工程"等一系列重点大学建设政策的推行，大学成为国家科研创新的主力军（朱振国，2003），教研室作为以教学为主的基层学术组织已无法胜任科研创新任务。

近年来，为适应在国际环境下激烈的科研竞争，中国高校的学术组织形式逐渐演变为以首席研究员为核心的学术组织形式，通常被称为 PI 团队。基于 PI 制的科研组织形式就是以 PI 为核心，对人力资源、物力资源进行分配，以经费支持为基本条件，共享科研资源，共同完成科研目标的组织结构。在 PI 制下，PI 对所有研究项目中的研究管理和规划都有最后的决定权（夏雪，2017），在人事上，PI 有聘用和辞退的权利；在财务上，PI 对团队内的课题经费可以全权支配；在科研项目管理上，PI 全权负责团队内项目的实施和开展。这一管理模式赋予PI极大的权利和自由（陈巧巧、卢永嘉，2011）。因此，相比基于科层结构建立的教研室制度，PI制更加鼓励公平竞争、机会均等，给予青年学者更多脱颖而出的机会，从而可极大地调动科研人员的积极性，更加扁平化的管理结构也减少了行政对科研的过多干预。1999年中国社会科学院率先试行PI制，十余年的成功运行经验充分证明了该制度能够有效鼓励竞争、调动科研人员的积极性。2003年北京生命科学研究所也借鉴PI制的运行管理，短短5年内该所就在《科学》《自然》《细胞》等期刊上发表了16篇高水平文章，在国内科研领域占据了重要的席位（王纬超等，2019）。

PI团队一般规模不大，图4-1是美国大学一个完整的PI团队的人员构成。其中，研究人员直接参与PI研究活动的执行，目的是帮助PI实现整个研究项目的目标，包括研究员和研究助理等职位，实验技术人员负责实验技术和平台的运行管理（王纬超等，2019）。从团队的构成来看，PI团队是紧紧围绕PI的学术方向开展研究的"小而精"的科研组织。尽管找不到明确的政策关联，但行内人一般认为科研助理重要性的提升和大量聘用与PI制在高校的广泛实施是同步的。

图4-1 美国大学PI团队的人员构成

1999年全国高校扩招以来，学生人数的快速增长带来学校对教职员工需求的增加，然而受限于高校的事业编制限额，相当部分岗位的用人需求通过签署劳动合同的方式满足。20多年来，劳动合同制员工占高校在职员工的比例不断提高，1990~2000年以工勤岗位为主，2000~2010年则以行政岗位为主。2014年《国务院关于改进加强中央财政科研项目和资金管理的若干意见》（国发〔2014〕11号）首次提出"劳务费预算应当结合当地实际以及相关人员参与项目的全时工作时间等因素合理编制"，使得劳动合同制的用工方式开始运用于教师对科研助理的聘用。2016年《关于进一步完善中央财政科研项目资金管理等政策的若干意见》（中办发〔2016〕50号）除了进一步明确科研经费中劳务费不设比例限制，还特别强调"项目承担单位要建立健全科研财务助理制度，为科研人员在项目预算编制和调剂、经费支出、财务决算和验收等方面提供专业化服务"。近10年来，科研经费中劳务费比例限制的放开和PI团队的广泛推行，促成了科研助理在中国高校的快速发展。一方面，年轻的科研人员纷纷独立组建自己的学术团队；另一方面，劳务费比例限制放开的政策也使科研人员能够有经费聘用科研助理以支撑整个团队的学术活动，缓解了科研人员大量时间和精力为行政事务性工作所占用的问题。以劳动合同制的用工方式聘用科研助理解决了高校事业发展与编制名额受限的矛盾，但由于其完全由市场和需求驱动，缺乏学校的宏观规划，也带来了岗位设置的盲目性和随意性等问题。2014年之后，受政策的鼓励，教师直接聘用的科研助理增长最为迅速。虽然劳动合同制的用工人数不受事业编制核定数的硬约束，但在空间和经费不能得到有效突破的情况下，学校现有的空间、经费都不足以支撑这种粗放的增长模式，人满为患的食堂、一席难求的停车位、越来越逼仄的办公空间都是对这种增长模式不可持续的警示。

为了合理规划劳动合同制员工队伍的增长速度、优化队伍结构、聚焦主责主业，A大学成立了专门的审议委员会，依据岗位必要性、经费预算、空间资源等情况，对全校各单位提出的劳动合同制岗位招聘申请进行审议。审议程序如下：每季度先由各院系审批本单位的劳动合同制岗位招聘需求，经批准后报审议委员会审核。鉴于只有院系才能真正了解岗位需求的真实情况，审议委员会仅对各院系下达总指标数（下达指标数通常小于申请数），具体岗位分配由院系自行决定。出人意料的是各院系对此方案的反应迥然不同，仅少数院系表示欢迎，部分院系表现出为难情绪，还有些院系表示强烈不满。而在实际运行过程中，院系仅仅充当"二传手"的角色，将该单位所有申请都直接递交审议委员会，导致申请的岗位数远远超过了学校所能承受的数量。

本章以 A 大学推行的劳动合同制岗位申请审核制为切入点，在第二章和第三章定量研究结论的基础上，进一步探究科研助理的聘用是如何影响高校的科研生产过程的。具体研究问题包括：一线教师为什么对科研助理有如此旺盛的申请需求？不同学科属性的院系为何对科研助理的聘用呈现迥然不同的态度？学校、学院和教师在管理劳动合同制科研助理的过程中的权责分配如何形塑了当代高校的科研管理制度的某种外显样态？本书抽取大学、学院、教师和科研助理这四类利益相关者，将行为主体的利益诉求进行简化和抽象，旨在探索高校、院系、教师三方在聘用科研助理时所持的立场、动机和诉求，以期研究 PI 制下科研助理影响科研过程的机制，为高校合理配置人力资源提供参考。

第三节　现有评价体制对个人业绩的强调

"Publish or Perish"（发表或死亡）表面看来是关于教学与科研的关系，其本质是大学内部资源分配的规则和赏罚制度。无论是全球四大排名体系还是国家"双一流"建设目标，科研都是决定一所研究型高校的声誉和资源分配的最终衡量指标，很自然地，学校将这个导向继续传递给教师。布鲁诺·拉图尔和史蒂夫·伍尔佳（2004）将科研人员追求的目标描述为"可信性"，科研投资好像没有最终目标一样，只不过是继续扩大积累起来的资源。从这个意义上说，我们把科研人员的业绩比作一个资本投入的循环，而"可信性"就是资源从一种形式到另一种形式的转化。这些资源可能包括奖励、津贴、货币、设备、数据、论据、论文等，它们构成了科研工作的循环，其目的在于证明科研人员的学术观点是可信的，进而个人也是可信的。发文章、申项目、买设备、招学生，再发文章、申项目、买设备……构成一个学术资本自我增值和信任信号增强的闭环，而学术资本的分配机制及其对教师个体学术职业发展的重要性造成了科研竞争的日益加剧。教研室组织模式向 PI 制转变，在一定意义上是学术资本分配机制变化下个体竞争加剧带来的组织变革。

以本书的案例高校 A 大学为例，2014 年该校对全校新聘的教学科研人员施行分系列管理，即分为教学科研并重系列、教学为主系列和研究技术为主系列。在此之后，所有理工科的教学科研并重系列的教师，无论其职称高低，理论上都是 PI，可以组建独立的课题组，拥有独立的实验室，独立申请项目和经费，团队中可配 0~2 名研究技术系列的研究人员，实际情况是仅经费非常充裕的少数 PI 能够聘用研究技术系列的研究人员，类似于美国 PI 团队中的核心研究人员角色，然后是博士后、博士生以及劳动合同制的科研助理，除非 PI 是资源获取能力非常强的学术"大咖"，否则团队中一般不会再有其他教学科研并重系列的教师。而过去传统的教研室通常有十几至几十名教师，按照严格的科层结构运行，教研室中的学生分配、项目管理、科研方向、经费支出、成果归属等遵照成文或者不成文的规则统一管理，通常不以个人意志为转移。教研室的结构明晰、分工明确，青年教师在集中管理模式下，相对来说缺乏独立成长的空间，锻炼的机会较少，因此限制了对教师独立、自主和创新能力的历练。与教研室相比，PI 团队在提高灵活性、协同性，确保学术自由，避免成果归属纠纷，提高个人竞争力和适应当下强调个人业绩的评价体系方面具有相当的组织优势。一些学者甚至将从教研室到 PI 团队的变化比喻为从"大锅饭"至"包产到户"的转变（王纬超等，2019）。

PI 制在我国兴起并繁荣得益于国家加大了对科研经费的投入，并且将经费资助的对象由组织转向有突出科研能力和科研水平的个人（PI），由 PI 基于学术发展的需求自主使用经费，如聘用所需人力和购置各种设备等。2001 年 12 月，科技部、财政部等四部委联合发布《关于国家科研计划实施课题制管理的规定》，规定财政拨款的国家科研计划都采用课题制进行管理，即财政对科技投入的方式由对科研机构的一般支持改为以项目为主的重点支持。它从制度层面明确了课题主持人负责制，为 PI 制的广泛推行奠定了制度基础。PI 团队与课题组、项目组这样侧重科研的学术组织相比，最大的区别在于其组织结构和职能空间更具稳定性与持续性，用制度理论的话语体系来说就是制度化程度不同。课题组和项目组是因课题和项目而建立的，也会因课题和项目的结束而解散，因此是一种制度化程度较低的学术组织。而 PI 团队的成立依据不是某个特定的课题或项目，而是一个以 PI 本人为核心的可以不断申请课题或项目的学术团队，所以一个 PI 团队完全可能同时承担多个课题和项目（陈平，2019），并且不会随着课题和项目的结束而解散，是相对稳定和高制度化的科研组织。

PI 制在展现其强大生命力和竞争力的同时，也暴露出一定的问题。审计程序进入高等教育领域，教师一方面被管理部门所"凝视"，另一方面又被特定的奖励和新的身份定义。基于个体的评估和审计使得教师之间的竞争加剧，基于教学合作的教研室被个体化、公司化运作的 PI 团队所取代，在新的评价体系下展现极高的效率和很强的适应性，但在一定范围内也呈现学术组织瓦解的迹象。

从调研情况看，科研竞争的加剧在一定程度上阻碍了科研人员之间的合作。某理科学院领导说：

我们学院目前没有一个 PI 团队有 2 名教授，下面也没有助理教授或新体制的副教授。老体制可能存在教授下面还有副教授，但新体制的助理教授、副教授、教授，一定是自己独挑一担，下面就是博士后、研究生、合同制科研助理……这个体制有好处，就是不会有裙带，不会有关系，也不会有打压。我就是一个独立的 PI，做得好不好都是我说了算，学院对我的支持都是明确的。对于基础研究这样特别好，对于工科就不好了，它做不了大事。

但耐人寻味的是某工科学院管理者也说：

我们都是独立 PI，严格个人考核，所谓的团队，就是一种相对松散的合作形式，没有上下级关系。不像传统的工科，上面一个大教授，中间一堆副教授，下面还有讲师带一堆学生。我们都是一个 PI，下面有一些博士后，最多配点合同制的科研助理，然后再配上学生。

这是一个新体制的工科学院，至于为什么会改变传统工科大团队合作的模式，形成当下独立 PI 的组织形式，被访者提到其中一个原因：

（如果不这样）Tenure 评估肯定不合格，因为在一个团队里做，（难以评判）个人的贡献是什么……现在咱们就是评价个人，不考虑团队。但是一些重大的工科项目，甚至一些没法发文章的项目需要人手，这里的问题就比较多，团队应该有团队的评价标准，还应该有团队负责人的评价标准以及团队中成员的评价标准。

无论是理科还是工科，无论是否有利于学科的发展，当制度推动个体都向着个人学术生涯的单一化的方向发展时，背后的逻辑是值得深思的，它也许代表的不是先进而是某种扭曲。PI纷纷独立时，必然造成科研助理的重复设置，在一定程度上是近年来科研助理岗位需求激增的原因之一。无论是研究上的深度合作还是资源上的共享，在强调个人业绩的评价体制下都变得相当困难。

第四节　教师的视角：PI 制下的学术合作困境

案例高校 A 大学虽然是一所综合性大学，但是学科特点和科研竞争的加剧使得 PI 之间的合作并不普遍和深入。一方面，独立 PI 制在集中资源、提高效率方面确实具有制度上的优势；另一方面，过度的竞争以及过于强调独立作者和第一作者的评价体系也导致 PI 之间的合作不足，在面向国家需求的大项目和交叉学科时表现乏力。一个直接的表现是执行 PI 制以后，A 大学每年的国家杰出青年基金获批数屡创新高，然而在国家重大需求、关键领域和国际前沿方向上的重要贡献不足，自 1995 年之后未再获得国家自然科学一等奖和国家科学技术进步一等奖，当然，未能获奖的原因很多，合作不足可能仅是其中之一。

两位重点实验室的 PI 都提到像他们这样的大团队在该校算"小众"，但同时也强调了科研团队面向国家重大需求的重要性。

这与研究方向有关，搞理论研究的，可能主要靠研究者个人，再带几个博士生就行。但要面向国家重大需求，解决"卡脖子"技术，没有大团队是不行的。比如做生物医药，它是个系统工程，需要化学、物理、医学、药学等各个学科的人组合在一起才能做出来，这就要有大团队，"缺胳膊、瘸腿"就没法推进研究。

国家高层也意识到我们现在发的文章数已经超过美国，但是你能说我们做的科研比美国好吗？还不到时候，还有很多技术被人家"卡脖子"。其实中国现在已经不缺好文章，但是缺一些真正有意义的、创新的科研，以及能把这些研究转化成满足实际需求的成果，这些工作没有"集团军作战"是做不成的。

我做的也是基础研究，不是应用，但现在的发展趋势是做顶尖的物理研究必须要有最尖端的技术和最复杂的系统，光靠脑子想是不够的。我们的平台是一栋3万平方米的楼，涉及基建、采购、日常运转等很复杂的事情，所以从上到下需要一个团队来运行。

布鲁诺·拉图尔和史蒂夫·伍尔佳（2004）指出，科学的发展是"层积化"的，事实的建构是一个集体过程。引证、引文和脚注的有无是一篇论文是否严谨的标志，一个新论断的提出需要大量已有研究的支撑，而现代科学越来越依托于精密的仪器、复杂的设备。推翻或者发展任何一个论断，后面的支撑可能是一个极其庞大的仪器群和从上到下的一整个科研团队。

以A大学一个比较成功的科技创新基地为例，该基地有19名PI、3名专职研究人员，配备了4名学术助理和2名行政助理。实验室里的科研助理日常工作非常繁忙，需要为整个实验室十几名教师开展基础性科研准备工作和行政事务性工作。科技创新基地区别于PI松散合作之处在于它们是官方认定的科研机构，分为国家级、省部级和市级三个等级，并不随着某个项目的结束而解散，通常会任命一位学科带头人为基地负责人，由其决定和协调整个基地科研工作的开展和各类人员之间的分工合作。这种合作较为紧密，基地配备的科研助理服务于整个基地，PI自己聘用的科研助理除了服务于PI本人的科研，也常常会协助完成基地的共同业务，所以实际服务于基地的科研助理不限于 4 名学术助理和 2 名行政助理。PI 与科技创新基地之间是既相对独立又整体联合的关系，PI 一方面都有自己独立的团队和科研方向；另一方面由于研究方向的相似与交叉性，又同时联合在官方认定的科技创新基地里共同完成重大的攻关项目。正如被访者所言，这样的大团队 A 大学数量有限，更多是那些独立的 PI，带领自己的小团队在研究的场域中"单打独斗"，他们通常独立聘用科研助理。据一位行政助理估计，在年均科研经费低于 500 万元的情况下，教师单独聘用的行政助理的工作量往往难以饱和，既效率低下又造成资源浪费。第三章通过中介效应分析发现科技创基地能够提高科研助理的边际效用即证明了这一点。

PI 之间之所以难以形成深度合作有其制度性的原因。当被问及"作为科研基地中的一员，您是如何看待 Tenure 评估时团队工作和个人业绩之间的冲突"时，一位 PI 说：

> 汇报时我不但没有提我在团队中做的工作，反而要刻意回避，划清界限。不然很容易被打上工程技术人员的标签。我只说自己承担什么项目，经费多少一笔带过，这也是之前我们团队两位老师没有通过 Tenure 评估的前车之鉴。

在被问及科研工作究竟应该"单打独斗"还是"团队作战"时，这位 PI 肯定了"团队作战"对科研的重要性，也肯定了团队对个人成长的重要性，但在现有的评价体系下其依然对团队合作心存顾虑。

> 为团队做事，对自己的科研水平有一定的提升，但确实付出的很多精力是无法变成文章发表的。比如我们当时申请项目，2 个项目加起来 10 亿元，要调研，还要写项目申请书，写一份申

请书就花了我一年多的时间，还要做各种统筹、论证和答辩等。项目批下来要建5000平方米的实验室，要购买各种设施，还要维护实验环境，这些工作在Tenure评估时都没有任何价值，也无法反映到发表的文章上。

当被问及在一个学术大咖的团队里承担这些看上去不能对科研发表有直接贡献的工作，在Tenure评估时能否从其他方面得到补偿，比如学术资源和人脉时，这位老师说：

> 如果和学术"大咖"的年龄差距很大，这种情况是可能存在的，但如果和团队负责人只有五六岁的差距，就比较难，因为负责人自己也需要资源和成长。团队在先后两位老师Tenure评估都没有通过时，意识到了问题的严重性，这一两年适应学校评估的特点，给了我更多的机会和发展空间，包括把学生指标正式划到我名下，文章挂独立通讯作者等（即使其他老师确有贡献），如果我再不通过Tenure评估，团队就真要散架了。

社会科学类院系也存在类似的情况。一位社会科学类学院的院长说：

> 过去我们老体制教师强调合作，科研发表都是学术带头人作为第一作者，年轻人作为第二或者第三作者，但是这样的科研发表模式无法与新体制人员的独立发表竞争，导致在Tenure评估时没有优势。我们的研究方向特别强调交叉学科的合作，但是其他学校同行的研究方向往往可以独立完成，我们的文章送出去外审，他们一看不是独立作者，给的评价就不高。现在国家强调学科交叉，强调合作，要解决重大问题，但是没有针对合作的客观

公正的评价体系，就会造成国家需求和个人价值选择相背离。

很长时间以来，我国高校教师的评价体系主要是针对个人的评价，其指标往往非常强调个人负责的科研项目和经费，个人在论文中的权重、在科研奖励中的排名等。这样的评价体系以及由此带来的利益分配制度鼓励个人的"孤军奋战"，由于团队的所有创新成果一般由骨干成员特别是团队负责人优先冠名，因此这种评价对于团队中的其他成员特别是青年学者关注不够，不但损害了他们的利益，也严重打击了他们的科研积极性，最终导致高校科研人员不愿意成为团队中的一员，不想为团队的共同成果而努力（张茂林，2011）。就整体而言，高度协作、促进合作的团队更具生产力（Smeby 和 Try，2005），通过合作关系和资源共享可以累积优势，形成强化机制（Collins，1993）。隶属于科研中心的教授比其他非隶属于科研中心的教授更有效率，也更能体验到研究理念和合作的协同效应，他们更有可能成为外部资助项目的主要研究者，因此可以获得更好的资源、更多的科研发表机会和更多与有声望的同行合作的机会（Bunton 和 Mallon，2007）。米哈伊·奇凯岑特米哈伊（2001）在《创造性：发现和发明的心理学》中也指出：我们采访对象中有很多人的灵感来源于他们领域中的现实状况存在冲突，这种冲突只有从其他领域的角度看才会变得很明显。虽说他们并不认为自己跨学科，但他们最好的工作成果却是因为在各种领域的思想获得了交流，他们的历史表明加强专业之间的沟通与跨学科研究对取得创造性成果的重要性。不仅如此，本书第三章的实证研究也证明了合作能够提高聘用科研助理的边际效用，减少人力资源的浪费，但目前阻碍科研合作的主要体制性障碍一方面是过度竞争和不甚合理的业绩评价体系，另一方面是个体合作将牵涉机构之间的利益分割和权责分配。对于个体而言的科研合作，对于机构而言就是联合聘用。学科交叉已成为科研的重要增长点，但跨学科合作就必然会涉及个体所在机构之间关于科研成果的归属和权责利益的分配问题。虽然 A 大学在 2013 年出台了关于联合聘用的实施意见，但仅给出了框架性的规定，在具体招聘执行中涉及的流程设计、工作任务分配、薪酬待遇分担、考核评估、科研成果归属、跨院系学生指导等诸多具体问题都由需要联合聘用的机构共同协商确定。这不仅是技术问题，更是责任问题和关涉人财物的利益分配问题。对于学院领导而言，科研合作的成果主要归属于个人，但与其他学院签署合作协议，协商年终考核责任和绩效分配，商讨研究生指标分配等，不仅需要一事一议，而且责任重大。复杂的现实问题让个体的合作在推进时举步维艰。

第五节　科研助理的视角：职业状况和个人取舍

在模式 2 的知识生产模式下，在呈现金字塔形的 PI 团队中除了需要有进行高深知识生产的研究人员，还需要大量支撑金字塔"底座"的学术助理和行政助理，前者以实操性的工程技术、实验技术人员为主，后者则主要承担沟通协调、组织管理、耗材采购、财务报账、办公杂务等行政事务性工作。布鲁诺·拉图尔和史蒂夫·伍尔佳（2004）指出，与这些管理地位相适应的社会学功能，直接与每个人在事实生产过程中扮演的角色相联系。大部分工作是由那些技术员们承担，他们的任务是进行数据生产，然后，科研人员把这些数据用到他们的报告中。技术员的地位取决于他所从事的实验的多样性和广泛性。负责刷洗玻璃器皿的人的地位显然比那些负责实验全过程或负责记录全部工作进程的人的地位要低得多。

从对人员需求的情况看，教师普遍认为财务报账和沟通协调等行政事务性工作具有稳定性、长期性的特点，因此对行政助理的要求是人员稳定，因为不断培训新人非常耗时耗力。比较而言，对学术助理的需求量更大，但因为他们通常具有专业领域硕士及以上学历，在学生时代就经过专业训练，上手较快，可以容忍其具有一定程度的流动性。某位教师大概评估了一下，他认为是否聘用科研助理主要取决于科研经费的多寡，通常 1 名 PI 有 1 名行政助理就够了，年均科研经费少于 500 万元的教师还可以考虑联合聘用行政助理。而一般教师年均科研经费达到 200 万元及以上就考虑聘用学术助理，经费越多，科研工作量越大，对学术助理的需求量也越大。实际上科研助理的数量也并非多多益善，就算不考虑经费，人多了也需耗费精力进行管理。

> 一开始你要培养新人，让他熟悉环境和工作。人数慢慢多起来以后，就要考虑他们之间关系的平衡、任务分工、待遇差别，还有未来的发展预期，事情就变得复杂起来。如果处理不好，还可能会影响团队的长久发展。我现在甚至需要聘 1 名专职人员来帮我带队伍。

当数量增加到一定程度，如果没有从管理手段上提高人力资源的使用效率，就可能出现边际效用下降的现象。第三章研究的结果也证明了这一点，科研助理对教师科研产出的贡献存在最优聘用规模，并非越多越好。

当被问及如果科研经费紧张，教师会如何进行人力资源配置时，一些教师认为在其新组建实验室的时期，相比学生，其更青睐有经验、有技能、能够直接上手工作的科研助理；而到了实验室发展稳定期，需要大量科研产出时，则需要更多的博士生和博士后。因此科研助理的配备不仅与工作内容、经费多寡和人员规模相关，还受实验室发展阶段的影响。

在市场经济条件下，中国高校事业单位弹性用人与刚性编制之间的矛盾使人事关系出现裂变。国家通过编制管理实现对事业单位人员的配置和调控，按照编制进行核算拨款（朱达明、任玉梅，2007）。对于事业编制员工来说，其利好主要体现在编制内员工的福利保障上，例如有明确的工资标准、公费医疗、住房补贴、福利购房、子女上学等。2010年之后，国家严格控制高校的编制，高校将稀缺的编制主要用于引进教学科研岗位高端人才，那些过去由编制内人员担任的行政和专业技术辅助岗位则主要聘用劳动合同制员工。与此同时，教师对科研助理需求的大幅度提升也触发了劳动合同制用工方式在高校的蓬勃发展。劳动合同制作为一种市场行为，并不享受事业编制的福利待遇，并且劳动合同制员工在高校的薪酬水平一般略低于市场平均水平。与科研人员不同，科研助理较少考虑对科学的可信性的构筑和再投入。从经济学的角度上说，科研助理更像打工者，他们的薪酬回报了他们的劳动，但并不能促进他们对后续科研环节的积极再投入，科研并不一定会给他们带来学术资本和信任积累。尽管如此，这并不会断绝他们利用各种策略改变自己身处学术场域的命运，因此大量的科研助理为了考取博士学位利用在高校工作的便利去旁听各种课程。他们希望科研助理工作在带来工资收入的同时，也能带来不断增长的、可以用来再投资的可信性（布鲁诺·拉图尔和史蒂夫·伍尔佳，2004）。

通过对科研助理的访谈，可将他们的入职动机归为五类。第一类应聘者中意于高校丰富的学习资源和优质的科研环境，将这段经历作为个人追求成功的助推器或者跳板，他们会不用扬鞭自奋蹄，但学有所成之时即离开之时。

> 我本来是考老师的博士生的，第一年没考上，老师让我到实验室里做学术助理，虽然工资不高，我也愿意来，一方面方便将来考博，另一方面提前跟着老师学习，将来也好毕业。

默顿（Merton，1957）提出"自我实现的预言"概念，即：开始时对一个"错误的"情境定义做出预言，该预言引发了新的行为，新的行为使得原本错误的概念变成"正确的"，于是预言者将引用事件的实际过程作为其一开始的预言就是"正确的"的证据（莫里斯·罗森堡和拉尔夫·H. 特纳，1992）。部分学术助理因表现出色，工作一段时间后被教师收为硕士生或博士生，这一方面使得校外考生认为做学术助理是申请学位的捷径，可以提前熟悉教师的研究方向并建立关系；另一方面也让教师认为招聘学术助理是提前筛选学生的手段。为了继续求学，这些学术助理即便工资不高也会努力工作，每年的8~9月是学术助理离职高峰期，部分因考上了硕士生、博士生而转变身份，部分因入学无望选择离开。

第二类应聘者自身的资质和高校给予的薪资待遇基本匹配，他们没有太强的市场竞争力和事业发展的欲望，往往希望学校能为其提供长期稳定的岗位。

> 虽然这些只是工作，没有事业上的发展，可能外面会有更大的事业空间吧，但我不年轻了，已经没有多少市场议价的能力了。

每个人都有追求自身利益最大化的需求，一个岗位长期来看如果无论从生活条件的获取还是自我价值的实现都存在局限性，员工一般有两种选择：离开或者把自己变成更适应这个环境的人，其可能不再以创造价值为目标，而以免责为第一要务，只要不出错，单位就不能把其怎么样。与在普通公司技术岗位相比，高校提供的薪酬水平差距不大。除此以外，还有一些高校特有的隐性福利，例如相对轻松的工作、食堂就餐、旁听课程、工会活动、社会地位等，这些成为他们愿意长期留下来的原因。但在职业发展和个人成长方面，高校既没有提供足够的机会，也难以要求个体有主动追求的意愿。

第三类是能力很强的应聘者，在某个特殊的时期需要找一份有更多闲暇时间的工作，有寒暑假的岗位更加契合他们的需求，他们驻足的时间不长，一般1~2年即离开。

> 家里有两个孩子，小的刚上幼儿园，我想着有一段时间的过渡，就来这里试一下。离职是早晚的事，就是为了保持自己的市场价值。

这类应聘者就是想保留一种"我还在职场"的状态，等到时机成熟就掉头离开。

第四类应聘者可能在企业工作过很长时间，对生活的追求开始转向安逸，高校能够为其提供较好的名声，在体制的庇护下选择向生活"低头"。他们有一定的能力和经验积累，但通常比较缺乏主动性和进取心。一位被访者毕业于A大学，在企业工作至35岁后回校做劳动合同制员工。

> 大学的员工在外还是比较有社会地位的，我父母是特别传统的公务员，我在企业干让他们在亲戚朋友面前很丢人，在大学工作，他们跟亲戚朋友提起来都觉得很有面子。

第五类应聘者多少带有理想主义的情怀，他们可能是与高校的精神气质最契合的人，相较于个人收益，他们更在意通过对他人、学校或者社会的贡献来实现个人的社会价值，作为一个无法脱离真实世界的人，他们常常在精神追求与客观现实之间煎熬。

> 我之前在媒体和NGO工作，很热闹但沉不下心来做某一

个领域的研究。W 老师发起了一个乡村教育振兴论坛，她觉得我们有责任把这个事情做起来，创造一个学术机构、NGO、政府和企业沟通的平台，给出政策性的建议。W 老师希望我能够承担这样的工作，这也是我留下来的原因。我的工作是学术助理，这个工作做久以后会觉得没有太大的成就感，因为所有的内容你都能 hold 住，没有挑战性，从长远的职业发展来说是有局限性的。除了工作，我组织了一个妈妈读书会，有 3 年多了，在某种程度上可以缓解在职场上没有空间的焦虑感。

当这个群体中大部分求职者的动机不是追求安逸就是将其作为跳板时，无论是管理者还是员工本人都不会重视这支队伍的建设，其"自我实现的预言"就是：这支队伍不重要，这个岗位没发展。当被问及学院对科研助理是否统一管理时，员工的回答差异较大，管理规范的院系有统一的岗前培训，并且设置了考勤、考核、薪酬体系、奖惩规则和晋升机制等一系列相关规章制度，日常的管理也统一由学院组织。但也有个别院系对教师聘用的科研助理采取基本完全放权的状态，对于学校要求的规定动作，交由 PI 自行完成，学院仅扮演"二传手"的角色，甚至有些学院对于教师所聘员工的工作内容、是否到岗都不清楚，往往到发生重大劳动纠纷时才开始介入。大部分院系处于以上两种极端所构成连续谱系的中间状态，虽然学校要求对劳动合同制员工的管理必须主要依托院系，但哪些管、哪些不管，各院系根据自己的状况和对此问题的认识有不同的安排。

脱胎于计划经济体制的事业单位，早期在国家事业编制的严格控制下进行人员管理，所招聘的员工具有事业编制，人事关系的运行和调整主要采取行政手段，体现的是国家人事行政管理机关对事业单位及其工作人员的一种具有利害关系的行政关系（朱达明等，2007）。随着事业单位快速发展，固有的编制已经无法完全满足其用人需求，2008年颁布的《中华人民共和国劳动合同法》指出："事业单位……与其建立劳动关系的劳动者，订立、履行、变更、解除或者终止劳动合同，依照本法执行。"为事业单位以市场的方式聘用劳动者提供了法律依据。但劳动关系管理的核心是明确劳动合同双方当事人的权利义务，保护劳动者的合法权益。劳动关系中单位既没有以行政手段约束劳动者的权利，也缺乏事业编制所附带的隐性福利用于吸引劳动者。加上《劳动合同法》本身倾向于保护劳动者的立法意图，使得事业单位和劳动者之间在制度上天然存在一种隔阂与对立的状态。从对国内高校的调研情况看，这种状况具有一定的普遍性。许多高校对于合同制员工队伍的定位和建设抱着矛盾和探索的心态（林心颖，2019），一方面认为其不可或缺，另一方面由于合同制员工的"自我实现的预言"以及《劳动合同法》对劳动者权益的倾向性保护，高校担心再次陷入类似计划经济体制下"能上不能下，能用不能辞"的僵化被动局面。这种割裂的制度背景迫使许多高校不得不尽量规避签署无固定期限劳动合同，甚至采用劳务派遣的用工方式，这在一定程度上加剧了科研助理队伍的不稳定。对于教师聘用的科研助理，院系常常不想管，也管不了。科研助理的薪酬通常来自教师的科研经费，课题的阶段性和不稳定性进一步造成这些岗位也不稳定，相应地高校和院系对其培训和职业发展就考虑较少。某院系管理者说：

> 老师自己聘的（科研助理）不好管，工作职责首先不清晰，老师派啥活就是啥活。其次老师自己出资，学院管多了老师会说要不学院来出资聘助理？

员工说：

> 我和老师认识十几年了，他跟我老公是一个地方出来的。说近邻远亲什么的都是沾亲带故的样子。因此工作中会有完全的信任和默契。

A大学在执行Tenure评估以前，每年将职称评审的指标分配给学部，由于学部需要考虑各个学院之间的平衡，因此真正的决定权在学院，学院能够决定教师的职称晋升，对教师个体具有较大的影响力和控制力。采取Tenure评估之后，教师的职称评审结果在很大程度上取决于教师自身的学术产出和同行评议，现有评价体系下院系对教师的影响力削弱了很多，无论是在教师间分配科研助理指标还是监督教师管理自己的科研助理，都存在重重障碍。对于薪酬待遇完全由PI个人科研经费承担的科研助理，他们的职业前途又可能与PI的态度密切相关，这无形中就造成了PI与科研助理之间除工作关系之外还多了一层紧密的人身依附关系，而院系就像收取管理费的平台一般，除了其中潜在的管理风险、财务风险和用工风险，对于科研助理队伍的整体建设和长期发展也非常不利。

虽然事业单位与企业相比，其更好的工作环境和更加完善的保障使劳动合同制的科研助理产生了较强的外部优越感，但与事业单位内从事同类型工作的事业编制员工相比，他们的待遇和回报还是存在一定差距，特别是缺乏长期的激励和职业生涯发展路径，这极大地影响了科研助理的工作积极性，他们的专业性也因此大打折扣。两位留学回国的教师比较了中美两国科研助理的情况。

> 美国国家实验室收150%的服务费，就是说你花100美元，需要给学校150美元的服务费，但他们提供的服务非常好，你只

管做科研，其他什么都不用管，包括各种统计报表都有专业的服务团队帮你做。

国内这两年科研助理数量开始多起来，这是件好事，可以帮老师节约部分精力，但是我觉得国内的科研助理在专业性上还弱一些。国外把它看作一个专业性很强的岗位，比如我在国外研究所的时候，有一个 60 多岁的老太太，她当了一辈子的行政助理，处理问题非常高效，研究所里几十个 PI 的事情，包括召开会议、发邮件协调等她都能够自己全部处理了。但是我们的行政助理确实没能做到这么专业。

科研助理是近 5 年来随着国家增加对科研经费的大量投入而快速发展起来的一支队伍，但目前还停留在数量的快速增长阶段，对这支队伍质量的提升尚缺乏足够的重视和有效的措施，"用数量换质量"的阶段在一定程度上造成了人财物的浪费。一个看不到发展前景的职业很难留得住能干的人，也难以让在岗的人全身心地投入。教师一方面不希望学校或者学院过多干涉或插手他们对科研助理的聘用；另一方面又希望"学校能组织财务、科研等方面的业务培训，他们（科研助理）的工作经常要对接学校各职能部门，各方面的要求特别复杂，政策还经常变，没有培训，他们就需要长时间的摸索"。PI 与科研助理之间除工作之外过于紧密的依附关系、院系层面统一管理和有力监督的缺失、学校的管理思路和措施的难以落地等都可能促成 PI 团队公司化的运营模式，降低科研助理对科研生产力的贡献率。如果行为主体各方都"权责不对等"，科研助理制度必然只能停留在低效而高风险的状态下。科研工作作为一个整体是持续而稳定的，对科研助理的培训，特别是针对工作内容具有相通性的行政助理的培训应该由学院或学校统一组织和管理。设立科研助理职业发展的通道，培养专业、稳定的服务队伍才能真正对科研工作起到高质量的支撑作用。

第六节　学院的视角：学科差异和价值取向对指标分配的影响

尽管配备科研助理能够提高科研生产效率已成为学界的普遍共识，但在高校内部治理的场域下，配备过程并非一帆风顺。大学是"底部沉重"的社会组织（伯顿·R. 克拉克，1994），学院或系是大学职能的直接承担者和各项活动的直接组织者，是实现大学发展目标的基本组织单位，是学术的心脏地带。对于劳动合同制岗位招聘的申请，只有学院才可能真正了解每位教师的科研进展、课题组人员配备、课题和经费的申请情况等。因此学校根据校园空间、经费约束和学科发展需求在所有申请的学院中分配指标数，由学院根据本院教师申请情况自主决定岗位分配也许是相对科学、合理的方案。但实际情况是，不同学院甚至同一学院的不同领导对该方案持有的态度都迥然不同。

当被问及学院能否对申请的岗位进行排序或者筛选时，某学院领导说：

> 我们没法排序……我们知不知道？知道。敢不敢说？不敢说。没有哪个院长书记敢说这个实验室重要，那个实验室不重要，给他不给你，没有人敢这么说……都是教授，这个水平真的也是区别挺大的，但是我不能说你行他不行，对吧？

另一个学院领导说得更加直接：

> 这（排序或筛选岗位）我肯定干不了，我肯定不干。你要这样（硬性安排），我肯定就找校长，这我真的没法干！

与之形成鲜明对比的是另一学院院长说：

这样挺好，给我们指标数就行，我们自己分配岗位。

还有一位学院副院长说：

这次还是你们（学校）来分，但从常态化来说，我们倾向于把这个指标每年在固定的时间告诉学院，学院来考虑在不同的部门进行分配。

当被进一步追问为什么这次学校分，常态化后由学院分时，这位副院长说：

因为（这次）从学院到具体的老师，都不知道学校的政策调整，在不知情的情况下，学院从中间拦一道，老师会有很大的意见，对吧？作为一个临时性措施，我们一定要让所有人提前知道政策或者相关的规则，但作为一项常态化工作，学校定指标、学院分配符合工作的科学安排。学院每年都有比较稳定的用人计划，有了学校下达的指标后，我们会根据指标，结合现实的需要在不同的部门间进行规划。不好的方面是学院要担一些责任，有一定的纷争，学院内部就得把它消化掉；好的方面是只有这样才能及时地或者是长远地规划好，把人用到急需的岗位上，否则大家会心神不定，不利于工作的开展。

造成各学院不同态度的原因有两个，首先是学科差异导致学院面对的矛盾不同。学科研究范式的不同使得 PI 对科研助理需求存在很大的差异。理科中以科学实验为基础的学科如生命科学、化学和物理通常对学术助理的需求量大。如生命科学学院饲养了近 2 万笼小白鼠，平均每 500 笼小鼠就需要 1 名专职饲养员，此外还需要大量实验技术员、公共实验平台的操作员等，这些还不包括 PI 个人聘用的科研助理。一位生物学方向的 PI 说：

> 我们需要做大量的实验，虽然很多是重复性操作，但需要不间断地定时观察和记录，有时候观察时间排在凌晨 3 点多，不聘专人是不行的。

该学院还有一个全校性的公共实验平台，维护和运营该平台也需要大量的实验技术人员。一位化学学院的行政人员说：

> 教师聘用的学术助理主要工作内容是辅助科研，包括具体开展实验、记录结果、处理数据、撰写学术论文，也承担一些与课题相关的事务性工作，比如撰写课题进展报告、结题验收报告等。

当被问及撰写学术报告的质量如何时，这位老师介绍说：

> 学院的学术助理大部分是本院的本科毕业生或博士毕业生，为了继续深造或在找工作的空窗期过渡一下，所以水平肯定比同类没毕业的本科生或博士生强一些。

在研究生招生名额受限的情况下，学术助理成为补充生源不足的一种渠道。工科的情况与理科有很大的不同。一位工科的 PI 说：

> 我们不但要有文章，还要有应用、有技术转化，要有一些和

企业的合作，搞技术推广。比如我们有位老师参加职称评审的答辩，评委说你光抓了文章，你是搞技术的，搞工程的，怎么这方面没有啊？要运行一个工程，需要的人手多，有时候在现场一待就是大半年，和企业对接，做市场推广，学生不愿意做，也做不了。我们就得聘科研助理来干。

一位工科的老师说：

工科特别强调人数，人数即决定了产出。我们工科的成果为什么不如竞争对手，一方面就在于我们的科研团队规模比对方小得多。

虽然科研助理对工科教师的科研发表很重要，但第三章的研究发现，他们对工科教师科研发表的贡献小于理科教师，通过针对教师的访谈获知，由于工科更贴近市场，工科的科研助理在劳动力市场通常容易就业，但工科教师招到高素质的科研助理相对不容易。除此以外，工科要求科研助理的工作内容更偏向于沟通协调等与企业对接的工作，与科研发表的直接关联小，这可能也是科研助理对工科教师的科研发表的贡献不那么突出的另一个原因。理科中以逻辑思辨为主的学科，如数学，对学术助理的需求量不大，只要少量的行政助理统一协助财务报账即可。社会科学和人文科学中需要采集大量数据和资料并进行数据分析的学科对学术助理的需求量通常很大，而偏向理论的社会科学因为研究成果主要取决于教师个人的学术积累和思辨能力，也不需要太多科研经费，科研助理能起的作用非常有限，因此对聘用科研助理就没有太大的需求。一个社会科学的教师说：

社会科学不一定非得配一个在职的学术助理，通过别的方式也能解决，一些虚体中心聘科研助理，主要是维持中心运行，包揽所有行政打杂的事，和科研没有直接的关系。

而以文史哲为代表的人文科学，科研发表更多依靠教师个人的积累和天赋，这方面有些类似于偏理论的社会科学和理科中的数学专业，因此对学术助理的需求量不大。对于行政助理的需求，各个学科之间有较大的相似性，行政助理主要负责处理各种沟通协调、财务报账等行政事务性工作，不可或缺但又无须太多。总体而言，工科以及理科中从事实验研究、交叉学科、面向国家重大需求和解决民生实际问题的应用方向的 PI 对科研助理的需求量，远远大于以思辨为主的理论基础学科和社会科学、人文科学的 PI 对科研助理的需求量。调研发现，教师对科研助理的需求越迫切，指标竞争越激烈，矛盾冲突越大，学院领导就越倾向于不参与指标的分配，而基础理论学科和社会科学、人文科学的 PI 对科研助理需求量小很多、压力较小，这些学院领导抵触的情绪也小一些。

如果我们将学院领导对自身处境的权衡和对学院作为一个整体的权衡做出区分，就比较容易理解他们为何对指标分配持有截然不同的态度。近年来，中层干部年轻化的现象在国内高校越来越普遍，一些学术新秀进入"双肩挑"队伍，甚至承担老牌学院的院长之职，但是当其真正行使院长职权时，其所受到的无形约束非常多，常常心有余而力不足。某位老师说：

> 现在整个学校各院系的院领导普遍年轻化……很多人在这个位置上，所谓在其位不谋其政，他没法谋，也没能力谋。现在是做事之前先做人，先保证自己免责，还要保证未来我做自己事情的时候，你别为难我，对吧？因为很多都是"双肩挑"。院长、副院长我可能只干4年，教授我得当40年，对吧？

是否愿意接受由学院来分配指标也取决于院领导在学院中的个人威信和掌控能力。并且，当院领导自己有招聘科研助理的需求或没有这方面需求时，他们对是否由学院来分配指标的态度也是不同的。把学院作为一个整体进行利益权衡时也需要具体分析。一些学院对于完善规章制度、规范员工管理，尤其是对 PI 自己聘用的合同制科研助理的管理的热情不高，由于工资完全由 PI 的课题经费出，学院没有途径也没有热情参与 PI 对员工的管理。特别是对于那些还未进入长聘通道的教师，他们自己能否最终留下都未可知，如果他们将来离开学校，而他们聘用的科研助理又无法解聘的话，学院就必须作为最后的"接盘侠"，做好妥善安排。因此对于通过经费冻结、合同条款约定等方式将用工风险限定在课题组内，防止学院成为最终的责任承担者方面，学院领导表现出很高的关注度和积极性。使用上的不方便在一定程度上造成这些学院的 PI 虽然对科研助理有旺盛的需求，但由于掣肘过多，实际聘用人数并不多。

当学院的行政岗位和 PI 的科研助理岗位同时申请合同制指标时，学院往往更加强调学院行政岗位的重要性和紧迫性。可以看出当把学院作为一个整体时，学院与教师之间的利益既有统一的一面，又有冲突的一面，两者既可能达成一致也可能相互背离。统一的方面体现在与其他学院共同向学校争取指标时，每个学院都强调本院教师科研的重要性和申请岗位的紧迫性；冲突的方面体现在当学院自身有用人需求时，学院常将自身需求摆在教师需求之前。对教师在用人过程中可能产生的风险，部分学院的态度倾向于隔离风险而不是采取管理措施防范风险。站在教师的立场考虑，如果身处一个与学校有更多谈判资本的大院系，教师通常能够比其他学院教师争取到更多的机会，但是当感觉到由学院分配指标自己的胜算不大时，有些教师也会越过学院直接与学校相关部门沟通，希望学校能够特批专项指标。学院和教师个体均依据外部环境和自身条件，选择最合适的行动策略。Lase 和

Hartijasti（2018）提出，部门领导的领导角色与团队的科研产出没有直接对应关系，但其对部门的治理产生积极或消极的重大影响；良好的部门治理能够帮助教职员工提高科研生产力，因此领导特征以部门治理为传导机制实现科研生产力的提升。

第七节　大学的视角：内部治理结构对指标分配的影响

上述种种现象体现的是学校和学院在权责上的边界不清。自2010年《国家中长期教育改革和发展规划纲要（2010—2020年）》提出"完善高等学校内部治理结构"以来，试点院校将推进校院管理体制改革作为现代大学制度改革突破口，其目的在于通过校院两级分权，实现管理重心进一步下移，完善高校内部治理结构，从而充分调动基层学术组织的积极性（余倩，2019）。

高等教育治理的核心是决策权力的分配问题。汉森（Hanson，1998）认为，教育分权指决策权威、责任和任务在组织之间从较高层次向较低层次的转移。马丁（Martin，1999）看来，教育分权则是指将更多的教育决策权下放给地方或学校。蒋凯（2014）将其总结为高等教育权力从较高的层次转向较低的层次。它包括三个层次的权力分配：一是宏观层次的治理，核心问题是如何配置政府与大学的学术权力；二是中观层次的治理，核心问题是大学决策权如何分配；三是微观层次的治理，核心问题是如何配置学校与院系的权力（周光礼，2014）。我国高校的校院两级管理体制脱胎于计划经济时代，长期以来大学内部的组织架构与政府机关高度同构，呈现校院两级权责不匹配——权力高度集中在学校，学院等基层学术组织权力缺失。权力上移，责任下移，权责失衡严重抑制了基层学术组织的活力。上海交通大学原校长、中科院院士张杰认为，"'校办院'体制在特定历史时期起到了强力调配资源、促进学校发展的积极作用，如今随着高校办学规模扩大,这种模式已不利于发挥学院的活力"(董少校,2016)。

按照制度变迁的视角,国家政策主导着高等教育管理体制和大学治理的演变,也主导着大学院(系)治理的演变(张德祥、方水凤,2017)。1949~1989年,我国高等教育管理体制可以划分为以下五个时期:中央集权高教管理体制的确立时期(1949~1958年);高教管理体制由集权到放权的改革时期(1958~1963年);由放权到收权的调整时期(1963~1966年);"文化大革命"中的再次放权时期(1966~1976年)和拨乱反正后的高教管理集权时期(1977~1985年)(李庆刚,2001)。最终酝酿中央和省级政府两级管理、以省级政府管理为主的高等教育管理新体制(马陆亭,2008)。与高等教育管理体制变迁对应的是这个时期中国大学院(系)领导体制也相应地经历了集权、放权的五次变更:1949~1956年全面学习和借鉴苏联,执行系主任(院长)负责制;1956~1961年系党总支委员会领导下的系务委员会负责制;1961~1966年采取以系主任为首的系务委员会负责制;1966~1976年"文化大革命"期间执行军、工宣队代表的"三结合"领导小组负责制;1977~1983年是系党总支委员会领导下的系主任分工负责制;1983~1989年又回到系主任负责制。总体而言,高等教育管理体制的变动受当时国家政治、经济、社会环境变化的影响,同时又决定了大学内部院(系)领导体制的变更,从国家政治体制和高等教育管理体制之间的相似性,能够更清晰地看出它们之间强制性趋同的逻辑:"组织为了增加其合法性和存活的希望,被驱使采纳由社会上组织和制度盛行的概念定义的惯例和程序",1989年国家教委召开全国高等教育工作会议,明确了设立党委领导下的校长负责制更适合高等学校的实际情况(苏渭昌等,2013),1990~2009年院系治理也相应确定了"党政联席会议制度"。2010年《国家中长期教育改革和发展规划纲要(2010—2020年)》吹响了

"完善高等学校内部治理结构"的号角。北京大学等26所部属高校被确立为国家教育体制改革试点单位,围绕"完善高等学校内部治理结构"进行探索。2011年《高等学校章程制定暂行办法》提出要"依法完善内部法人治理结构""科学设计学校的内部治理结构和组织框架"等。2013年,党的十八届三中全会通过的《中共中央关于全面深化改革若干重大问题的决定》第42条明确提出,完善学校内部治理结构。如果说上述政策规章尚是原则性要求,那么2014年国家教育体制改革领导小组办公室专门下发《关于进一步落实和扩大高校办学自主权完善高校内部治理结构的意见》则明确了"完善高校内部治理结构"的方向。2015年的《教育部关于深入推进教育管办评分离促进政府职能转变的若干意见》、2017年的《教育部等五部门关于深化高等教育领域简政放权放管结合优化服务改革的若干意见》无疑体现了政府部门对变革的"推动力"。"双一流"建设启动后,《统筹推进世界一流大学和一流学科建设实施办法(暂行)》强调,要完善内部治理结构,形成调动各方积极参与的长效建设机制。《关于高等学校加快"双一流"建设的指导意见》强调,要规范高校内部治理体系,推进管理重心下移(张衡、眭依凡,2019)。

经过十几年的改革,全国高校在"管理重心下移,完善内部治理结构"方面虽然有了长足的进步,但普遍还存在以下问题。首先,学校与院系权责不对等的情形客观存在,突出表现在学校"有限放权"与院系"接管乏力"之间的矛盾。学校在扩大院系自主权的过程中,基于对院系用权能力的不信任,选择性地向院系下放部分权责,更多地将以事权为主的事务性、日常性工作转移给院系。院系在承接权责的过程中,认为财权、人权和重大事权仍然集中在学校,自己的行政事务性负担却日益加重,因权责不清而出现接管不力、运转失灵等情况。总体来说,校院两级权责处于"不敢放、放不下"和"不敢接、用不好"的胶着状态(谢峰、宋彩萍,2017)。其次,院系承接权责的能力较弱。除了以上提到的"有限放权"的原因，院系还可能因行政管理队伍视野的局限，不能站在学校全局的层面思考问题。具体表现为部门利益优先，所提出的需求超出学校资源承受的范围；对学校的整体政策了解不够透彻，对已经下放的权力不懂得运用；在一线工作直面矛盾时缺少足够的担当等。在获得权力的同时也意味着责任的增大，而院系倾向于将"矛盾"上交，只想做"加法"，不敢做"减法"（延立军，2019）。最后，学术共同体碎片化。在新公共管理理念的影响下，许多国家将"经济"、"效率"和"效能"作为目标，对大学学术工作进行管理（Milliken，2004），引入市场竞争机制、绩效评估等理念，使用表现主义的评估和量化的考核要求，促使大学教师在短期内取得可见的、可测量的成果。其结果是校内教师的竞争加剧，同行间的深度合作断裂，分系列职称评价体系下每一位教师都成为竞争中独立的个体，课题组运行公司化，学院管理平台化，使绩效成为工作的"指挥棒"。在科研助理岗位的招聘上呈现教师间联合聘用变得困难的情况，能否争取到指标可能直接关涉教师的科研绩效和职称评审，学院分配指标的难度加大。

按照帕森斯的观点，系统的良性运行需要满足两个先决条件（郭书剑、王建华，2016），既要有系统适宜生存的外部环境，又要具备维持系统整体功能的内部运行模式与规范。院系治理结构运转失灵，可能是因为高校的体制机制环境较差，也可能是因为还未建立起与院系治理结构相配套的内部运行模式与规范。学校和学院一方面具有共同的目标——创建"双一流"；另一方面亦存在相互背离的动机——学院希望争取到更多的资源，学校希望学院能够有更多的担当。普费弗提出，组织政治是指组织行为主体借助对权利及其他资源的获取、加强及使用，以便在情况不明、环境不确定或意见不统一的情况下，获得其想要的结果。引发组织政治行为主要有以下几个因素。（1）模糊性。如果组织缺乏明确的目标、政策与规章，决策程序和决策标准不清晰、不公开，因为担心利益受损，人们就会积极开展行动。（2）竞争程度。如果个体或群体在稀缺资源、晋升机会等方面竞争激烈，尤其是在一方得另一方必失的情况下，组织政治行为就容易发生。（3）自私自利的管理层。如果组织管理者自我监控能力弱，以较低的管理技能与错误的管理方式形成一个低信任度的工作环境，就会诱发员工政治行为（李硕豪，2011）。在格雷戈洛特（Gregorutt，2008）的实证研究中，那些被访谈的成功研究者证实：一个具有激励氛围的制度环境能够帮助他们发展出更高的生产力水平。佩里等人（Perry, et al., 2000）也证实了这一发现，认为制度环境是新聘科研人员提高科研产出的关键因素。

A 大学在劳动合同制岗位申请审核制推行的三年中，经历了学校和学院之间相互协商、妥协和习惯改变的过程。教师习惯了过去想招人马上就能招、想招什么人就可以招什么人的招聘方式，对现在既要申请又要审核的流程不适应，学院也通过各种渠道向校领导反映困难。但是几番"较量"下来，大家渐渐看清了学校虽然在指标数量、批复节奏上做出各种让步和妥协，但优化队伍结构、聚焦主责主业、杜绝不正当用工的决心异常坚定。从实际批复情况看，通过审核的岗位大部分是直接服务于科研一线的科研助理岗，且集中于国家和学校重点投入和扶持的学科方向。学院和教师在新的秩序和格局下慢慢习惯了新的管理模式。一方面，合同制员工队伍的结构得到明显优化；另一方面，学校进一步加强与学院的对话和沟通，学院采用各种正式和非正式途径在指标批复前向学校介绍申请人的科研进展情况和实际需求，虽然这与将指标批复给学院，由学院进行集体决策还存在差距，但相对于当初完全拒绝分配的态度已有很大不同。一年之后，部分管理条件较好的院系开始尝试接受指标包干，年初学院根据当年的工作计划和学校协商当年的包干指标，包干范围内何时分配、分配给谁、如何分配均由学院自行决定。经过两年多的实践发现，采取指标包干的院系往往最终对指标的分配更加合理、高效且节约，在试点院系的带动下，越来越多的院系开始尝试指标包干，二级院系自主分配和调节的意愿、能力都得到了很大的提升。同时，PI 对科研助理的招聘变得慎重，如果没有合适的人选，他们宁愿指标空置，也不再将就。当指标较少且审核严格时，过去那些为个人谋私利的非正常用工也渐渐"浮出水面"，最终在严格审核和相互监督的机制下被挤出学校。三年来 A 大学劳动合同制员工在总量减少了近 500 人的情况下人员结构得到了进一步优化，不但科研助理所占比例在稳步上升，员工的学历层次、年龄结构、岗位分布也不断得到优化。A 大学这项人事制度的推行折射了在外部环境作用下，院校治理结构改革和人事综合改革不断调整和探索的过程。

第八节 科研助理助力科研生产力的效力分析

经过以上各章节的逐级分析，本书已经基本勾画出科研助理制度在中国高校发展的现实脉络及其助力理工科教师科研生产力提高的传导机制，由于高校内外部治理结构存在的问题，要充分发挥科研助理这支队伍的效能，在制度层面依然存在许多需要进一步完善的地方。本节将从科研助理制度发展的现实脉络、助力教师科研生产力提高的传导机制以及科研助理队伍建设中存在的问题等方面进行小结。

一 科研助理制度发展的现实脉络

科研助理制度的兴起和繁荣一方面源于制度变革，另一方面也是教师内在需求的必然结果。2010 年之前，教师的科研经费相对有限，加上国家对于科研经费中劳务费的比例限制和使用监管非常严格，教师能够用于聘用科研助理的劳务费不足。因此除了个别经费特别充裕的教师可以聘用少量科研助理，大部分教师在承担科研工作的同时需承担大量行政事务性工作。2010年前后，为了缓解2008年国际金融危机对高校毕业生就业的巨大影响，国家首次从政策层面积极呼吁在高校和科研院所设立科研助理岗位，以此解决毕业生就业问题。与此同时，随着国家对科研经费投入的增加，教师在科研任务增加的同时，可支配的劳务费也有所增加。由于基础性科研准备工作有研究生协助分担，更多的教师首先选择聘用行政助理，将部分行政事务性工作（如财务报账、沟通协调等）剥离出来，交给行政助理完成。随着科研经费资助方式和PI制的广泛推行，为了在激烈的科研竞争中胜出，愈来愈多教师积极地参与对各种纵、横向课题的竞标。随着科研任务日益繁重，教师的时间被锁定在由政府或行业资助的有时间限制的项目当中，有限的研究生也不足以分担基础性科研准备工作，过于沉重的行政事务性工作负担与教师时间资源稀缺的矛盾日益突出。为了应对这一问题，2014年国家放开了科研经费中劳务费的比例限制，使教师可支配的劳务费变得更加充裕，除了聘用行政助理，教师也开始增加对学术助理的聘用，将科研中的基础性准备工作，例如实验操作、数据整理等工作交给学术助理完成。因此，经费是影响教师聘用科研助理的重要因素，经费多寡既代表科研任务的多寡，又决定着教师是否有聘用科研助理的资本。从访谈可知，通常理工科教师年均科研经费超过200万元，即需要聘用学术助理；年均科研经费超过500万元，单独聘用的行政助理的工作量即能达到基本饱和。此外，在实验室新组建的阶段，教师也更青睐有经验、有技能且能够直接上手工作的科研助理；当实验室发展进入稳定期，需要大量学术产出时，对博士生和博士后的需求量更大。当然，聘用行政助理/学术助理的优先次序取决于教师的科研需求、学术团队的组成以及经费的情况。以A大学只聘用1名科研助理的理工科教师为样本进行描述性统计发现：在经费有限的情况下首先选择聘用行政助理的教师要多于首先选择聘用学术助理的教师（见表 4-1）。随着制度环境的变化，聘用的优先次序也在发生变化，2014 年国家放开科研经费中劳务费的比例限制以前，首先聘用行政助理的教师多于聘用学术助理的教师；2015 年劳务费渐渐变得充足之后，首先聘用学术助理的教师开始增加，但绝对值仍然小于首先聘用行政助理的教师；直到 2019 年，首先聘用学术助理的教师数量才超过聘用行政助理的教师数量。这一现象可能表明在资金有限，难以同时聘用行政助理和学术助理的情况下，更多教师会首先聘用行政助理，这也可能是因为一方面学术助理的工作可以让研究生做，另一方面行政助理的聘用成本通常低于学术助理。

表 4-1 仅聘用一种科研助理的教师情况分布

单位：人

年份	聘用行政助理但没有聘用学术助理的教师人数	聘用学术助理但没有聘用行政助理的教师人数
2010	40	25
2011	47	41
2012	56	48
2013	63	57
2014	75	46
2015	74	70
2016	77	72
2017	82	74
2018	88	74
2019	95	96

二 科研助理助力科研生产力提高的传导机制

一方面，科研助理对教师科研生产力的贡献源于劳动分工提高生产效率的原理，通过教师将科研工作中简单、重复且标准明确的工作分离出来，交给科研助理完成的方式实现。其中行政事务性工作由行政助理完成，基础性科研准备工作由学术助理完成。从行政助理和学术助理的职责分工可以看出科研工作中的劳动分工，例如某行政助理的工作任务是"项目的日常管理和课题协调；技术资料归档；财务管理和合同管理；野外测试实验组织和协调"。而某学术助理的工作任务是："乳鼠心肌细胞分离；细胞培养间的 CO_2 气体的更换与订购，桌面的卫生以及超净台，水浴锅及培养箱的管理；实验动物的管理与基因型鉴定；试剂耗材的归类整理；协助博士后和研究生等完成日常的实验操作。"现有研究普遍认为缺乏足够的工作时间是高校教师进行研究的主要障碍，科研助理对科研生产力的作用机制在于使教师不用分心于从事行政事务性工作和基础性科研准备工作，从而提高教师对时间的利用效率。科研助理的专业能力和独立性越强，教师就能够节省越多的时间专注于解决科研中的核心问题和突破性问题。

另一方面，科研助理制度符合社会分工理论和劳动力技能互补性假说。从专业分工的角度看，复杂劳动者从事简单劳动的效果往往还不及简单劳动者，因为简单的任务通过重复性操作能够提高效率和准确率，同时劳动分工也可以通过减少同一个体在不同工作中转换的时间来达到提高劳动生产率的目的。例如，经过专门财务培训的科研助理比教学科研人员更加擅长追踪和记录科研经费的使用情况。此外，科研助理除了直接提高教师对时间的利用效率，博士后对教师科研发表质量的贡献有 6.2% 是通过科研助理的辅助工作来实现的；博士生对教师科研发表质量的贡献也有 2.5% 是通过行政助理的辅助工作来实现的。由此可见，科研助理通过辅助研究生和博士后的科研工作达到间接提高教师科研产出的效果。由于单独服务于一位教师的行政助理的工作量常常难以饱和，实践中多位教师可以通过联合聘用行政助理的方式提高行政助理的工作饱和度以实现人力资源单位效率的提高。因此科研助理对科研人员的助力不仅在于提高其时间的利用效率，还在于通过劳动分工提高有组织科研的整体效能。科研助理对科研生产力的作用机制见图4-2。

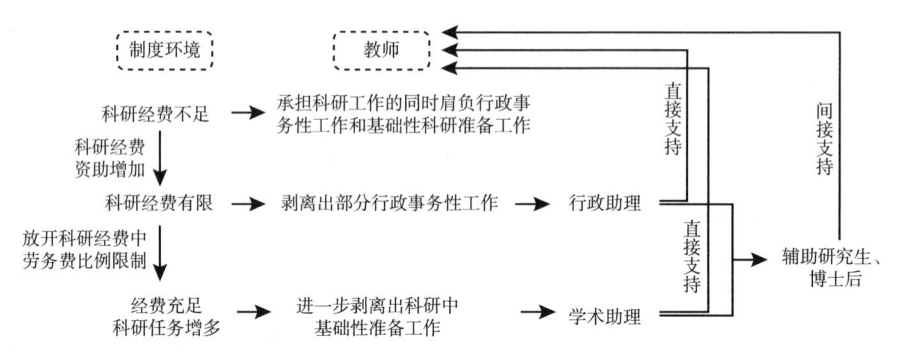

图4-2 科研助理影响科研生产力的机制分析

科研助理聘用数量与教师科研发表数量和质量之间均是倒U形的关系，存在最优聘用规模。边际报酬递减规律指出，当增加变动要素投入量而保持其他投入不变的情况下，产量达到某点后继续增加变动要素的投入会引起该要素边际报酬递减，科研助理聘用数量对教师科研发表数量和发表质量的回归模型［表3-4的模型（3）和表3-5的模型（7）］从定量角度证实了这一点。

除了聘用规模，科研助理对教师科研生产力的影响也呈现学科的异质性。科尔布和比格兰将学科分成了"纯硬科学"、"应用硬科学"、"纯软科学"和"应用软科学"四类，分别对应A大学的理科、工科、人文科学和社会科学。比彻对这四类学科的特点进行了总结："纯硬科学"注重普遍性，用量化方法，强调客观性，不受个人价值倾向的影响，有清晰的正误标准，对现有和未来所要解决的重大问题能够达成共识。"应用硬科学"的知识发展目的性强，注重实用性，注重对物质环境的把握，定量和质性研究方法相结合，判断知识的标准具有目的性和功能性。"纯软科学"的特点是注重细节、质量与复杂性，具有受个人价值观影响的主观性，对知识的确认标准和知识的陈旧标准存在争议，就所需解决的重大问题缺乏一致意见。"应用软科学"的特点是具有实用性和功利性，注重实践；在很大程度上使用个案研究和判例法。由于学科之间的异质性以及研究范式的不同，科研助理对教师科研产出的贡献无论在大小和方式上都存在较大的差别，因此不同学科的教师在聘用科研助理的数量和类别上也呈现很大的差异性。对比以上四类学科所具有的特征可知，首先，"纯硬科学"和"应用硬科学"比"纯软科学"和"应用软科学"具有更强的客观性和更加明晰的正误标准，更多采用定量的研究方法。这些特征使得教师可以将部分简单的、重复的且标准非常清晰的工作单独剥离出来，分配给科研助理完成；而具有主观性、受个人价值观影响，对知识的确认标准和知识的陈旧标准存在争议的"纯软科学"显然只能由经过长期且专业学术训练的教师独立完成，如果交给科研助理完成，其质量往往难以把控。其次，"应用硬科学"和"应用软科学"比"纯硬科学"和"纯软科学"更注重实用性和功利性，研究方法强调实践，在进行科学研究的同时就不可避免地需要与学术圈之外的社会人士打交道。研究范式的不同使得"应用硬科学"和"应用软科学"在聘用科研助理时更青睐擅长沟通协调的行政助理，而"纯硬科学"则更看重具有专业技能的学术助理。从 A 大学的实践来看，理科和工科聘用的科研助理数量多于社会科学和人文科学学科。其中，工科人均聘用的科研助理多于理科，社会科学再次之，人文科学最少。理科中以科学实验为基础的学科通常对学术助理的需求量大，如生命科学、化学和物理。学术助理的工作内容包括开展实验、记录结果、处理数据、撰写学术论文，同时也承担一些与课题相关的行政事务性工作，比如撰写课题进展报告、结题验收报告等。理科中以逻辑思辨为主的学科，例如数学，对学术助理的需求不大，只要少量的行政助理统一协助财务报账即可。定量分析也证实了科研助理对理科教师的科研产出贡献显著。工科要求科研助理的工作内容更偏向于沟通协调等与企业对接的工作，因此工科教师人均聘用的科研助理多于理科，但科研助理在工科从事的工作内容与科研发表的直接关联性小可能是其贡献不如在理科中显著的部分原因。因此，不同学科因其学科特点和研究范式的不同，在聘用科研助理上呈现很大的异质性。

那么，什么样的科研助理更加有助于提升教师的科研生产力？稳健性检验发现聘用科研助理的时间越长，对科研发表质量的贡献越显著，这可能一方面是因为长期合作提高了双方的默契程度，另一方面是因为较长的工作年限也提高了科研助理自身的专业水平。针对教师的访谈进一步发现，那些本身就是其学生，因为申请国外读博或者寻找工作的空窗期而暂时留下来做科研助理的学生，或者为了考硕士、考博士而慕名来做科研助理的学生通常更加受到教师的青睐，他们或者熟悉教师的工作内容，或者自身具有很强的学习意愿，在不需要太多外界监督的情况下，能够较好地完成工作任务。

三　科研助理队伍建设中尚存的问题

需要看到的是，科研助理制度虽然已经在中国高校快速发展起来，但目前尚处于重数量而轻质量的阶段，其发展完善还需各方制度的配套和支持。首先，无论出于解决就业问题还是助力科研的意图，国家虽然积极支持高校设立科研助理岗位，但除了放开科研经费中劳务费的比例限制外尚未配套其他实质性的措施。例如没有针对科研助理职业发展的明确规划，甚至其落户、存档等问题都悬而未决，其结果是无论是聘用方还是科研助理自身都认为这仅是个临时性的岗位，高校科研助理岗位成为进一步求学或者寻找更好工作前的一个临时栖息所，或者作为职场打拼累了之后的"避风港"。人事制度不是机械的、僵化的规章条文，只有与其内外系统的各个环节之间密切相关和协调互补，才能发挥人事制度的整体功能（刘晓苏，2008）。事业编制和劳动合同制并行的双轨制用人模式因事业单位内的合同制员工缺乏明确的职业发展通道和预期而严重影响了科研助理的归属感和工作积极性，进而影响其效能的发挥和队伍的稳定。其次，在高校内部，虽然为了提高科研助理的职业技能开展了各种形式的培训，但聘用和管理科研助理在很大程度上还是教师个体的事务，学院和学校的整体统筹偏弱。一方面，聘用科研助理更多是教师自身的科研生产活动的一部分，对学校和学院而言更多是额外的管理责任和对公共资源的占用；另一方面，Tenure 评估体制下学院对教师职业发展的影响力在减弱，过多地参与对科研助理的管理也存在技术上的困难。学校担心教师无序聘用甚至违法聘用会给管理带来巨大风险，教师又不满于学校对于聘用数量和聘用方式过多干涉影响科研的进度，三方之间立场和目标的不同造成管理成本高昂。因此，完善内部治理，确保权利和义务对等是解决问题的根本方向。最后，透过教师聘用科研助理这一视角，我们也看到了近 10 年来我国科研管理制度的变革和以 PI 制为代表的科研生产方式的新样态。这些安排在调动个体积极性、应对国际竞争等方面展现了积极的意义；但在当下越来越强调以国家战略需求为导向，积聚力量进行原创性、引领性科技攻关的新形势下也渐渐显露出局限性，学术资本分配体制和强调个人绩效的评价体系加剧了教师之间的竞争并在一定程度上阻碍了科研合作。当 PI 纷纷独立组建团队时，科研助理也需单独配置，造成科研助理配备不足和人力资源存在浪费的现象并存。开展有组织科研势必涉及多个部门，甚至是跨组织、跨地区、跨行业的合作，这必然要求有更具弹性的制度设计、更加灵活的科研组织方式，给予科研人员更多自主选择的权利和更多试错的机会。科研助理这支队伍也将在制度创新和组织优化的进程中发挥更大的效能。

第九节　小结与讨论

通过质性研究，本章揭示了科研助理在科研团队中所起的作用，并且发现在聘用科研助理的问题上，高校、学院、教师和科研助理四类利益相关者都有自身的诉求，既有一致的方面，也存在冲突。

高校出于对学术声誉的追求和创建"双一流"的历史使命，对教师做出高水平的科学研究具有强烈的需求，然而，当空间和经费无法实质性突破的情况下，学校除了提高现有人员的工作效率，对于新增人力的投入，希望聚焦主责主业。

学院是大学职能的直接承担者和各项活动的直接组织者，作为学术的心脏地带，学院最了解每位教师的科研进展、课题组人员配备和课题经费的申请情况。在资源有限的情况下，由学院进行科研助理指标的分配具有效率最高、功效最大等优点，然而实践中大部分学院并不愿意接受这项工作。这里既有学院领导作为个人的权衡也有学院作为整体的权衡。学院一方面希望教师多出科研成果，另一方面又将自身的用人需求优先于教师的个人需求。当用人成本主要由教师的科研经费承担时，学院没有热情也没有途径插手管理教师聘用的人员，而是更关注隔离用工风险。

PI团队的知识生产模式和科研经费的分配体制通常使得教师只要经费充裕就会聘用更多的科研助理，在审计文化的冲击和新的评价体系下，教师之间的竞争加剧，对科研助理招聘指标的争夺也变得更为激烈。教师的个体理性和高校的集体理性可能存在偏差。

对于教师而言，研究生的招收受严格的指标限制，如果科研助理的聘用没有限额的话，只要经费许可，教师倾向于将聘用数量扩张到边际效用降到0为止，以实现科研产出的最大化。然而对高校而言，因为资源的有限性和科研开支的多样性，就必须尽可能确保资源投入的最优化配置，势必需要综合权衡教师、研究生、博士后、科研助理等各项人力资源投入的配比。个体理性与集体决策的不一致难以避免，此时信息相对较充分的二级院系，如果不作为则可能带来资源的浪费，甚至既无效率，又背离了公平。

休谟指出，一切科学与人性总是或多或少地有些联系，任何学科不论与人性离得多远，它们总是会通过这样或那样的途径回到人性。"经济人"假设起源于亚当·斯密关于劳动交换的经济理论，认为决策者是完全理性的，追求自身利益或效用的最大化是个体行为的基本动机。该理论在一定程度上可以用来理解教师个体的行为选择。"政治人"假设可追溯至亚里士多德，他认为，人本性上是一种政治动物。组织理论学家马奇认为，任何组织实际上都是由不同的利益集团组合而成，因此组织内部的决策过程是一个各种利益集团之间讨价还价、相互影响、相互妥协的过程（西摩·马丁·李普塞特，2011）。学校组织具有典型的"政治人"倾向，讲究程序、等级和服从。从"政治人"的视角，可以更好地理解学校决策过程中民主与集中、上级与下级、学校本位与权力本位等价值选择的理由与行动的逻辑（汪正贵，2015），除了权衡利弊，还需要讲究程序、等级和服从。教师更多从"经济人"角度出发，追求自身利益或效用的最大化；二级院系在一定程度上兼有"经济人"和"政治人"的双重角色，在两种角色的碰撞中寻找平衡。

在对组织理性与个人理性之间关系的认识上，组织理论可分为两个阶段：第一阶段在20世纪二三十年代，强调组织的效率和目标的实现优先于个人的目标和利益。第二阶段自巴纳德开始，组织理论认识到组织是个人的合作系统，组织效率和组织目标与组织中个人目标和利益具有同等重要性。组织理性与个人理性通过决策行动相关联（汪正贵，2015）。两者的关系可以概括为："在个人理性指导下的个人行动既是组织理性的动力也是瓦解既有的组织理性的因素，而既有的组织理性通过对组织成员的行动的诱惑、引导或约束而嵌入到成员的个人理性之中。"（赵孟营，2002）组织理性需要尊重和包容个体理性，以确保政策在落实的过程中不被"异化"；同时，组织也需要通过对其成员积极的引导和约束，使组织理性成为个体理性的一部分，最终使两者在总体目标上达成一致。

本章除了对高校内部的体制机制和治理结构进行了初步探讨，还从科研助理制度发展的现实脉络、助力教师科研生产力提高的传导机制以及科研助理队伍建设中尚存的问题等方面对全书进行了小结。至此，本章回答了本书的第三个问题：科研助理影响高校科研生产力的原因和传导机制是什么，存在哪些影响其效果的制度性障碍。

第五章　科研组织新样态下的反思与建议

本书实证研究了科研助理对高校教师科研生产力的影响程度、方向以及产生影响的原因和传导机制，并以科研助理为视角，观察中国科研制度的变革和高校科研组织方式的变化。一方面对影响科研生产力的因素做出中国场域的解读；另一方面服务于进一步解放科研生产力，为各行为主体的决策提供参考。本章将对全书的研究方法及研究结论进行总结和反思，并在此基础上提出相应的政策建议。

第一节　研究结论

一　从科研助理的聘用折射出以 PI 团队为典型制度特征的科研组织新样态

高校的发展是镶嵌在整个时代、国家和社会发展大背景下的。本书虽然仅截取了研究型高校 A 大学 2010~2019 年的一段影像，但恰逢全球科技竞争加剧，中国科研制度、科研组织模式和高校内外部治理结构发生剧烈变革的时期。从教师聘用科研助理的视角折射出以 PI 团队为典型制度特征的科研组织新样态，其中既有自上而下的政策调控，又有自下而上的市场选择，还有在制度承继与体制创新之间寻求平衡的各种权衡。表面上各行为主体都在既定的环境下选择最适宜的行动方案，实际上每个行为主体也都是环境的塑造者，环境在塑造个体的同时也塑造了环境自身。

21世纪以来，全球范围内科学技术的迅猛发展与学术资本的盛行，给大学的知识生产与人才培养带来了新的挑战和机遇。全球科技竞争的加剧通过以学术为主导的全球高校排名体系传递给大学，使得研究型大学为了争取发展资源而被迫卷入追逐科研卓越的"锦标赛"中，并最终将竞争的压力传递给高校内"不发表就出局"的教师。这也使得大学之间的较量表面化为对声誉和人才日益激烈的竞争。

为了应对竞争，近年来高校纷纷从海外引进各领域的领军人才，人才引进的先决条件常常是平台的搭建和资源的匹配，20年来我国C9大学设立了215个新学院在一定程度上就是"筑巢引凤"的外在表现。频繁地增设学院产生的首要问题是空间资源、人力资源的紧张，PI制强调PI可以组建独立的课题组，拥有独立的实验室，独立申请项目和经费，这进一步加剧了资源的分散化和重复设置。

科技制度在"管"和"放"的逻辑中不断寻找平衡的过程即政府部门在不断探索给科研人员赋权的边界的过程，既要确保科研人员有自由探索的空间和充分的经费自主权，又要确保科研经费能够在合法合规的范围内发挥最大的效用。PI制既是个体应对国际竞争、顺应知识生产模式变革的制度创新，也是国家科研管理体制调整的必然结果，财政对科技投入方式的转变为PI制的广泛推行奠定了制度基础。

当代社会知识生产进入模式2，涵盖了范围更广的、临时性的、混杂的从业人员。知识生产需要广泛地与非大学的机构、研究中心、政府部门、企业、咨询机构打交道，使得科研组织必须呈现金字塔形的人员配备，除了顶层负责推进研发和监管整个研究的PI，还有中层负责落实想法、统筹协调的专职研究人员，以及进行具体研发工作的博士生、博士后。不容忽视的是还需要大量从事基础研究的工程技术、实验技术人员和行政辅助人员以支撑整个金字塔的运行，他们负责与政府、企业、材料供应商、其他科研机构对接，对机构间的往来事项进行沟通，重复成熟的工艺流程，完成调研报告的初稿以及各种报表统计和财务报账。虽然这些工作不直接作用于科研本身，但极大地减轻了科研人员的行政事务性工作负担和缩短了重复劳动耗费的时间。这种科研团队的组织架构源于分工和专业化水平提高的理论，在生产过程中，各方的劳动技能是互补的，不同技能水平和技能特质的劳动者通过合作大大提高了生产的熟练程度，降低生产成本，实现规模效益。在劳动日益专业化、专业日益多样化的技术背景下，组织化、团队化和规模化的科研生产方式已经成为普遍认可的发展趋势。

需要看到的是 PI 制虽然在鼓励竞争、调动科研人员的积极性方面发挥了巨大的制度优势，但在当下越来越强调开展有组织科研、做出重大创新突破的新形势下也渐渐显露其有限性。新的时代环境呼唤对新型科研团队的尝试和创新，在思考教研室管理模式利弊的基础上，需要积极借鉴 PI 制度，探索一种集平等、灵活与团结于一体，"聚是一团火，散是满天星"的新型团队合作模式。科研助理对高校教师科研生产力的影响不应仅局限于提高教师个体的科研产出，而应将其放到一个更加广大的视野中，通过制度创新和组织优化，发挥这支队伍更大的效能。

二　新处境下多方利益主体需要做权宜调整和治理方式的变革

本书以 A 大学劳动合同制科研助理岗位的申请和审核机制为切入点，观察 PI 制下高校科研组织的变革。其中既有科研组织生产模式的改变所起的作用，又有外部制度环境对其产生影响的印记。劳动合同制岗位申请的审核机制虽然仅是高校人事工作中一项局部、边缘的工作，但因为制度的彼此关联性，它折射出了在外部环境作用下，院校治理结构改革和人事综合改革不断调整和探索的过程。一方面，它既遵循新制度主义理论所提出的组织为了增强其合法性和存活的希望，被驱使采纳社会上盛行的组织和制度概念定义的惯例和程序；另一方面，它又呈现权变理论所强调的对环境权衡结果的因地制宜性。图 5-1 直观地呈现了在外部环境影响下，相关主体的博弈过程。

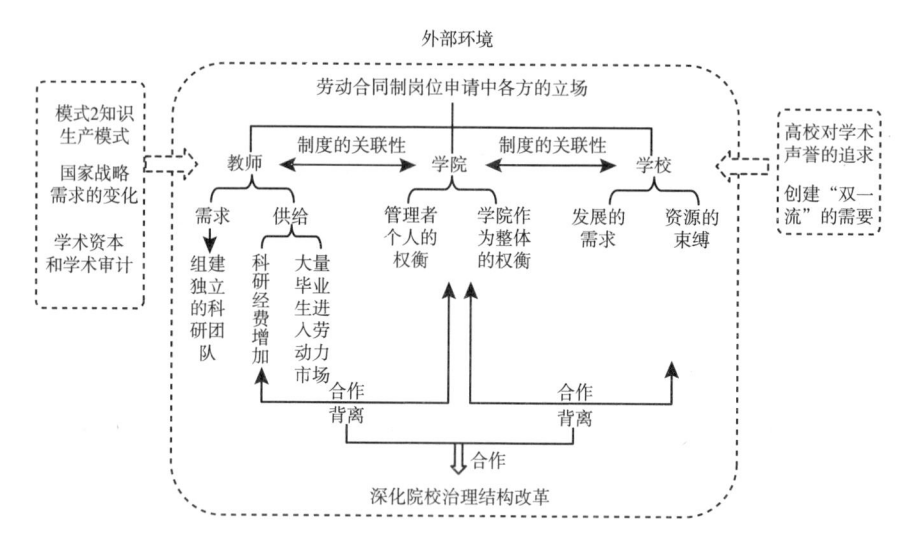

图 5-1 劳动合同制岗位申请审核制中相关主体的博弈过程

突破"卡脖子"技术，解决国家重大战略问题，没有大团队的协同是不可能完成的，为确保团队的良性运转，调动团队成员的积极性，一方面必须准确衡量个体对团队研究的贡献，另一方面则需要从制度层面解决个体所隶属的不同组织之间的协同配合问题。个体合作将牵涉机构之间的利益分割和权责分配。学科交叉已成为科研的重要生长点，但跨学科合作必然会涉及个体所在机构之间关于科研成果的归属和权责利的分配，在具体执行中涉及的招聘组织的流程设计、工作任务分配、薪酬待遇分担、考核评估、科研成果归属、跨院系学生指导等诸多具体问题都由需要联合聘用的机构共同协商确定。这不仅是技术问题，更是责任和关涉人财物的分配问题。

提高科研助理对高校教师科研生产力的作用不能拘泥于问题本

身，而应在充分理解外部环境变化的前提下，站在优化内部治理结构、完善体制机制的角度，让个体、学院和学校之间形成对组织目标高度认同的战略同盟。学院以及教师和职工个体不仅是学校战略的执行者，也是战略谋划的参与方，在多方对任务目标达成共识的基础上给予学院和教师更大的办学、治学自主权。高等教育治理的核心是决策权力的分配问题，解决的途径在于完善高校内部治理结构。它不仅是一个学理问题，更是一个实践问题，学校和学院在相互协商、妥协和博弈过程中不断学习和成长。学校学会了放权，学院学会了接权，学校收获了信任，学院实践了担当。本书从 A 大学一项人事政策的推行案例折射出内部治理结构的完善过程。

三 科研过程的全流程审计对高校管理和教师自我行为导向影响深远

体现为"公众检查"、"提交审查"、"呈现可见"和"绩效衡量标准"的审计文化在重新塑造学术界的工作和思想状况方面产生了深远的影响。程序本身是合理、客观和中立的学术审计，被用来构建评估网格（如竞争排行榜和绩效表），对机构和个人进行排名。这个系统所谓的"自我授权"是建立在外部强制性上的，控制和规范被内化，外部主观性和内在主观性结合在一起，从而使个人按照规范行事。审计文化使大学员工产生了额外的工作量，为了应对审计，学者被迫变成专业的管理人员，认真地记录一系列"可审计的结构"和纸质轨迹，以向来访的检查员展示"系统的证据"，将时间花在证明自己的兢兢业业和清清白白上，而不是花在本职的教学和研究上。

信任的缺失、对风险的防范以及应对被审计的要求极大地增加了科研人员的行政事务性负担，进而催生了对科研助理的强烈需求，科研人员需要助手帮助他们详细记录经费开支状况并及时汇报科研进展情况，这构成了 PI 制下科研助理大量的工作内容，也进一步夯实了科研助理存在的必要性价值。

基于个体的评估和审计进一步加剧了教师之间的竞争，发文章、申项目、买设备、招学生，再发文章、申项目、买设备……构成一个学术资本自我增值和信任信号增强的闭环，其结果将直接决定教师个体学术职业的发展状况，对高校管理和教师自我行为的导向影响深远，在一定程度上也促使教师聘用科研助理的需求快速膨胀。

然而需要看到的是，学术审计和科学研究具有完全不同的运行逻辑，在前者的逻辑中，科研活动受到公共财政的资助，理应接受经费投入与支出的合理性审查、提示、警告和纠偏，确保公共经费的投入产出效益。但是，科学研究的逻辑是不确定性、风险性和试错性，过于严格的监管和审计将可能引导研究者选择那些有明确预期并且能在短期内转化为成果的研究，最终造成全社会大量低水平的重复研究。社会发展的最终推动力是科学研究还是风险防范，针对科研的管理体制究竟应该侧重于事前监督还是事后惩戒，是值得进一步思考的问题。

四 实证检验结果揭示高校教师对科研助理的真实需求

理论的推导需要经过实证的检验。在 2014 年国家放开科研经费中劳务费的比例限制前，仅有少数的教师聘用了科研助理，经比较他们与未聘用科研助理的教师在科研成果、经费、团队构成和自身特质等方面的差异，发现面临的科研压力大小和科研任务多寡决定了教师是否有聘用科研助理的需求，而科研经费是否充裕则是该需求能否得以满足的门槛。为了验证这一推断，以国家放开劳务费比例限制为外生性政策冲击，使用比较间断时间序列的分析方法，研究劳务费由不足变为充足的教师是否显著地增加了科研助理的聘用数量，以此论证科研助理是当下高校教师科研生产的必需品。实证结果表明，因为政策放开导致劳务费由不足变为充足的 501 位实验组教师相对于具有相似科研能力但经费仍然不足的 265 位对照组教师，显著地增加了对科研助理的聘用数量；政策放开当年，实验组较对照组人均增加了 0.042 名科研助理聘用；在政策颁布后的 4 年中人均每年比对照组多聘用 0.024 人，至 2019 年累计人均多聘用 0.138 名科研助理，相当于 0.22 个标准差。为了验证经费充裕程度不同是否会影响科研助理的聘用数量，进一步分离出经费更加充裕的实验组二，发现政策颁布当年人均比对照组多聘用 0.095 人，并且在之后的 4 年保持人均每年比对照组多聘用 0.08 人的规模，至 2019 年累计人均多聘用 0.415 名科研助理，相当于 0.66 个标准差。实证检验的结果表明：教师对科研助理的需求是客观存在的，放开科研经费中劳务费的比例限制使这种需求由"应然"变为"实然"，经费越充裕，教师聘用的科研助理越多。

五 科研助理对高校教师的科研生产力具有显著的正向影响

科研助理对科研生产力的影响是全方位的，在科研组织层级上表现为对教师个体、科研团队、学科团队、不同学科都具有正向影响；在科研成果形式上表现为对纯粹科学研究、国家战略导向下的科学研究和市场需求导向下的科学研究均有不同程度的效力。

本书以 2010~2019 年 A 大学在职的理工科教师为样本，除了分析这些教师的性别、年龄等人口学特征，也对其学历、最高学历毕业国别、职称、在校工龄等资历信息进行梳理，接着匹配了这些教师在 2010~2019 年每年的国际学术发表（包括发表数量和衡量发表质量的指标）、承接的纵向课题数、横向课题数、专利授权数，每年聘用的科研助理数量和类别，指导的硕士生、博士生、博士后人数，每年可支配的纵向和横向科研经费，以及 2010~2019 年样本教师的职称变化情况等，最终形成一个包括 1219 名理工科在职教师、10109 条记录，跨越 2010~2019 年共计 10 年的面板数据。使用双向固定效应模型和工具变量法发现，无论对科研发表数量还是发表质量，科研助理均具有显著的正向影响，且对科研发表质量方面的贡献更为突出。根据工作内容的不同，科研助理又可分为学术助理和行政助理，前者主要从事专业技术类工作，后者从事行政类工作。科研助理对教师科研生产力的贡献正是通过教师将科研工作中简单、重复且标准明确的工作分离出来，交给科研助理完成的方式实现的，其中行政事务性工作由行政助理完成，基础性科研准备工作由学术助理完成。对中国的当下而言，科研人员面临的很大困境是过于繁杂的行政事务性工作和基础性科研准备工作，现有研究普遍认为缺乏足够的工作时间是进行研究的主要障碍，科研助理对科研生产力的作用机制在于使教师不用分心于从事行政事务性工作和基础性科研准备工作，而提高教师对时间的利用效率，科研助理的专业能力和独立性越强，教师就能够节省越多的时间专注于提高科研发表数量和质量。此外，科研助理制度符合社会分工理论和劳动力技能互补性假说，从专业分工的角度看，复杂劳动者从事简单劳动的效果往往还不及简单劳动者，因为简单的任务通过重复性操作能够提高效率和准确率，同时劳动分工也可以通过减少同一个体在不同工作中转换的时间来达到提高劳动生产率的目的。因此科研助理对科研人员的助力不仅在于提高其时间的利用效率，还在于通过劳动分工提高有组织科研的整体效能。目前我国高校科研助理的人均聘用数量还远未达到最优规模。

科研助理不仅对教师的科研产出有直接的助力，还通过支持整个科研团队间接地促进了教师的科研产出。定量分析结果呈现科研助理与研究生、博士后总体呈现互补关系，课题组越庞大，需要的科研助理也越多。进一步研究发现博士生和学术助理之间存在一定的替代性，而硕士生和行政助理之间也存在一定的替代性，这与他们在课题组中承担的角色相近有关。经过访谈得知，在科研团队中，学术助理的工作内容与博士生、硕士生相似，因此可以作为研究生指标不足时的一种补充。随着团队成员的增加，沟通协调、管理的工作量也大幅度增加，这些导致对行政助理需求的增加。进一步的中介效应分析验证了科研助理不但对教师的科研发表具有直接作用，对科研团队的其他成员同样也起到了中介的支持作用。将科技创新基地作为中介变量加入回归模型，发现合作紧密的科研大团队能够提高科研助理的聘用效率。

受学科研究范式的影响，理科和工科在聘用科研助理上存在差异。工科教师人均聘用科研助理的数量多于理科，但是回归结果显示，科研助理的效能在理科表现得比工科更为显著。进一步的访谈发现，科研助理在工科的劳动力市场通常更好就业，提供的薪酬不具有竞争力，使得工科教师招到高素质的科研助理相对不容易。此外，工科科研助理的工作内容偏向于沟通协调以及与企业技术对接，与科研发表的直接关联小，这些可能构成工科科研助理对教师科研发表的贡献不那么显著，但对专利授权的贡献显著的部分原因。

国家战略导向的纵向课题和以市场为导向的横向课题、专利授权与学术发表具有不同的逻辑，从显著性水平和贡献系数的大小可推断：越市场化的项目，科研助理特别是其中的行政助理的贡献越突出，这可能与教师对科研助理的定位以及科研助理自身的专业能力相关。

六 劳动合同制的聘用方式给知识生产带来新的挑战和问题

劳动合同制的聘用方式是高校主动适应外部环境变化，从自身发展需求出发，对环境进行权衡和妥协的结果。近年来随着科研竞争加剧和科研经费增加，许多学院开始大量聘用劳动合同制员工，以满足课题组、实验室以及各实体、虚体机构对科研助理的迫切需求。但是由于部分院系管理制度和管理措施没有相应跟上，在人员聘用过程中容易发生各种矛盾、纠纷甚至违法违规的现象。《劳动合同法》对劳动者权益的倾向性保护，使得高校招聘合同制员工容易，而解聘过程障碍重重。遇到不合适的员工，为了不激化矛盾，在经费允许的情况下，一些单位和教师选择另行招聘，而将不合适的员工供养起来的做法，这无疑增加了高校各项资源的浪费。在灵活的制度之下也会产生一些非正常的用工情况。比如聘用自己的亲朋好友，或者聘用的科研助理实际上从事其他与教学科研和学校无关的工作，这一方面浪费了学校有限的资源，另一方面也严重地损害了学术组织的严肃性和公平性。近几年国际刊物频繁发现的学术规范和伦理问题，通讯作者将责任推至科研助理身上的情况相当常见，其中孰是孰非很难断定，但由此反思科研助理的聘用对科研生产过程所带来的挑战和问题可以说正逢其时。

双轨制的用人模式因没有长远的职业发展前景而严重地影响了科研助理的组织归属感和工作积极性，进而可能影响他们在科研团队中效能的发挥和稳定性。近年来虽然科研助理的规模得到了快速发展，但队伍的建设依然停留在"以数量换质量"的阶段，这在一定程度上造成了人财物的大量浪费。同时，一个看不到发展前景的职业很难留住能人，也难以让在岗的人全身心地投入。因此，提升队伍的质量是下一阶段亟待解决的问题。相对稳定的制度能够降低交易成本和简化工作流程，避免组织的不确定性，从而保证决策的科学合理性。然而，随着外部环境的变化，制度也需要因时而变。人民法院对事业单位与事业编制员工发生的争议案件的处理适用事业单位人事方面的法律规定，对事业单位与劳动合同制员工发生的争议案件的处理适用于《劳动合同法》，在同一个单位内部，甚至在同一个办公场所具有相似工作岗位的两种不同编制的员工却适用两种完全不同的上位法，给单位的管理和员工个人的发展都带来很大的困难。每一类员工都可能放大所在体制的不利方面和对方体制的优越性，最终降低所有员工的公平感与获得感。编制管理源于计划经济的管理思路，亟须在事业单位人事改革的进程中完成与市场化管理的并轨，汲取两种管理体制各自的优势，建立一种更加适应当下环境的制度体系。制度本身不是组织的目的，它是达成组织战略目标的手段，当组织内外环境要素出现变化时，制度规则体系中的某些结构要素也要随之做出相应调整（刘晓苏，2008）。

第二节 政策建议

当代世界经济的竞争实质上是科技的竞争，众多的国家和高校在科技前沿展开争夺。科技创新是中国发展的新引擎。高校特别是研究型高校正是中国科技创新的重要基地，因此很有必要研究中国高校场域内有哪些影响科研生产力的因素，以及是否存在阻碍其创新的体制机制。中国科研人员的行政事务性工作负担很重已经成了一个普遍的共识，为此国家近年来出台多项政策，鼓励建立专职的科研助理队伍。科研助理能否有效提升高校教师的科研生产力，其中是否存在影响其效能的体制机制障碍，需要进行严谨的论证。本书通过定量研究分析，验证了科研助理对提升 A 大学理工科教师的科研生产力确实具有积极的作用，并借助质性研究方法，从科研助理聘用的视角深入了解以 PI 团队为典型制度特征的科研组织新样态和高校内部治理结构的完善过程。为充分释放高校教师的科研生产力，提升科研助理队伍的专业性，本书提出以下政策建议。

第一，目前我国高校科研助理的人均聘用数量还未达到最优规模，应加大对教师配备科研助理的扶持力度。

实证结果表明，科研助理对高校理工科教师科研生产力的影响在科研组织层级上表现为对教师个体、科研团队、学科团队、不同学科都具有正向影响；在科研成果形式上表现为对纯粹科学研究、国家战略导向下的科学研究和市场需求导向下的科学研究均有不同程度的效力。从科研助理聘用数量与教师科研产出之间相关性的描述性统计来看，两者还处于波动上升的阶段（见附录一中的附图 1-6 和附图 1-7），回归分析也证明了科研助理聘用数量对教师的科研产出具有显著的正向贡献，它们之间呈倒 U 形关系，以 A 大学 1219 名理工科教师为样本测算出对科研发表数量最优的聘用规模是人均 2 名科研助理，对科研发表质量最优的聘用规模是人均 3.26 名科研助理，然而无论是 A 大学还是依据教育部的统计数据，目前中国高校教师配备科研助理的数量都远低于最优聘用规模，增加科研助理聘用数量将继续提高教师的科研产出，因此我国还应加大对教师配备科研助理的扶持力度，不仅应确保经费的投入，更需要在政策层面、制度层面完善配套措施，真正解决科研人员的后顾之忧。

第二，高校在建设科研助理队伍时，不但要重视数量的配备，更要重视质量的提升。缺乏对这支队伍准确的定位和足够的重视是科研助理队伍质量有待提升的主要原因。首先，高校应充分认识科研助理对教师科研生产力提高的助力作用，将这支队伍的建设纳入科学研究和学科发展的整体规划中。设立科研助理的职业发展通道，培养专业、稳定的服务队伍。其次，院系层面加强对科研助理的统一管理和培训是平衡教师与科研助理之间过于紧密的人身依附关系的重要途径。出于学术助理和行政助理不同的工作内容和求职者迥异的职业追求，对这两类岗位的管理也应有所区别。针对流动性较高的学术助理，应加强对应聘者学术能力的考查，同时开发系统的培训模块，在提高员工专业技能的同时将程序性的事务通过工作模块传承下去并不断优化，确保后继者能够快速上手。针对稳定性较强的行政助理，应设置职业发展的通道，遵循分类分级管理的思路，一方面对工作能力和工作态度进行分类分级，另一方面对岗位性质和工作难度进行分类分级。给予最优秀的员工实现自我价值的平台并回馈有竞争力的福利待遇，让处于中间的员工看到职业发展的希望，并对消极怠工、虚与委蛇或者能力不足的员工设置淘汰机制。除了业务培训，还应进行价值观的培育，转变人的观念虽然很难，但一旦做到了，就能形成强大的合力。让员工从上到下达到思想、工作态度和工作方法上的统一，配合将变得容易而顺畅。直接服务于教师的科研助理因管理的链条较长，可能存在管理风险大、对组织的归属感低等问题，学校既要加强对教师个体有关法律法规和管理的培训，也要明确对不当用工或者疏于管理的惩戒机制，确保各方的合法权益。科研助理队伍的建设需要从数量扩张的阶段发展到质量提升的阶段，才能真正对科研工作起到高质量的支撑作用。

第三，完善内部治理结构是解决高校中许多问题的根本出路。科研助理岗位申请批复的博弈过程，其实质是在高校内部，学校与院系之间权利和义务的分配问题。完善内部治理结构不仅是解决指标分配问题，更是激发人的主观能动性、解放科研生产力等一系列问题的根本出路。以章程为统领，学校做到宏观规划、统筹协调、权力下放；学院在学校设定的规则范围内有人财物的自主分配决定权，真正做到有作为、有担当。院系在获得更大自主权的同时，也意味着将承担更大的责任和义务，在与学校共同商议的目标和范围内根据自身实际，选择个性化的发展路径。学校在给予院系自主权的同时，要明确院系一个周期内的目标任务，周期可适当延长，淡化周期内的过程监控，让院系在政策允许的范围内合理用权，在周期结束后对照目标任务考核院系的发展成果。将对院系的考核结果与对干部的考核挂钩，与院系的岗位设置、办学规模、经费分配以及教学科研设施等资源配置挂钩，甚至可以作为院系结构调整的依据，切实激发院系改革发展的积极性和内驱力。全校上下将为国育人、为党育才、科技创新、解放和激发科研生产力作为头等大事，真正发挥良好制度的优越性。

第四，国家在科技政策的引导上、在科研经费的监管上应"抓大放小"，在确保方向性和原则性问题的基础上给予高校和科研人员更大的自主权，既防"朝令夕改"，又防"层层加码"，这不仅是内部治理问题，更是外部治理问题。国家在进行制度设计时，既要考虑事业单位系统内部要素的协调互补，也要关注系统外部环境的影响，调整系统内、外部各要素之间的联系，以更好地实现制度系统的整体目的。继续从政策层面做实、做细对科研工作者的支持，吸引优秀的高校毕业生加入科研助理队伍，并作为一生的职业追求，解决包括就业派遣、落户当地、档案存放、继续深造等一系列现实问题，真正做大做强这支队伍。国家在加大经费投入的同时加强监管当属应有之义，但在具体落实时，应充分尊重科学研究自身的特点和属性，注意"抓大放小"，在确保方向性和原则性问题的基础上，给予高校和科研人员充分的自主权，激发科研主体的积极性和创造性，为减轻科研人员不必要的精力付出不遗余力。科研工作的专业化和科研助理工作内容的多样化不断提升，在劳动力市场上就产生了客观的匹配和搜寻成本，市场越细分，搜寻成本越高，特别是对专业性要求很高的学术助理的搜寻成本。留用毕业生做科研助理是解决这一问题成本最低的方式，毕业生在申请继续读研、读博，拿到出国签证、找到理想工作前常常会有一个等待期或者空窗期，此时科研助理的岗位既解决了应届毕业生的就业问题，又因为共同工作生活在高校内，大大降低了教师和学生双方的搜寻成本。特别是读书期间经过一定学术训练的科研助理，有些本来就是教师知根知底的学生。然而由于就业派遣、身份改变、户口迁移、档案存放、职业发展等一系列问题不够明晰，学生在选择留校做科研助理时顾虑重重。做大做强科研助理队伍，就必须使这一职业真正能够成为一部分人一生的职业寄托和追求，发挥社会分工的优势，使得人尽其才、物尽其用，充分发挥个人的自我价值和社会价值，用制度的优势最大限度地解放和激发科技作为第一生产力所蕴藏的巨大潜能。

第三节 创新与贡献

本书在国内外学者相关研究的基础上展开，在他们研究的罅隙之处寻找自己的研究空间，并期待在学术地图上确立本书的位置。本书的创新点可表现在理论贡献和实证贡献两个方面。

1. 理论贡献

本书从科研助理的视角丰富了对影响科研生产力因素的研究。

西方学者对影响科研生产力因素的研究集中在 20 世纪 40 年代以后，国内学者这方面的研究则主要发生在 20 世纪 90 年代以后。研究的视角大多关注研究者的人口学特征、学术积累、教学与科研的关系、所处机构的特征、领导特质等方面，很少专门针对科研助理的研究。本书首次将研究对象拉到个体层面，比较精确地衡量所聘用的科研助理与科研产出的关系，并进一步将科研助理置于科研团队的组织场域和科研环境的制度场域中，不仅衡量影响程度和方向，而且进一步探究产生影响的机制和影响科研助理效能的制度性障碍，为研究科研生产力的影响因素呈现中国场域的理论视角。

2. 实证贡献

一方面本书丰富了学界在衡量科研生产力影响因素时使用的研究工具；另一方面本书在研究中，对科研发表数据使用被 SCI 和 ISTP 数据库所收录的文章，对自变量和控制变量使用行政数据，提高了结果的精度。实践方面也为各级政府优化科研助理制度提供政策依据和有力支撑。

已有文献针对科研生产力影响因素的研究大多采用增加多元回归中的控制变量的方式，但依然难以避免可能存在遗漏变量偏误问题，本书引入双向固定效应模型在一定程度上规避了以上问题。并且配合比较间断时间序列方法和工具变量法，做了一定程度的因果推断，丰富了当前学界在衡量科研生产力影响因素时在定量方法上使用的工具。在数据的采集方面，国外学者大部分使用基于个人应答的问卷调查，因变量大多用个人汇报的科研成果，自变量和控制变量也主要来源于填表人的回忆或主观评价，由于记忆的模糊性或者填表可能存在的理解偏差和随意性，难以避免可能存在的结果偏误。

现有针对科研生产力影响因素的研究绝大部分是定量研究，虽然能够呈现普遍的规律性，但是由于定量工具的局限性，对规律之后形成机制的解释存在不足。本书以中国研究型大学 A 大学为案例，在定量分析的基础上，有针对性地开展质性访谈，从大学、学院、教师和科研助理个体四个视角考察同一个问题，尽可能深入、全面地揭示问题的面貌，同时也丰富了研究方法。

随着国家建立科研助理制度，大力支持将科研人员从繁重的行政事务性工作中解放出来的思路日益明确，各级政府也纷纷响应，2009~2019 年中央部委共发布与科研助理有关的政策文件 20 份，四川、福建、山西等各省市也出台相应的配套管理措施（陈亚平等，2022）。例如 2022 年 11 月江西省科学技术厅、省财政厅和省教育厅联合印发的《江西省减轻青年科研人员负担专项行动工作方案》（赣科发政字〔2022〕190 号）明确提出，为了减轻青年科研人员负担，充分激发青年科研人员创新活力，要鼓励青年人才挑大梁，加大对青年科技人员的经费支持力度，加大科研助理岗位开发力度，探索设立科研公共服务助理岗。以上措施可总结为"压担子、给经费、配助理"。但纵观中央到地方的各类文件，在完善科研助理制度方面还缺乏实质性的措施，特别是缺乏实施政策的可靠依据和制度间的衔接和自洽。本书在国内首次以个体层次数据为分析单位，系统研究科研助理对高校理工科教师科研生产力的影响和机制，以期为各级政府细化科研助理制度提供政策依据和有力支撑。

第四节　不足与展望

尽管实证分析收获了一些有意义的结论，但本书依然存在不少局限性，有待于在后续的研究中进一步完善和解决。

1. 研究结论的推广性有所局限

本书仅截取了 2010～2019 年的数据，是对 A 大学教师科研产出的一个时间段的截取，虽然通过教师聘用科研助理的视角揭示了在此期间为了应对全球科技的激烈竞争，中国科研制度、科研组织模式以及高校内外部治理结构发生的剧烈变革，但由于时间跨度不够长，以及 A 大学自身的特殊性，可能反映的只是在中国社会经济和科技发展特殊时期研究型大学的一段影像，因此研究结论在推广性上存在局限。

2. 测量方法有待改进

在使用双向固定效应模型分析科研助理聘用和教师科研产出之间相关性时，无法完全解决自选择和反向因果的问题，也就是说无法完全判断究竟是因为科研生产力强而聘用了更多科研助理，还是因为聘用了更多的科研助理而形成了更多的科研产出。为了缓解内生性问题，在一定程度上做出因果推断，首先，本书以 2013 年 12 月所有理工科的在职教师为样本，采用 Logistic 回归模型，因变量根据教师是否在 2014 年以前聘用过科研助理，分别取值 1 或 0。回归结果表明科研发表数量和质量的系数不显著，也就是说教师的科研发表能力并不是影响其聘用科研助理的显著因素，科研压力和经费充裕程度才是决定其是否聘用科研助理的主要原因。其次，以 2014 年国家放开科研经费中劳务费的比例限制为外生的政策冲击，采用比较间断时间序列分析方法，衡量劳务费由不足变为充足的教师是否快速增加了对科研助理的聘用数量，检验结果发现劳务费变得充裕确实引起了教师聘用科研助理数量的激增，作为理性人的教师，其职业发展的根本是科研产出，在经费支出需求多元化的情况下教师迅速增加对科研助理的聘用数量，该行为证明了聘用科研助理和教师的科研产出之间确实存在因果关系。再次，双向固定效应模型中使用了科研助理的滞后项（即相对于科研产出前一年的科研助理聘用数量），减轻了反向因果的问题，因为理论上前一年的科研助理聘用数量可能影响后一年的科研产出，但后一年的科研产出不会影响前一年的科研助理聘用数量。最后，使用工具变量法，以外生政策带来的科研助理数量变化估计其对教师科研产出的影响，结果依然稳健地证明了科研助理对教师科研发表数量和质量显著的正向贡献。以上措施有效缓解了自选择和反向因果带来的内生性问题。尽管如此，依然存在一些遗憾和有待改进的方面。例如，当使用比较间断时间序列分析方法时，如果能够收集政策实施前后各12年的观察期的情况，效果更加，但受数据可得性与政策颁布时间的影响，前后观察期只有10年，略有缺憾。因为经费有限，有些教师聘用的科研助理兼任学术助理和行政助理，这种情况如果普遍存在可能影响回归结果的稳定性。令人欣慰的是，由于A大学理工科教师的科研经费相对充裕，大部分教师将学术助理和行政助理做了区分，这个问题并不突出，即使存在部分科研助理兼任学术助理和行政助理的情况，具体到某一个个体，依然会有其主要的工作内容和擅长之处，在大样本的情况下，这个问题得到一定的缓解。社会科学和人文科学因评价指标难以标准化而未被纳入研究范围也是本书的缺憾。

3. 质性研究部分可能带有研究者个人的价值取向

由于高校在内部治理结构改革中面临的问题纷繁复杂，而本书仅通过A大学在一项政策的推行过程中遇到的问题，试图窥一斑见全豹，实际上难免陷入一叶障目的境地，加上调研访谈的样本有限，研究者自身水平和视角的局限性，呈现的问题可能并不全面甚至有失偏颇，与该制度相关的其他利益相关者的视角也许也值得关注和研究，未来将通过增加访谈对象、引入更多视角等方法进一步完善此研究。

附　录

附录一　样本的描述性统计

1. 教师的描述性统计

本书最终收录样本1219名教师，为降低样本的异质性，不包括工程技术、实验技术、各类研究技术系列以及专职教学的人员，分布于A大学20家教学科研单位。其中理科院系800人，占总数的65.6%；工科院系419人，占总数的34.4%。具体分布见附表1-1。

附表1-1　样本的机构分布

机构性质	人数	单位数	人数占比(%)
理科院系	800	13	65.6
工科院系	419	7	34.4

男性1006人，占比82.5%；女性213人，占比17.5%。目前依然在职的有1109人，有110人在2010~2019年退休，样本中保留其在职期间的数据。

因为A大学在观察期内经历了职称改革，由原先按照我国教育部规定的职称评价体系改革为仿照美国Tenure Track的职称评价体系，由于两种评价体系的标准和程序有很大的差异性，因此将两种评价体系下的职称特别做了区分,为表达方便,不妨将前者称为"老体制",后者称为"新体制"。老体制职称有631人,占比51.8%;新体制职称有588人,占比48.2%,两种职称体系在人数上基本处于均衡状态。2010~2019年共入职397人,其中老体制职称44人,新体制职称353人,2014年之后就不再招聘老体制的教师,各年入职人数基本均衡。

从职称分布来看,两种职称体系中正高职称所占比例基本均在50%左右。老体制中副高职称比例较高,达到49.4%,相比而言,新体制中副高占比较少,只有23.8%;中级职称占比较高,约27%。即老体制中副高职称相对比例高,新体制中,中级职称(助理教授)相对比例高。具体分布见附表1-2。

附表1-2 职称分布

职称系列	职称等级	人数	占比(%)
老体制	教授	319	50.6
	副教授	312	49.4
	小计	631	51.8
新体制	教授	289	49.1
	长聘副教授	132	22.4
	预聘副教授	8	1.4
	助理教授	159	27.0
	小计	588	48.2

从年龄分布来看,41~50岁和51~60岁的样本分别占总数的31%和33%,构成样本的主体;其次是31~40岁的青年人;60岁以上和30岁以下的样本占总体的比例合计约12%,具体分布见附表1-3。

2. 科研助理的描述性统计

在了解教师的基本情况后,有必要进一步对教师所聘用的科研助理的情况进行描述,附表1-4呈现的是2010~2019年被A大学聘用

附表 1-3　年龄分布

年龄区间	人数	占比（%）
30 岁及以下	12	1
31~40 岁	293	24
41~50 岁	379	31
51~60 岁	401	33
60 岁以上	134	11
总　计	1219	100

过的所有科研助理的人口学特征和基本工作状况。学龄的计算方式是：小学毕业的学龄定为 6 年，初中毕业学龄定为 9 年，高中、中专和中技毕业学龄定为 12 年，大专毕业学龄定为 15 年，本科毕业学龄 16 年，具有硕士学位学龄定为 18.5 年（硕士的学制有 2 年和 3 年，按照平均数 2.5 年），具有博士学位学龄定为 22.5 年（在硕士学龄基础上再加 4 年）。从总量来看，学术助理的人数是行政助理的约 2 倍，这一方面反映了科研工作对学术助理的需求量大于行政助理，另一方面也反映了学术助理比行政助理具有更大的流动性。学术助理服务于同一位教师的平均连续工龄为 2.2 年，而行政助理平均连续工龄为 3.4 年，两者之差也反映出流动性的不同。从性别比来看，学术助理有 46% 为女性，而行政助理则高达 88% 为女性，人口学特征既与其工作内容和工作特点相关，也在一定程度上决定了流动性。同时学术助理的平均学龄为 18.1 年，即平均接近硕士学历，而行政助理平均学历 16.9 年，略高于本科学历，学术助理中"985"高校毕业的比例也高于行政助理，以上指标说明学术助理需要比行政助理具有相对更高的学历水平。

附表 1-4　科研辅助人员描述性统计

科研助理角色	人数	性别		平均年龄	平均学龄（年）	"985"高校占比（%）	服务于同一教师的平均连续工龄（年）
		男性	女性				
学术助理	1385	747	638	32.8	18.1	35.2	2.2
行政助理	674	84	590	35.8	16.9	20.8	3.4

3. 科研产出与科研助理聘用的描述性统计

附图1-1展示科研发表数量在2010~2019年所有年份的变化，直观地呈现科研发表数量的历年增长趋势，2011~2016年是增长最快的时期，2018~2019年再次出现较快的增速。

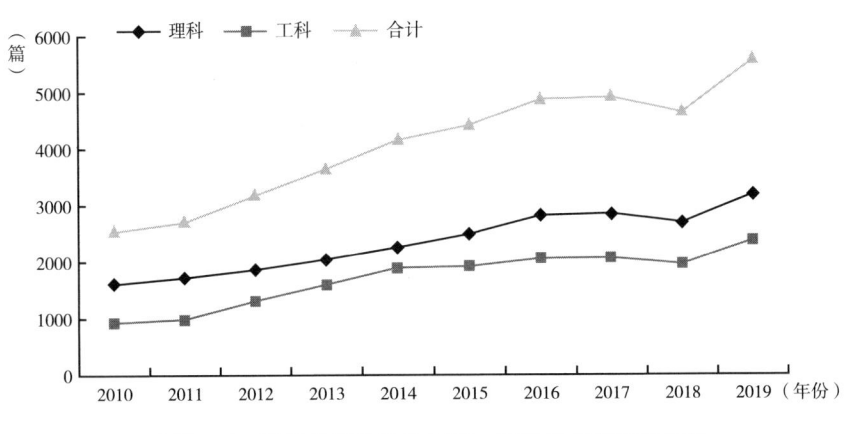

附图1-1　科研发表数量的2010~2019年历年变化趋势

从科研发表质量来看（见附图1-2），2010~2019年科研发表质量有明显的提升，增速较快是2012~2016年，随后发生波动。

将科研助理区分为学术助理和行政助理后分别统计。理科学术助理的聘用数量明显多于工科，且2014年之后随着科研经费中劳务费比例限制的放开理科聘用的学术助理的增速很快（有一定的时间滞后效应），而工科增速相对较缓，见附图1-3。

A大学行政助理的总体聘用数量少于学术助理，增长趋势也更加平稳，可能因为行政助理主要做行政及财务报账相关工作，与科研经费和科研项目的增长有一定的相关性，但两者增长的关联程度低于学术助理。虽然如附图1-4所示，理科聘用的行政助理总数仍高于工科，但工科教师人均聘用行政助理数量高于理科（见第三章表3-3），这反映了学科研究范式的差异性。

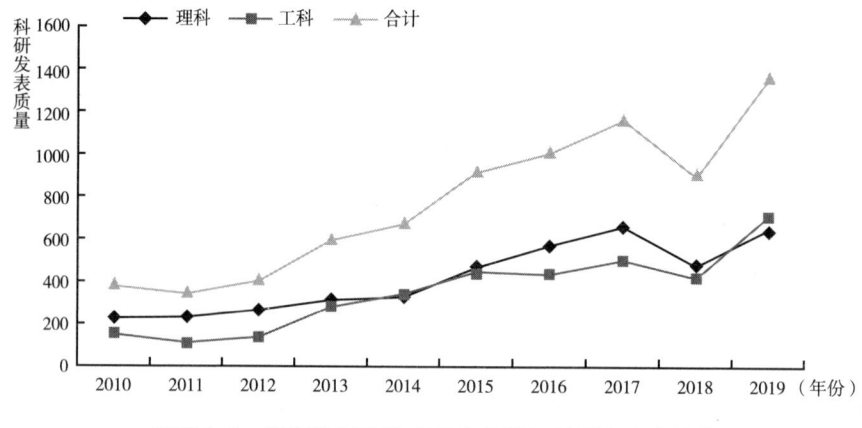

附图 1-2 科研发表质量（FSS_R 指数）的历年变化趋势

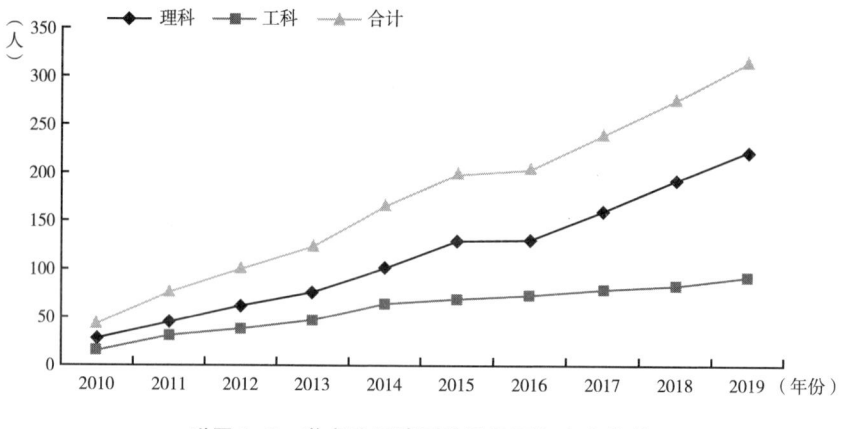

附图 1-3 学术助理聘用数量的历年变化趋势

学术助理和行政助理，教师更青睐于聘用哪一种？不妨从统计数据上进行初步分析，2010~2019 年教师年均聘用的学术助理和行政助理情况见附表 1-5，有 20.8% 的教师聘用了学术助理，19.3% 的教师聘用了行政助理。聘用学术助理的教师略多于聘用行政助理的教师。

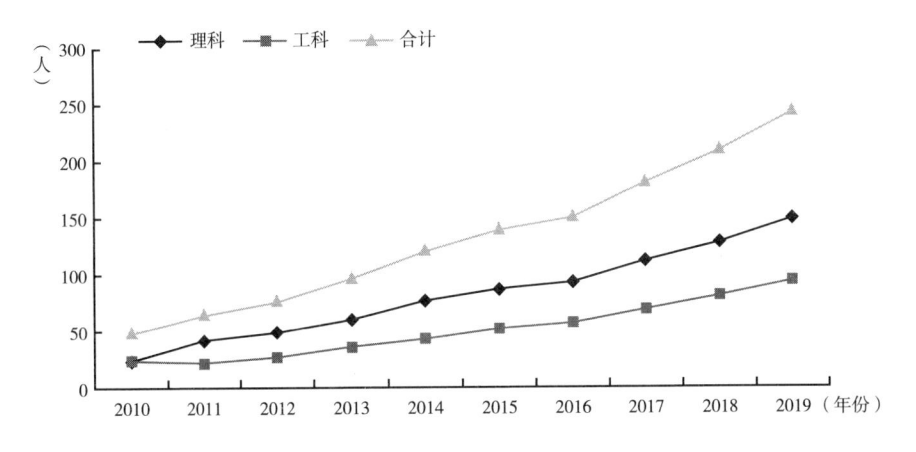

附图 1-4 行政助理聘用数量的历年变化趋势

附表 1-5 2010~2019 年教师年均聘用的学术助理和行政助理情况

单位：人，%

学术/行政助理人数	年均拥有学术助理的教师数	年均拥有行政助理的教师数	年均拥有科研助理的教师数
0	966	984	870
大于 0 且小于等于 1	64	32	62
大于 1 且小于等于 2	41	37	40
大于 2 且小于等于 3	22	27	23
大于 3	126	139	224
拥有助理的教师占比	20.8	19.3	28.6

注：计算科研助理时精确到月，例如 2010 年 4 月入职 1 人，则当年聘用科研助理数量为（12-4+1）/12＝0.75 人。该员工 2011 年 3 月底离职，则 2011 年聘用科研助理数量为 3/12＝0.25 人。

除了科研发表，纵向和横向课题数以及历年专利授权情况也是科研产出的一种方式。除此以外，科研经费总量既可以看作科研投入，在一定程度上也是科研产出的衍生物，它们的历年统计情况见附图 1-5，整体呈现上升的趋势，特别是 2016 年，在科研项目数没有大幅增加的情况下，科研经费投入有明显的提升。之后每年虽有小幅的回调和波动，但 2017 年之后的经费总额还是明显多于 2015 年之前。作为研究型大学，因纵向课题数量有限且竞争激烈，在一定程度上代表教师的学术能力和学术地位，并在其职称评审和职位竞争时起到重要的作用，因此教师对代表国家战略导向和研究偏好的纵向课题的重视程度远高于横向课题。比较而言代表市场需求的横向课题数和专利数就相对少很多。

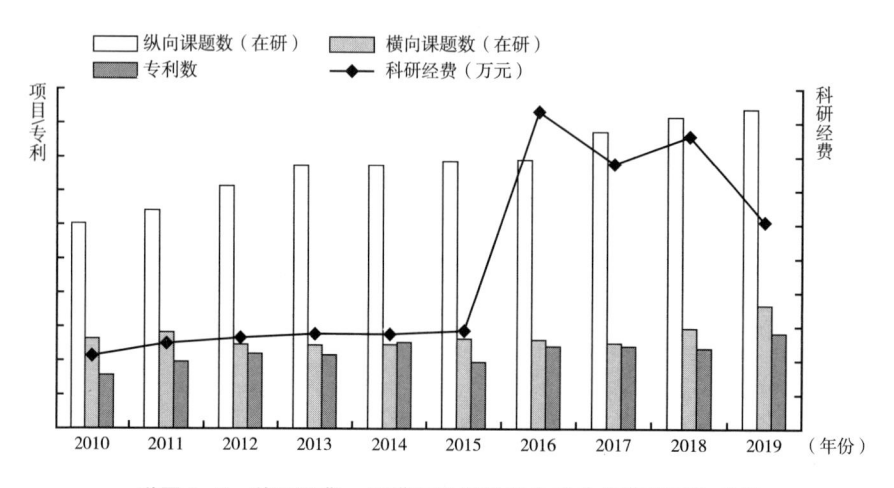

附图 1-5　科研经费、纵横向课题数及专利批复情况历年统计

注：图中特意不标 y 轴数值，因为该数据过于敏感，不便标出，只呈现规模增长规律。

4. 科研产出与科研助理聘用的相关性分析

科研产出与人均聘用科研助理数量之间呈现非线性的关系，附图 1-6 呈现教师人均聘用科研助理的数量与科研发表数量之间的相关关系。

在人均聘用 0.29 名科研助理之前，每多聘用 1 名科研助理带来科研发表数量持续、快速地增长，超过人均 0.29 人后，聘用数量与科研产出数量之间呈现波动上升的关系。科研发表质量与聘用科研助理数量之间也呈现科研助理达到一定数量后，质量的上升为非线性的现象（见附图 1-7），当人均聘用科研助理大约

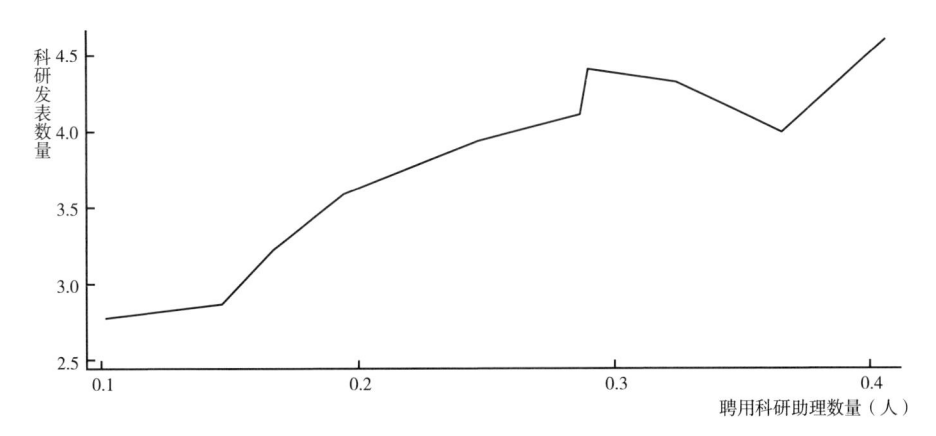

附图 1-6 聘用科研助理数量与科研发表数量之间的关系

0.32名时边际产出达到一个高点，然后开始下降，总体呈现波动上升的状态。

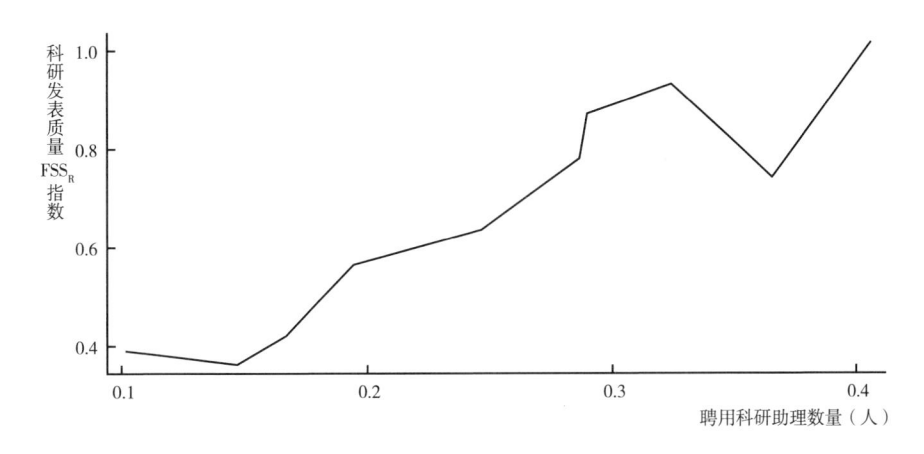

附图 1-7 聘用学术助理数量与科研发表质量之间的关系

需要注意的是附图1-6和附图1-7呈现的仅是人均聘用科研助理数量在0.1~0.4人的较小范围内科研助理聘用数量与科研发表之间的关系，从第三章对科研助理最优聘用规模的测算可知科研助理数量和科研发表之间虽然呈现倒U形的关系（见图3-2和图3-3），科研发表数量达到最优的科研助理聘用规模是人均2人,科研发表质量达到最优的科研助理聘用规模是人均3.26人,若将附图1-6和附图1-7放入一个范围更大的区间内,其呈现的实际上是一条基本平滑上升的曲线,因此可知在目前的聘用规模下,科研助理对科研发表的贡献是一条上升的曲线。

聘用科研助理与科研经费申请、纵横向课题申请以及专利授权之间的相关性分别见附图1-8、附图1-9和附图1-10。

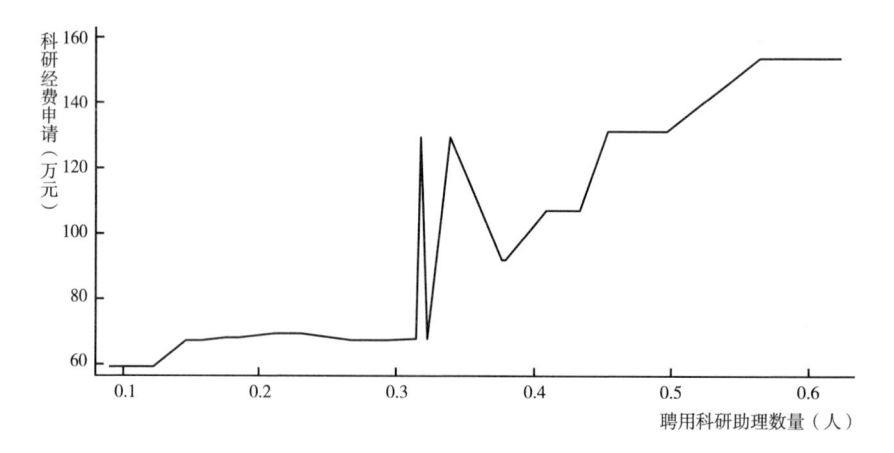

附图1-8 聘用科研助理数量与科研经费申请的关系

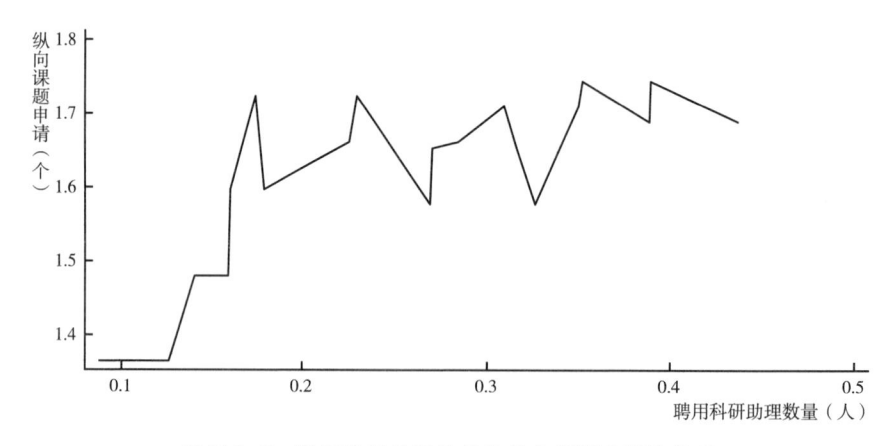

附图1-9 聘用科研助理数量与纵向课题申请的关系

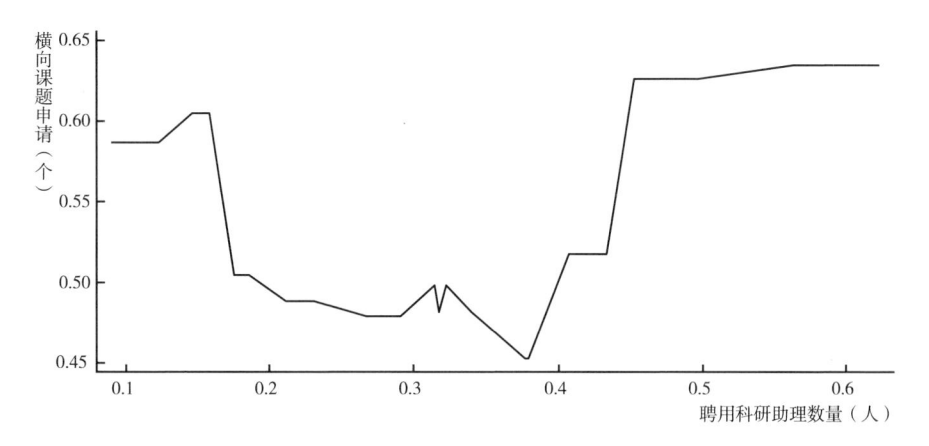

附图 1-10　聘用科研助理数量与横向课题申请的关系

更多的科研经费能够聘用更多的科研助理，反之更多的科研助理也能带来更多的科研经费，它们之间可能存在反向因果的关系，需要通过更精细的计量工具进行因果分析。从附图 1-8 可知两者之间并非线性关系，存在一个跳跃性的门槛，即人均聘用 0.33 名科研助理能带来科研经费的跳跃性增长。

聘用科研助理数量与纵向课题数量之间也呈现波动上升的关系（见附图 1-9），而与横向课题数量呈现 U 形关系（见附图 1-10），说明纵向课题的申请与横向课题的申请可能存在完全不同的逻辑。纵向课题数量在一定程度上关乎教师的职业发展，因此在其职业成长的很长阶段，无论科研助理聘用数量如何，都会尽量多申请纵向课题。相反，横向课题与教师个人的职业发展相关性低一些，更多是为了提高经费使用的便利性，因此在职业发展的上升期虽然聘用的科研助理增加，但横向课题申请数量在减少，只有进入职业发展的稳定期，拥有较大的科研团队时，才会增加对横向课题的申请数量。

就图形呈现来看，科研助理聘用数量与专利授权之间的关系不是很明显（附图 1-11）。

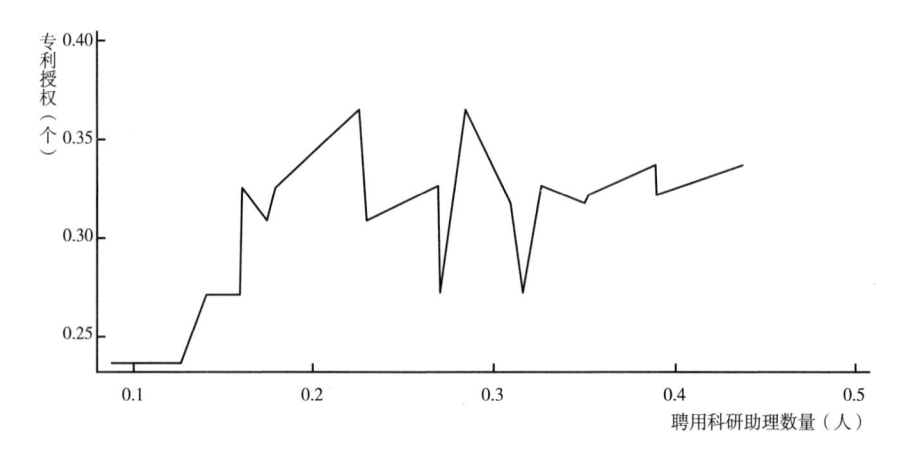

附图 1-11　聘用科研助理数量与专利授权的关系

5. 不同职称体系下科研产出及科研助理聘用情况分析

不同职称系列在聘用科研助理和科研产出方面存在异质性。见附表 1-6，首先"人数"表示截至 2019 年末理工科教师的各系列职称等级人数，"人均聘用学术助理"表示 2010~2019 年平均每人每年累计聘用的学术助理人数，右侧的其他三列同理。由附表 1-6 可知新体制职称的人均科研经费是老体制职称的 2.4 倍，但人均聘用的科研助理是老体制职称的 3.4 倍，具体而言，新体制职称人均聘用学术助理是老体制职称的 3 倍，人均聘用行政助理是老体制职称的 4 倍。在老体制职称内部，教授的人均科研经费和人均聘用科研助理的数量都多于副教授；新体制内部也同样存在职位水平越高，科研经费越充足，人均聘用的科研助理也越多的现象。有趣的是，新体制职称的预聘副教授和助理教授的人均科研经费与老体制职称的副教授大致相当，但人均聘用的科研助理却分别是老体制职称副教授的 3 倍和 3.7 倍。这可能是由于与老体制职称的副教授相比，新体制职称的预聘副教授和助理教授因需要经历决定其是否能留下的 Tenure 评估，所以面临着更大的研究成果压力。从以上数据比较可初步推断两个结论：其一，职称等级越高的教师聘用的科研助理越多，这也许与高职称等级的教师具有更充足的科研经费有关；其二，新体制职称教师比老体制职称的教师聘用更多的科研助理，特别是新体制职称的预聘副教授和助理教授在科研经费与老体制职称的副教授大致相当的情况下，前者聘用科研助理的数量是后者的3~4倍，这说明：科研经费虽然是聘用科研助理数量的重要因素，但科研压力也是决定科研助理聘用数量的关键，科研压力越大，聘用的科研助理数量越多。以上结论仅是在描述性统计的基础上初步得出的。

附表1-6 2010~2019年分职称统计科研助理和科研产出

单位：人，万元

职称系列	职位	人数	人均聘用学术助理	人均聘用行政助理	人均聘用科研助理	人均科研经费
老体制	教授	278	1.0	0.6	1.7	689
	副教授	287	0.2	0.1	0.3	206
	小计	565	0.6	0.4	1.0	451
新体制	教授	282	2.6	2.5	5.1	1818
	长聘副教授	132	1.5	1.2	2.7	529
	预聘副教授	8	0.5	0.4	0.9	182
	助理教授	159	0.7	0.4	1.1	212
	小计	581	1.8	1.6	3.4	1063

6. 学科异质性在科研助理聘用上的表现

关于学科分类，比格兰（Biglan，1973）根据对学者所进行的问卷调查，讨论了"不同学科领域的研究问题的特点"，而科尔布（Kolb，1981）沿着两个基本维度，即抽象-具体、实验的-思考反思的来比较各种"学习风格"。科尔布在借鉴比格兰分类方法的基础上提出，"当我们用这个两维空间对学术领域进行划分时，便形成了四种类型的学科。在抽象-理论探讨（纯硬科学）象限，聚集着自然科学与数学，而抽象-积极应用（应用硬科学）象限涵盖了以科学为基础的各种领域，最显著的是工程学领域。具体-积极应用（应用软科学）象限包含着社会领域学科，如教育、社会福利工作、法学。具体-理论研究（纯软科学）象限主要有人文科学"。比彻（Becher，1994，引自比彻，2008）在此分类的基础上进一步总结了每个学科类别的现实特征（见第四章第八节）。

以上分析在 A 大学的实践中得到了验证，根据 A 大学的学科分类，基本对应如下：理科属于"纯硬科学"，工科属于"应用硬科学"，人文科学属于"纯软科学"，社会科学属于"应用软科学"。2010~2019 年 A 大学各学科聘用的人均科研助理的数量见附表 1-7。

附表 1-7　2010~2019 年各学科人均聘用科研助理的数量

单位：人

学科类型	学术助理	行政助理	科研助理合计
理科(纯硬科学)	0.14	0.11	0.25
工科(应用硬科学)	0.16	0.13	0.29
人文科学(纯软科学)	0.01	0.05	0.06
社会科学(应用软科学)	0.03	0.11	0.14

从附表 1-7 的数据可以明显看出，"纯硬科学"的理科和"应用硬科学"的工科比"纯软科学"的人文科学和"应用软科学"的社会科学聘用更多的科研助理，且与社会实践结合更加紧密的"应用硬科学"和"应用软科学"对行政助理的需求量均相对高于"纯硬科学"和"纯软科学"。

鉴于理科和工科的学科特点和研究范式需要聘用更多的科研助理，且理科和工科的国际发表要求也相对于社会科学和人文科学更具可比性，为了使问题的呈现更加清晰，本书主要聚焦 A 大学理工学科在职教师聘用科研助理对其科研产出的影响。以上统计数据均为行政数据，在一定程度上可以避免现有大部分研究使用来自问卷调查的数据所可能产生的偏误问题，使得统计结果更加准确可靠。

描述性统计分析部分仅以表格或图形的方式直观地呈现聘用科研助理与科研产出之间可能存在的相关性，它们之间是否真的存在因果关系还需通过实证进一步检验。

7. 质性研究的访谈大纲

针对学院的访谈大纲与针对教师、科研助理个体的访谈大纲是不同的。针对学院的访谈大纲主要围绕以下几点：（1）学院对于教师招聘合同制科研助理的意见；（2）学院目前科研团队的构成如何，理想的人员配备结构是什么样的；（3）学院行政部门是否有招聘劳动合同制员工的需求；（4）由学校直接批准的科研助理岗位和将指标下达学院，由学院自主分配岗位，学院倾向于选择哪种方案；（5）学院日常对于教师聘用科研助理主要进行了哪些管理和服务。

针对教师个体的访谈大纲主要围绕的问题是：（1）目前所在课题组的人员构成是怎样的？（2）申请招聘合同制科研助理的原因是什么？（3）科研助理和研究生在科研工作中所扮演的角色有何不同？（4）科研助理的求职动机有哪些？（5）由学校直接批准科研助理岗位和将指标下达学院，由学院来分配岗位，您希望是哪种方式？（6）目前在使用科研助理的过程中存在哪些困难，希望由学院解决还是学校解决？

针对科研助理的访谈大纲主要围绕的问题是：（1）您选择来 A 大学工作的原因是什么？（2）您的工作内容有哪些？（3）您是如何与所聘教师合作的？（4）学院对您的工作是否有统一的组织和管理？（5）您在工作中遇到的主要问题是什么？（6）您个人有什么诉求。

附录二 比较间断时间序列的研究方法

比较间断时间序列的研究方法是评价干预措施纵向效果的最强的准实验方法（Wagner, et al., 2002）。该方法检验的是间断（干预、项目等）是否影响和如何影响一个社会过程，以及观察其是否与未被干预组的过程不同，或者不同干预类型之间的过程是否不同。该方法在干预之前与之后的多个时间点收集数据，实验组和对照组的数据都以同样的方式被收集。对于一个带有对照组的比较间断时间序列，对照组是一个与实验组在许多方面尽可能相似的未受干预组（理查德和克莱尔，2008）。CITS 与双重差分法基本类似，都研究特定的干预给实验组和对照组带来的截距与斜率的影响，把对照组的发展趋势作为实验组发展趋势的"反事实"。基于两种方法的估计结果，能够有效控制其他共时性政策的影响和实验组与对照组之间的事前差异，进而识别出政策所带来的因果效应。两者不同之处在于，双重差分法要求实验组与对照组在实验前变化趋势平行，而 CITS 放松了这一假设，允许实验组与对照组在政策前有不同的发展趋势。因此双重差分法对于实验组和对照组在实验前的变化趋势假设很强，很难在实际情况中满足，而 CITS 的假设更具灵活性（哈巍和张心悦，2019）。

比较间断时间序列通过显示一种效果是立即的还是延迟的、突然的还是渐进的，以及一种效果是持续的或是暂时的，直观地显示了观测变量对干预的反应动态。分段回归分析可以估计不同时间点效应的大小，以及效应随时间变化的趋势（Anon, 2001）。同时，为了控制对有效性的威胁，模型中还应包括重要的控制变量和基线趋势。比较时间序列设计是一种有明显优点的方案，因为它自然排除了对一种现象仅仅进行一次观察所产生的偏差，收集数据的时间点越多，反映的发展趋势越明显，越能够确信结果正确地反映了社会过程。比较间断时间序列分析一般要求在每个数据点有至少 100 个观测值（Anon，2001）。

回归方程如下：

$$Y_{it} = \beta_0 + \beta_1 \cdot high + \beta_2 \cdot time_t + \beta_3 \cdot intervention_t + \beta_4 \cdot time\_after\_intervention_t \\ + \beta_5 \cdot (high \cdot time_t) + \beta_6 \cdot (high \cdot intervention_t) \\ + \beta_7 \cdot (high \cdot time\_after\_intervention_t) + \beta_8 \cdot X_{it} + \gamma_i + \varepsilon_{ijt}$$

附式（2-1）

其中，Y_{it} 是结果变量对于个体 i 在年份 t 的取值；β_0 表示估计结果的基线水平；β_1 是实验组的系数，$high$ 等于 1 代表实验组，$high$ 等于 0 代表对照组；β_2 表示干预前的变化趋势，即基线趋势；β_3 表示干预带来的及时变化；β_4 则表示干预发生之后的时间变化趋势；$\beta_5 \sim \beta_7$ 均为实验组与时间、干预和干预后时间变量的交互项的系数，分别表示干预前实验组相对于对照组的变化趋势、干预发生当时实验组相对于对照组的及时变化以及干预发生后实验组相对于对照组的时间变化趋势；β_8 是其他控制变量的系数。

附录三　倾向得分匹配法选择科研助理聘用研究中的实验组与对照组

倾向得分匹配估计的结果是否有效取决于协变量是否满足"共同支持条件"（common support condition）和"平衡性条件"（balance property condition）（Imbens，2000）。"共同支持条件"保证了实验组样本能够通过倾向评分匹配找到与其相匹配的对照组样本；"平衡性条件"确保匹配后的实验组和匹配成功的对照组在协变量上没有显著性差异。为了提高匹配质量，依据阿巴迪等人（Abadie, et al., 2004）的建议采用一对四的近邻匹配法，并且保留倾向得分重叠部分的个体，同时卡尺匹配限制的半径为0.05（陈强，2018），匹配结果见附表3-1。

附表3-1　实验组和对照组倾向值匹配结果

变量	未匹配 已匹配	均值 实验组	均值 对照组	偏离率	偏离率减少幅度	T检验 t	T检验 p>|t|	方差比
专业技术职称	U	2.5646	1.7401	78.4		27.98	0.000	1.18*
	M	2.5600	2.4934	6.3	91.9	2.59	0.010	0.92*
职称系列	U	0.4161	0.0985	78.0		26.31	0.000	.
	M	0.4135	0.3834	7.4	90.5	2.67	0.008	.
来校时间	U	2005	2000.7	51.0		18.53	0.000	0.91*
	M	2005	2006.2	-14.3	71.9	-6.25	0.000	0.93*
科研发表数量	U	3.4092	1.5767	51.7		17.62	0.000	2.32*
	M	3.2931	3.5684	-7.8	85.6	-2.87	0.004	0.69*
科研发表质量	U	0.8097	0.2894	24.7		8.11	0.000	5.34*
	M	0.7510	0.7736	-1.1	95.7	-0.47	0.635	1.11
是否进入长聘通道	U	0.3939	0.2836	23.5		8.37	0.000	.
	M	0.3947	0.3986	-0.8	96.5	-0.35	0.729	.

注：*代表匹配前和匹配后处理组与对照组的方差比处于[0.94, 1.07]的范围之外。

从匹配结果看，实验组和对照组在科研发表质量和是否进入长聘通道方面不具有显著性差异，专业技术职称、职称系列、来校时间和科研发表数量匹配后虽然依然存在显著差异，但 t 值都明显下降。附图 3-1 显示的是共同支撑假设的检验结果，从图中可知，分布较为均匀，实验组与对照组在倾向得分的大部分取值上均有共同支撑，可匹配范围较广，共同支撑假设成立。

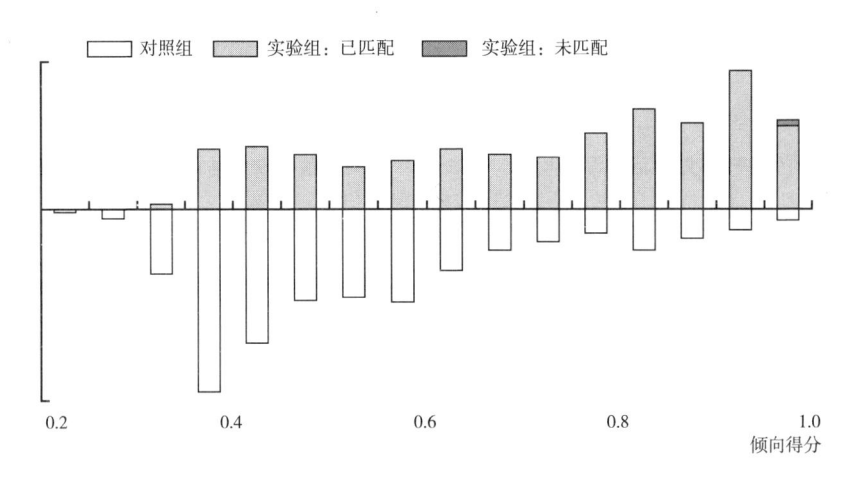

附图 3-1　共同支撑假设检验-CITS 分析

附图 3-2 显示了最近邻匹配（k=4）匹配前后控制变量标准偏差的变化，理论上匹配后控制变量的标准偏差绝对值应小于 10%。图中显示，匹配后所有控制变量的标准偏差均大幅度下降，基本满足标准偏差绝对值小于 10% 的要求。

使用倾向得分匹配法最终形成样本 766 人，其中实验组 501 人，占样本总量的 65%；对照组 265 人，占样本总量的 35%。满足比较间断时间序列分析在每个数据点有至少 100 个观测值的要求（Anon，2001）。实验组和对照组的职称构成见附表 3-2，实验组比对照组有更高比例的新体制教师。

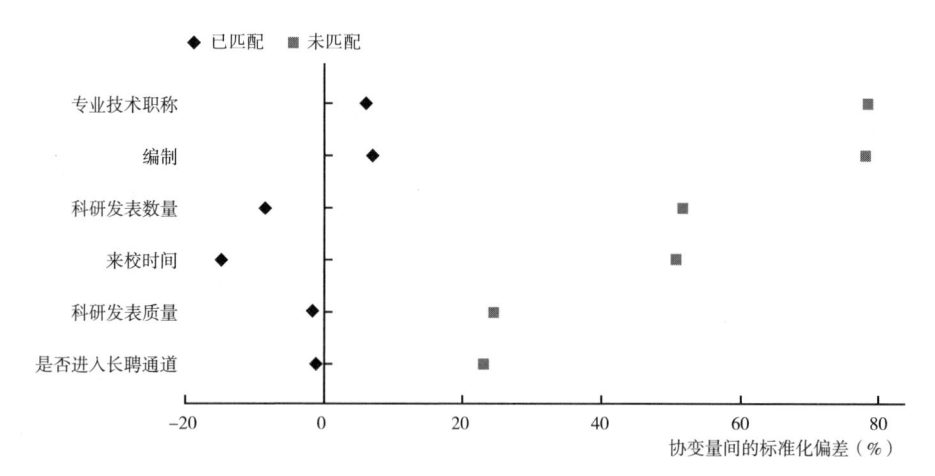

附图 3-2　最邻近匹配（k=4）匹配前后控制变量标准偏差对比-CITS 分析

附表 3-2　实验组和对照组的职称构成情况

单位：人，%

分组	老体制	新体制	小计	占比
实验组	197	304	501	65
对照组	186	79	265	35

实验组和对照组的性别构成和年龄构成分别见附表 3-3 和附表 3-4。从性别构成来看，两组基本持平，实验组的男性比例略高于对照组。从年龄构成来看，实验组中 50 岁以下的比例高于对照组，平均年龄 45 岁，低于对照组的平均年龄（48 岁）。

附表 3-3　实验组和对照组的性别构成

单位：人，%

性别	实验组		对照组	
	人数	占比	人数	占比
男性	405	81	209	79
女性	96	19	56	21
小计	501	100	265	100

附表 3-4　实验组和对照组的年龄构成

单位：人，%

年龄区间	实验组		对照组	
	人数	占比	人数	占比
27~40 岁	196	39	81	31
41~50 岁	170	34	66	25
51~60 岁	111	22	78	29
60 岁以上	24	5	40	15
小计	501	100	265	100

附录四　固定效应模型和工具变量法

1. 固定效应模型

在非实验性的社会调查数据中,由于资源和认识的局限性,一些重要变量(如能力、智力、性别偏好)经常缺失,这使得数据分析结果难免存在偏误。在很长时间内,定量研究最富挑战性的任务是发明何种方法,准确地衡量非实验数据中变量之间的因果关系,其中最大的难点是控制未被观察到或无法观察到的变量对因变量的影响,或对自变量与因变量关系的调节或干扰作用。利用纵向数据进行固定效应模型分析,部分地解决由于无法控制未被观察到或无法观察到的特征而引起的遗漏变量偏误。

固定效应模型(Fixed Effects Model,FEM)分为三类:个体固定效应模型、时间固定效应模型和双向固定效应模型(也称为个体时间固定效应模型)。在概念上,"固定效应模型"通常与"随机效应模型"相对应,它假设效果量的参数是一个未知的、固定不变的常数,每个效果量都是真值的无偏估计值,效果量的差异完全是由抽样引起的,故样本越大,结果就越接近真值。也就是说固定效应模型将个体之间没有观察到的差别当作固定参数,即使遗漏,也不会使分析结果产生偏误(杨菊华,2012)。双向固定效应模型通常为:

$$Y_{it} = \alpha + \beta X_{it} + \mu_i + \gamma_t + \varepsilon_{it} \qquad 附式(4-1)$$

式中,Y_{it}是结果变量对于个体 i 在年份 t 的取值;X_{it}关注的是一个自变量对于个体 i 在年份 t 的取值,系数 β 是自变量 X 对因变量 Y 的影响;μ_i 为个体的虚拟变量,系数代表每个个体对截距的影响;γ_t 为时间的虚拟变量,系数代表每个时间点对截距的影响。

固定效应模型适用于分析面板数据,即对同一调查对象在多个时点就相同问题进行追踪测量而获得的数据。利用固定效应模型分析纵向数据有助于解决非实验性数据中的遗漏变量问题和相关性问题，因为它可以有效地应对重复观察的特征，控制固定不变的变量以及个体之间的随机差异。只要某个因素在被调查期间基本保持恒定不变（如民族、性别、出生年月、个体偏好、能力），即使它没有被测量到或无法被测量，该因素也可以从模型中自动删除，从而可以很好地控制遗漏变量的异质性给分析结果带来的偏误。双向固定效应模型还可以提供更为明确的因果关系，考察因变量的变化是否随自变量的变化而异。并且能够解决因数据的聚类而引起的相关性问题，得出更精确的参数估计。固定效应模型也有一些潜在的甚至是严重的局限。首先，当变量不随时间而变时，它就无法提供估计量，在纵向研究中，通过与因时而异变量的交互来解决。其次，在存在内生性的情况下，固定效应模型的估计是有偏误的。最后，在纵向数据中，个体 i 的误差项在不同调查时点相互关联。

在处理面板数据时，究竟应该使用固定效应模型还是随机效应模型是一个根本问题。为此，需要检验原假设 "H_0：u_i 与 x_{it}、z_i 不相关"（即对于回归方程 $y_{it} = x_{it}'\beta + z_i'\delta + u_i + \varepsilon_{it}$ 随机效应模型为正确模型）。无论原假设成立与否，固定效应模型都是一致的。然而，如果原假设成立，则随机效应模型比固定效应模型更加有效。如果原假设不成立，则随机效应模型不一致。为了检验原假设，采用豪斯曼检验（引自陈强，2018）。由于面板数据存在异方差和自相关的问题，又是非平衡面板，因而选择构造以下辅助回归：

$$y_{it} - \hat{\theta}\bar{y}_i = (x_{it} - \hat{\theta}\bar{x}_i)'\beta + (1-\hat{\theta})z_i'\delta + (x_{it} - \bar{x}_i)'\gamma + [(1-\hat{\theta})u_i + (\varepsilon_{it} - \hat{\theta}\bar{\varepsilon}_i)]$$

附式(4-2)

然后，使用聚类稳健标准误来检验原假设 "H_0：$\gamma = 0$"。因为该检验的 p 值为 0.0000，故强烈拒绝 "H_0：$\gamma = 0$"，即拒绝随机效应，应该使用固定效应模型。

通过第二章的分析可知，科研经费是决定教师聘用科研助理的需求能否满足的门槛条件，因此需要衡量科研助理与科研经费之间是否存在严重的多重共线性，以免影响回归结果的准确性。最简单的方式就是判别它们之间的相关性，结果如附表4-1所示。

附表4-1 科研经费与科研助理变量之间的相关性分析

相关性系数	科研经费
学术助理	0.0909
行政助理	0.1284
科研助理	0.1238

从分析结果看，科研经费与科研助理及其子分类变量学术助理、行政助理之间的相关系数均不大，远低于0.8（杨菊华，2012），不存在多重共线性的问题，可将科研助理和科研经费一同纳入回归方程中。

2. 工具变量法

在实际运用中，很多解释变量是不可观测并随时间变化的，因此，要通过添加变量来"完全清理"干扰项是不太现实的。工具变量解决内生性问题的思路不是"清理"干扰项，而是"清理"解释变量。它先"清理"内生变量中与干扰项相关的变化（"坏"的变化），再用与干扰项不相关的变化（"好"的变化）去估计对因变量的作用。一个能达到这种目的的工具变量 Z_{it} 需要满足两个条件：首先是外生性，即工具变量与干扰项 e_i 不相关，Cov $(Z_{it}, e_i) = 0$。当控制了其他外生变量后，Z_{it} 对因变量 Y_{it} 的影响只能通过内生变量 D_{it} 实现，当内生变量也被控制后，Z_{it} 对 Y_{it} 应该没有作用，外生性是一个"干净"的工具变量的要求。其次是相关性，即当控制了模型中所有外生变量与 D_{it} 的相关性后，Z_{it} 与 D_{it} 仍然存在相关性，相关性是一个"有用"工具变量的条件。

工具变量的估计方法通常有两种：间接最小二乘法和两阶段最小二乘法。间接最小二乘法首先估计工具变量 Z_{it} 对因变量 Y_{it} 的作用，再除以 Z_{it} 对内生变量 D_{it} 的作用，相关性和外生性保证了 Z_{it} 对 Y_{it} 的作用只通过 D_{it} 发挥，因此相除后得到 D_{it} 对 Y_{it} 的作用。两阶段最小二乘法是一种通过直接分解出 D_{it} 中与干扰项 e_{it} 不相关的变化 $\hat{D}_{it}$ 来进行估计的方法。虽然方法不同，但结果是一样的。

与内生变量相关性很小的工具变量为弱工具变量，使用弱工具变量，即使在大样本中，两阶段工具变量估计也可能比 OLS 估计量的偏差还大，识别弱工具变量的方法 Stock 和 Yogo（2002）建议当工具变量数为 1、2、3、5、10 时第一阶段的 F 统计量的关键值分别设为 8.96、11.59、12.83、15.09、22.88。如果第一阶段的 F 检验值低于这些关键值，则可能存在弱工具变量问题。

附录五 在科研团队合作中的效能分析使用倾向得分匹配法选择实验组与对照组

为避免进入科技创新基地的教师本身就具有比未进入基地的教师更高的科研生产力，在进行中介效应分析之前同样先使用倾向得分匹配法寻找与进入基地教师具有相似科研生产力的对照组，构造的协变量包括专业技术职称（正高、副高和中级职称）、是否是新体制职称、是否进入长聘通道、来校时间和历年科研发表数量和发表质量。为了提高匹配质量，依据阿巴迪等人（Abadie, et al., 2004）的建议采用一对四的近邻匹配法，并且保留倾向得分重叠部分的个体，同时卡尺匹配限制的半径为0.05，匹配结果见附表5-1，经过匹配，实验组和对照组在专业技术职称、是否进入长聘通道、来校时间、科研发表数量和发表质量上都不再具有显著性差异。因科研助理对科研发表质量的贡献表现得更加突出，本书选择科研发表质量为因变量。

附表5-1 实验组和对照组倾向值匹配结果

变量	未匹配	均值		偏离率	偏离率减小幅度	T检验		方差比
	已匹配	实验组	控制组			t	p>|t|	
专业技术职称	未匹配	2.496	2.478	1.700		0.370	0.711	1.140
	已匹配	2.496	2.450	4.300	67.300	0.820	0.410	1.000
是否新体制	未匹配	1.512	1.404	21.900	4.740	0.000	1.040	1.512
	已匹配	1.512	1.507	1.200	94.600	0.180	0.854	1.000
是否进入长聘通道	未匹配	0.444	0.508	-12.800		-2.740	0.006	
	已匹配	0.444	0.409	7.000	45.700	1.090	0.276	
来校时间	未匹配	2005.1	2001.9	40.400		8.360	0.000	0.850
	已匹配	2005.1	2004.9	2.000	95.100	-0.320	0.751	0.940
科研发表数量	未匹配	5.753	3.735	36.700		8.930	0.000	1.660*
	已匹配	5.753	5.774	-0.400	99.000	-0.050	0.959	0.880
科研发表质量	未匹配	1.338	0.656	35.600		10.100	0.000	2.820*
	已匹配	1.338	1.308	1.600	95.600	0.200	0.839	1.050

注：*代表匹配前和匹配后处理组与对照组的方差比处于 [0.84, 1.20] 的范围之外。

附图 5-1 显示共同支撑假设的检验结果，从图中可知，分布较为均匀，实验组与对照组在倾向得分的大部分取值上均有共同支撑，可匹配范围较广，共同支撑假设成立。附图 5-2 显示了最近邻匹配（k=4）前后控制变量标准偏差的变化，理论上匹配后控制变量的标准偏差绝对值应小于 10%。图中显示，匹配后所有控制变量的标准偏差均大幅度下降，科研发表数量和发表质量的标准差小于 5%。

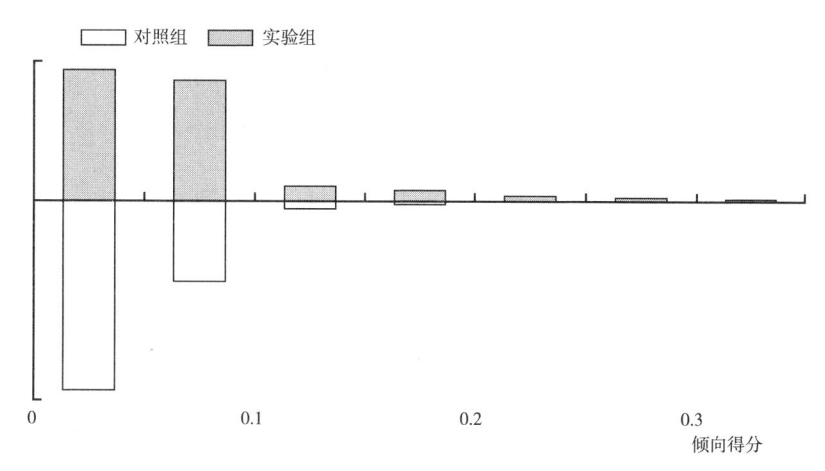

附图 5-1　共同支撑假设检验-中介效应分析

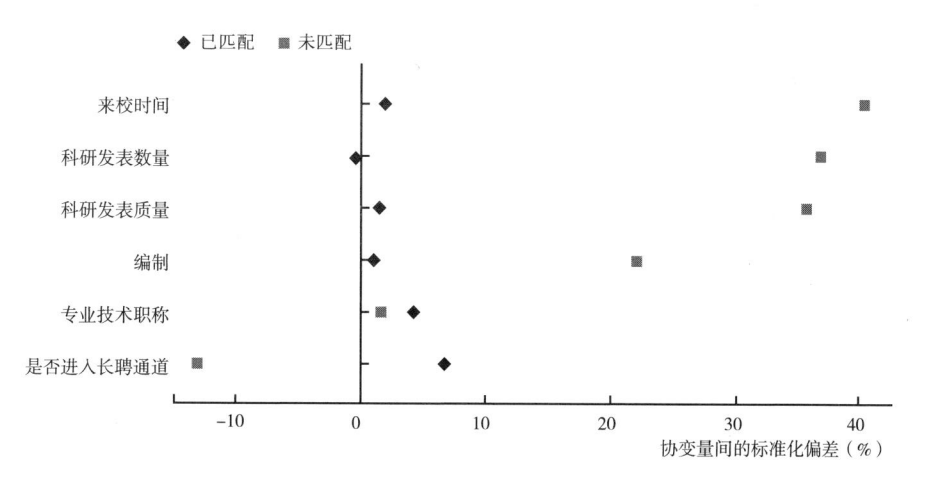

附图 5-2　最邻近匹配（k=4）匹配前后控制变量标准偏差对比-中介效应分析

附录六　质性研究方法中的连续比较法

质性研究方法中的连续比较法作为扎根理论的代表路径，不强调从已有文献或理论出发来建立一个初始的理论模型，作为研究的出发点。研究者本人带着粗略的研究主题和做实地研究的基本方法素养，"悬置"已有的假设、判断和偏见，"扎入"实地去搜寻所有"可能"的资料，全身心地关注研究现场和研究对象（林小英，2015）。

首先，研究者通过扩大研究的覆盖面获得对研究情景的基本了解。其次，对个案资料采用"微分析"的路径建构基本的理论模型（林小英，2015）。微分析是一种开放式的编码方法，通常在项目初始阶段使用，在"类属-属性-维度"的三级编码中，微分析从"维度"入手对资料进行高倍放大。再次，通过理论性抽样，不断寻找与初步理论描述不符合的个案。理论抽样的目的是最大化地从属性和维度上形成概念、揭示变量以及寻找概念之间的关系。研究者就像一个侦探，循着概念的指引，不知道概念会将自己引向何处，却总是对可能的发现保持敞开的心态（科尔宾、施特劳斯，2015）。在收集资料时，研究者边收集，边分析，进一步收集……循环往复直至一种类属或属性达到"饱和"。饱和即"没有新的类属或相关主题出现"，同时还是类属在其属性和维度上的形成和发展，包括变化形式及其可能与其他概念产生的关系（科尔宾、施特劳斯，2015）。最后，通过寻找反例，确证核心类属，建构理论模式的"理想类型"，厘清理论的边界（林小英，2015）。连续比较法关注模型内部的自洽，强调新的个案要具备新的属性，新属性纳入模型之后能增强模型的解释力，由此采用理论性抽样是较好的选择。理论性抽样是概念驱动的，它能让研究者发现与该问题和群体有关的概念，并且允许研究者深入地研究概念（科尔宾和施特劳斯，2015）。

总的来说，连续比较法就是从基础开始不断向上的理论化，没有现成的理论可用，也没有一个决定性的案例；没有相对多的例子，也不会受它们的制约；甚至没有一组需要由访谈和文献工作去证实的假设。研究者没有任何倾向性，或者希望能够发现由某一理论告知应该去寻找的东西，或者祈祷资料能够适应一个本不合适的概念框架（欧博文，2012）。

参考文献

W. 理查德·斯科特：《制度与组织：思想观念与物质利益》，姚伟、王黎芳译，中国人民大学出版社，2010。

安德鲁·阿伯特：《职业系统——论专业技能的劳动分工》，李荣山译，刘思达校，商务印书馆，2016。

敖荣军：《劳动力区际流动及其人力资本再分配效应——基于技能互补性假说的理论与实证分析》，《地理与地理信息科学》2007年第1期。

伯顿·R. 克拉克：《高等教育系统——学术组织的跨国研究》，王承绪等译，杭州大学出版社，1994。

布鲁诺·拉图尔、史蒂夫·伍尔佳：《实验室生活：科学事实的建构过程》，张伯霖、刁小英译，东方出版社，2004。

布鲁诺·拉图尔：《科学在行动：怎样在社会中跟随科学家和工程师》，刘文旋、郑开译，东方出版社，2005。

曹明珠：《我国科研经费管理中廉政预设制度的创新性构建》，《科学管理研究》2014年第1期。

陈平：《从教研室到PI团队：一个研究型理科学院基层学术组织变迁的制度逻辑》，博士学位论文，北京大学，2019。

陈琪、盛建新：《从"科教兴国"到"建设创新型国家"的战略演进与特征分析》，《中国科技论坛》2007年第5期。

陈强编著《高级计量经济学及Stata应用（第二版）》，高等教育出版社，2018。

陈巧巧、卢永嘉：《浅析 PI 制的含义及发展》，《学理论》2011 年第 14 期。

陈亚平、索朗杰措：《科研助理制度：演变历程、面临的困境与对策建议》，《科技中国》2022 年第 9 期。

褚珊：《高校科研财务助理制度的研究——基于江苏省 24 所高校科研财务助理制度执行现状调查分析》，《中国注册会计师》2019 年第 10 期。

德兰迪：《知识社会中的大学》，黄建如译，北京大学出版社，2010。

董洁：《高校科研经费管理的政策困境及其出路》，《山东高等教育》2017 年第 3 期。

董少校：《上海交大：学院推着学校跑》，《中国教育报》2016 年 4 月 6 日。

杜雅倩：《高校租赁制人才激励机制研究》，硕士学位论文，复旦大学，2012。

方杰、温忠麟、梁东梅、李霓霓：《基于多元回归的调节效应分析》，《心理科学》2015 年第 3 期。

冯端：《实验室是现代化大学的心脏》，《实验室研究与探索》2000 年第 5 期。

谷志远：《中国大学教师学术发表的影响因素研究》，中国社会科学出版社，2016。

郭书剑、王建华：《大学章程的象征意义及其改进——象征性治理的视角》，《高等理科教育》2016 年第 3 期。

《国务院印发关于深化中央财政科技计划（专项、基金等）管理改革方案的通知》，中国政府网，2015 年 1 月 12 日。

哈巍、于佳鑫：《辅助人员对科研生产力的影响——以中国科学院为例》，《华东师范大学学报》（教育科学版）2019 年第 1 期。

哈巍、张心悦：《科研经费管理政策规范化对高校社科科研经费收入的影响》，《教育经济评论》2019年第4期。

贾莉莉：《基于学科的大学学术组织研究》，博士学位论文，华东师范大学，2008。

蒋凯：《高等教育分权的悖论》，《现代大学教育》2014年第1期。

蒋悟真：《纵向科研项目经费管理的法律治理》，《法商研究》2018年第5期。

李锋亮、袁本涛、刘帆：《国际上博士生规模与名额分配机制的案例研究》，《复旦教育论坛》2009年第6期。

李梦欣、任保平：《新中国70年生产力理论与实践的演进》，《政治经济学评论》2019年第5期。

李庆刚：《建国以来我国高等教育管理体制改革演变论略》，《当代中国史研究》2001年第3期。

李硕豪：《权力博弈——一所中国大学内部权力运行的故事》，中国社会科学出版社，2011。

李燕萍、吴绍棠、郐斐、张海雯：《改革开放以来我国科研经费管理政策的变迁、评介与走向——基于政策文本的内容分析》，《科学学研究》2009年第10期。

理查德·D. 宾厄姆、克莱尔·L. 菲尔宾格：《项目与政策评估》，朱春奎、杨国庆译，复旦大学出版社，2008。

梁文泉、陆铭：《城市人力资本的分化：探索不同技能劳动者的互补和空间集聚》，《经济社会体制比较》2015年第3期。

林小英、薛颖：《大学人事制度改革的宏观逻辑和教师学术工作的微观行动：审计文化与学术文化的较量》，《华东师范大学学报》（教育科学版）2020年第4期。

林小英：《分析归纳法和连续比较法：质性研究的路径探析》，《北京大学教育评论》2015年第1期。

林心颖：《基于中国高校劳动合同制员工管理模式的比较和思考》，《北京教育（高教）》2019年第9期。

林学延：《高校科研财务助理的制度背景分析》，《金融经济》2019年第8期。

刘惠琴、彭方雁：《融合与创新：研究型大学科研团队运行模式剖析》，《清华大学教育研究》2005年第5期。

刘平、史莉莉：《行政"黑名单"的法律问题探讨》，《上海政法学院学报》2006年第2期。

刘宁：《我国科研财务助理制度实施的现状与完善建议》，《中国注册会计师》2018年第6期。

刘晓苏：《事业单位人事制度功能困境的结构解析及再设计》，《天津社会科学》2008年第4期。

刘笑笑：《高校科研经费管理政策的问题与优化研究》，硕士学位论文，浙江工业大学，2019。

刘佑成：《社会分工论》，浙江人民出版社，1985。

罗雪芹、徐文正、王丽、李丹：《农业科研单位科研助理流动性思考——以Y研究所为例》，《投资与创业》2022年第3期。

马陆亭：《我国高等教育管理体制改革30年——历程、经验与思考》，《中国高教研究》2008年第11期。

迈克尔·吉本斯、卡米耶·利摩日、黑尔佳·诺沃提尼等：《知识生产的新模式——当代社会科学与研究的动力学》，陈洪捷、沈文钦等译，北京大学出版社，2011。

米哈伊·奇凯岑特米哈伊：《创造性：发现和发明的心理学》，夏镇平译，上海译文出版社，2001。

莫里斯·罗森堡、拉尔夫·H. 特纳：《社会学观点的社会心理学手册》，孙非等译，南开大学出版社，1992。

欧博文：《发现，研究（再）设计与理论构建》，玛丽亚·海默、曹诗弟主编《在中国做田野调查》，于忠江、赵晗译，重庆大学出版社，2012。

潘译泉：《国家调整农民工社会政策研究》，中国人民大学出版社，2013。

盛明科：《国家科研经费管理政策的演进逻辑与未来走向——以国家创新治理现代化为视角》，《武汉理工大学学报》（社会科学版）2018年第2期。

石中英、安传迎、肖桐：《我国C9大学与英美顶尖大学学院设置的比较研究》，《高等教育研究》2020年第8期。

史仁杰：《雷达反导与林肯实验室》，《系统工程与电子技术》2007年第11期。

苏渭昌、雷克啸、章炳良主编《中国教育通史·中华人民共和国卷（下）》，北京师范大学出版社，2013。

孙頔：《高校科研经费管理的"放管服"改革政策研究》，硕士学位论文，电子科技大学，2018。

孙广振：《劳动分工经济学说史》，李井奎译，格致出版社，2015。

孙艳丽：《科研团队知识生产模式研究》，上海交通大学出版社，2020。

孙园：《组织承诺视角下的军队院校编外聘用人员组织职业生涯管理研究》，硕士学位论文，国防科技大学，2018。

唐严、陈姝彦、林琛、郭舜民、陈刚：《科研财务助理制度在科研项目管理中的作用》，《福建医药杂志》2019年第5期。

田文生、乔梦雨：《重庆"七条新政"：科研经费支出"重物轻人"，别了！》，《中国青年报》2016年7月27日。

托尼·比彻、保罗·特罗勒尔：《学术部落及其领地：知识探索与学科文化》，唐跃勤等译，北京大学出版社，2008。

W.理查德·斯科特：《制度与组织——思想观念与物质利益（第3版）》，姚伟、王黎芳译，中国人民大学出版社，2010。

王力：《科研财务助理效用评估研究》，《会计之友》2019年第2期。

汪正贵：《学校决策的价值取向研究》，博士学位论文，北京师范大学，2015。

王守军：《从"放管服"改革看我国科研经费管理政策变化》，《中国高校科技》2019年第5期。

王纬超、陈健、曹冠英、鲍锦涛、周辉：《对科研组织管理新模式的探索——以北京大学为例》，《中国高校科技》2019年第3期。

万祎、闫志刚：《科研助理：一项大学生促就业政策带来的启示》，《教育与职业》2010年第10期。

温忠麟、侯杰泰、张雷：《调节效应与中介效应的比较和应用》，《心理学报》2005年第2期。

温忠麟、刘红云、侯杰泰：《调节效应和中介效应分析》，教育科技出版社，2012。

吴伟平：《城市劳动力技能互补的微观机制研究：基于分工的视角》，《社会科学》2020年第2期。

吴英：《马克思对文明发展规律的深刻揭示》，《人民论坛》2019年第21期。

西摩·马丁·李普塞特：《政治人——政治的社会基础》，张绍宗译，上海世纪出版集团，2011。

夏雪：《美国研究型大学PI制科研组织形式研究》，硕士学位论文，东北师范大学，2017。

向国成、李真子：《实现经济的高质量稳定发展：基于新兴古典经济学视角》，《社会科学》2016年第7期。

谢峰、宋彩萍：《高校院系治理改革的理念、困境与突破——"中国高校院系设置与治理改革"学术研讨会述评》，《复旦教育论坛》2017年第4期。

谢宇：《回归分析（修订版）》，社会科学文献出版社，2013。

休谟：《人性论（上册）》，关文运译，商务印书馆，1983。

延立军：《"双一流"背景下高校院系自主权改革的逻辑、困境及策略》，《煤炭高等教育》2019年第4期。

阎光才：《精神的牧放与规训：学术活动的制度化与学术人的生态》，教育科学出版社，2011。

颜青、刘玥伶、彭学兵：《高层次人才集聚的影响因素探究——以浙江省为例》，《人类工效学》2019年第2期。

杨菊华：《数据管理与模型分析：STATA软件应用》，中国人民大学出版社，2012。

叶宝娟、胡竹菁：《中介效应分析技术及应用》，中国社会科学出版社，2016。

由由、闵维方、周慧珺：《高校教师队伍结构与科研产出——基于世界一流大学学术排名百强中美国大学数据的分析》，《清华大学教育研究》2017年第3期。

余倩：《共同治理视域下我国高校院系治理结构研究》，硕士学位论文，浙江大学，2019。

张德祥、方水凤：《1949年以来中国大学院（系）治理的历史变迁——基于政策变革的思考》，《中国高教研究》2017年第1期。

张衡、眭依凡：《大学内部治理体系：现实诉求与构建思路》，《高校教育管理》2019年第3期。

张茂林：《创新背景下的高校科研团队建设研究》，博士学位论文，华中师范大学，2011。

张思琦：《全面落实科研财务助理制度的现状及建议——以H大学为例》，《财会学习》2022年第29期。

张熙：《专家委员会如何选拔"优秀"——顶尖大学博士招生评价标准与录取决策研究》，博士学位论文，北京大学，2020。

赵丽梅、马海群：《Q~2SRC-指数：基于情境的科学家科研生产力评价指标研究》，《图书情报工作》2018年第24期。

赵孟营:《论组织理性》,《社会学研究》2002年第4期。

郑礼明:《分工理论的演变与发展》,《区域治理》2019年第34期。

周光礼:《中国高等教育治理现代化:现状、问题与对策》,《中国高教研究》2014年第9期。

周茂、陆毅、杜艳、姚星:《开发区设立与地区制造业升级》,《中国工业经济》2018年第3期。

朱达明、任玉梅:《我国事业单位人事关系存废论争的借鉴与启示(上)》,《上海企业》2007年第10期。

朱达明、任玉梅:《我国事业单位人事关系存废论争的借鉴与启示(中)》,《上海企业》2007年第11期。

朱振国:《高校成为我国科技创新主力军之一》,《科学咨询》2003年第6期。

朱丽叶·M. 科尔宾、安塞尔姆·L. 施特劳斯:《质性研究的基础:形成扎根理论的程序和方法(第3版)》,朱光明译,重庆大学出版社,2015。

Abadie, Alberto, Drukker, D., Herr, J. L., & Imbens, G. W. (2004). Implementing Matching Estimators for Average Treatment Effects in Stata. *The Stata Journal*, 4 (3).

Abramo, G., & D'Angelo, C. A. (2014). How Do You Define and Measure Research Productivity?. *Scientometrics*, 101 (2).

Aiken, L. S., West, S. G. (1991). *Multiple Regression: Testing and Interpreting Interactions*. New bury Park, CA: Sage.

Allison, P. D., & Long, J. S. (1990). Departmental Effects on Scientific Productivity. *American Sociological Review*.

Andreoli, K. G., Musser, L. A., (1984). Improving Nursing Faculty

Productivity. Nurse Educator, 9（2）.

Anon. (2001). *Time Series Analysis. Pharmacoepidemiology：Behavioral and Cultural Themes.* Newcastle：Center for Clinical Epidemiology and Biostatistics Australia.

Babbage, Charles. (1832). The Economy of Machinery and Manufactures, *The Works of Charles Babbage.* //Martin Campbell-Kelly, Vol. 8, London：William Pickering, 1989：138.

Baird, L. L. (1986). What Characterizes a Productive Research Department? . *Research in Higher Education*, 25（3）.

Baron, R. M. , & Kenny, D. A. (1986). The Moderator-mediator Variable Distinction in Social Psychological Research：Conceptual, Strategic, and Statistical Considerations. *Journal of Personality and Social Psychology*, 51（6）.

Bean, J. P. (1982). *A Causal Model of Faculty Research Productivity.* Paper presented at the Annual Meeting of the American Educational Research Association, New York, March.

Becher, T. (1987) . *The Disciplinary Shaping of the Profession*, in B. R. Clark (ed.) The Academic Profession. Berkeley, CA：University of California Press.

Becher, T. (1994). The Significance of Disciplinary Differences. *Studies in Higher Education*, 19（2）.

Bentley, R. J. (1990). *Faculty Research Performance Over Time and Its Relationship to Sources of Grant Support* (Doctoral dissertation, University of Michigan).

Berry, C. R. , & Glaeser, E. L. (2005). The Divergence of Human Capital Levels Across Cities. *Papers in Regional Science*, 84（3）.

Biglan, A. (1973). The Characteristics of Subject Matter in Different

Scientific Areas, *Journal of Applied Psychology*, 57 (3).

Birnbaum, P. H. (1983). Predictors of Long-term Research Performance.// Epton S. R., Payne R. L., & Pearson A. W., (eds.) *Managing Interdisciplinary Research*. New York: John Wiley and Sons.

Blackburn, R. T., & Lawrence, J. H. (1986). Aging and the Quality of Faculty Job Performance. *Review of Educational Research*, 56 (3).

Blackburn, R. T., Behymer, C. E., & Hall, D. E. (1978). Research note: Correlates of Faculty Publications. *Sociology of Education*.

Blackburn, R. T., Bieber, J. P., Lawrence, J. H., & Trautvetter, L. (1991). Faculty at work: Focus on Research, Scholarship, and Service. *Research in Higher Education*, 32 (4).

Blackmore, P., & Kandiko, C. B. (2011). Motivation in Academic Life: A Prestige Economy. *Research in Post-compulsory Education*, 16 (4).

Bland, C. J., & Ruffin, M. T. (1992). Characteristics of a Productive Research Environment: Literature Review. *Academic Medicine*, 67 (6).

Bland, C. J., & Schmitz, C. C. (1986). Characteristics of the Successful Researcher and Implications for Faculty Development. *Journal of Medical Education*.

Bland, C. J., Center, B. A., Finstad, D. A., Risbey, K. R., & Staples, J. G. (2006). The Impact of Appointment Type on the Productivity and Commitment of Full-time Faculty in Research and Doctoral Institutions. *The Journal of Higher Education*, 77 (1).

Bland, C. J., Center, B. A., Finstad, D. A., Risbey, K. R., & Staples, J. G. (2005). A Theoretical, Practical, Predictive Model of Faculty and Department Research Poductivity. *Academic Medicine*, 80 (3).

Bunton, S. A. , & Mallon, W. T. (2007). The Impact of Centers and Institutes on Faculty Life: Findings from a Study of Life Sciences Faculty at Research-intensive Universities' Medical Schools. *Innovative Higher Education*, *32* (2).

Burke, K. G. , Fender, B. F. , & Taylor, S. W. (2007). Walking the Tightrope: the Impact of Teaching and Service on Scholarly Productivity for Accountants. *The Journal of Learning in Higher Education*, *3* (1).

Chen, Y. , Nixon, M. R. , Gupta, A. , & Hoshower, L. (2010). Research Productivity of Accounting Faculty: an Exploratory Study. *American Journal of Business Education (AJBE)*, *3* (2).

Chung, S. W. , Clifton, J. S. , Rowe, A. J. , Finley, R. J. , & Warnock, G. L. (2009). Strategic Faculty Recruitment Increases Research Productivity within an Academic University Division. *Canadian Journal of Surgery*, *52* (5).

Clemente, F. (1973). Age and Academic Mobility. *Gerontologist*, *13* (4).

Collins, B. A. (1993). A Review and Integration of Knowledge about Faculty Research Productivity. *Journal of Professional Nursing*, *9* (3).

Coop, L. A. (1984). Deans Identify Factors which Inhibit and Facilitate Nursing Research. *Journey of Advanced Nursing*, *9* (5).

Creswell, J. W. (1985). *Faculty Research Performance: Lessons from the Sciences and the Social Sciences*. ASHE-ERIC Higher Education Report No. 4, 1985. Association for the Study of Higher Education, One Dupont Circle, Suite 630, Department PR-4, Washington, DC 20036.

Dreyfus, H. , Rabinow, P. (1928). *Michel Foucault: Beyond Structuralism and Hermeneutics*, Brighton: Harvester Press.

Diamond, A. M., (1986). The Life-cycle Research Productivity of Mathematicians and Scientists. *Journals of Gerontology*, *41* (4).

Diers, D., (1970). Faculty Research Development at Yale. *Nursing Research*, *19* (1).

Dund6ar, H., & Lewis, D. R. (1998). Determinants of Research Productivity in Higher Education. *Research in Higher Education*, *39* (6).

Eeckhout, J., Pinheiro, R., Schmidheiny, K. (2014). Spatial Sorting. *Journal of Political Economy*, *122* (3).

Egghe, L. (2006). Theory and Practice of the G-index. *Scientometrics*, *69* (1).

Finkelstein, M. J. (1984). *The American Academic Profession: A Synthesis of Social Scientific Inquiry Since World War II*. Ohio State University Press.

Fitzpatrick, J. J., Abraham, L. L. (1987). Toward the Socialization of Scholars and Scientists. *Nurse Educator*, *12* (3).

Fox, M. F. (1991). Gender, Environmental Milieu and Productivity in Science. *In the Outer Circle: Women in the Scientific Community.* New York: W. W. Norton.

Garnero, A., Kampelmann, S., & Rycx, F. (2014). The Heterogeneous Effects of Workforce Diversity on Productivity, Wages, and Profits. *Industrial Relations: A Journal of Economy and Society*, *53* (3).

Gaston, J. (1978). *The Reward System in British and American Science.* New York: A Wiley-Interscience Publication.

Giannetti, M. (2001). Skill Complementarities and Migration Decisions. *Labour*, *15* (1).

Gortner, S. (1982). Researchmanship: Research Funding Sources. *Western Journal of Nursing Research*, 4 (2).

Goodwin, T. H., & Sauer, R. D. (1995). Life Cycle Productivity in Academic Research: Evidence from Cumulative Publication Histories of Academic Economists. *Southern Economic Journal*.

Gregorutti, G. (2008). *A Mixed-method Study of the Environmental and Personal Factors that Influence Faculty Research Productivity at Small-medium, Private, Doctorate-granting Universities*. Andrews University.

Gustin, B. H. (1973). Charisma, Regognition, and Motivation of Scientists. *American Journal of Sociology*, 78 (5).

Guyer, L., & Fidell, L. (1973). Publications of Men and Women Psychologists: Do Women Publish Less?. *American Psychologist*, 28 (2).

Hanson, E. M. (1998). Strategies of Educational Decentralization: Key Questions and Core Issues. *Journal of Educational Administration*, 36: 2.

Hawkins, R. W., Langford, C. H., & Sidhu K. S. (2006). University Research in an Innovation Society.

Hedjazi, Y., & Behravan, J. (2011). Study of Factors Influencing Research Productivity of Agriculture Faculty Members in Iran. *Higher Education*, 62 (5).

Hirsch, J. E. (2005). An Index to Quantify an Individual's Scientific Research Output. *Proceedings of the National Academy of Sciences*, 102 (46).

Hu, Q., & Gill, T. G. (2000). Is Faculty Research Productivity: Influential Factors and Implications. *Information Resources Management Journal*

(*IRMJ*), *13* (2).

Hunter, D. E., & Kuh, G. D. (1987). The "Write Wing": Characteristics of Prolific Contributors to the Higher Education Literature. *The Journal of Higher Education*, *58* (4).

Imbens, G. W. (2000). The Role of the Propensity Score in Estimating Dose-response Functions. *Biometrika*, *87* (3).

James, L. R., & Brett, J. M. (1984). Mediators, Moderators, and Tests for Mediation. *Journal of Applied Psychology*, *69* (2).

Javier Ruiz-Castillo. (2016). Research Output Indicators Are not Productivity Indicators, *Journal of Informetrics*.

Jennings, J. D. (1998). *Faculty Productivity: A Contemporary Analysis of Faculty Perspectives.* Stanford University.

Johnes, G., & Johnes, J. (1993). Measuring the Research Performance of UK Economics Departments: An Application of Data Envelopment Analysis. *Oxford Economic Papers.*

Ju, M. (2010). *The Impact of Institutional and Peer Support on Faculty Research Productivity: A Comparative Analysis of Research Vs. Non-Research Institutions.* Seton Hall University.

Judd, C. M., & Kenny, D. A. (1981). Process Analysis: Estimating Mediation in Treatment Evaluations. *Evaluation Review*, *5* (5).

Jung, J. (2012). Faculty Research Productivity in Hong Kong across Academic Discipline. *Higher Education Studies*, *2* (4).

Kahneman, D. (2013). *Thinking, Fast and Slow* (1st pbk. ed.). New York: Farrar, Straus and Giroux.

Keith, B., & Babchuk, N. (1994). A Longitudinal Assessment of Productivity in Prominent Sociology Journals and Departmental Prestige. *The American Sociologist*, *25* (4).

Kolb, D. A. (1981). Learning Styles and Disciplinary Differences, in A. Chickering (ed.) *The Modern American College.* San Francisco, CA: Jossey-Bass.

Kotrlik, J. W., Bartlett, J. E., Higgins, C. C., & Williams, H. A. (2002). Factors Associated with Research Productivity of Agricultural Education Faculty. *Journal of Agricultural Education*, *43* (3).

Kremer, M. (1993). The O-ring Theory of Economic Development. *The Quarterly Journal of Economics*, *108* (3).

Lane, J., Ray, R., & Glennon, D. (1990). Work Profiles of Research Statisticians. *The American Statistician*, *44* (1).

Lase, E. P. S., & Hartijasti, Y. (2018). The Effect of Individual and Leadership Characteristics Toward Research Productivity with Institutional Characteristics as a Mediator Variable: Analysis Toward Academic Lecturers in the Faculty of Economics and Faculty of Linguistic and Arts at University. *The South East Asian Journal of Management*, *12* (1).

Layzell, D. T. (1996). Faculty Workload and Productivity: Recurrent Issues with New Imperatives. *The Review of Higher Education*, *19* (3).

Lertputtarak, S. (2008). *An Investigation of Factors Related to Research Productivity in a Public University in Thailand: A Case Study* (Doctoral dissertation, Victoria University).

Levitan, A. S., & Ray, R. (1992). Personal and Institutional Characteristics Affecting Research Productivity of Academic accountants. *Journal of Education for Business*, *67* (6).

Levin, S. G., Stephan, P. E. (1991). Research Productivity over the Life-cycle-evidence for Academic Scientists. *American Economic*

Review. 81（1）.

Long J. S., Andrews F. M. （1981）. Scientific Productivity: The Effectiveness of Research Groups in Six Countries. *Contemporary Sociology*, *10*（3）.

Long, J. S., & McGinnis, R. （1981）. Organizational Context and Scientific Productivity. *American Sociological Review*.

Lotka, A. J. （1926）. The Frequency Distribution of Scientific Productivity. *Journal of the Washington Academy of Sciences*, *16*（12）.

Lucas Jr, R. E. （1988）. On the Mechanics of Economic Development. *Journal of Monetary Economics*, *22*（1）.

Mamiseishvili, K., & Rosser, V. J. （2010）. International and Citizen Faculty in the United States: An Examination of Their Productivity at Research Universities. *Research in Higher Education*, *51*（1）.

Marshall, A. （1920）. *Principles of Economics*, *8th Edition*, London: Macmillan.

Martin C. （1999）. *Globalization and Educational Reform: What Planners Need to Know*. Paris: International Institute for Educational Planning, UNESCO.

Marx, K., Aveling E. B., & F. Engels. （1967）. *Capital: A Critique of Political Economy*. （Vols. 1）, New York: International.

Megel, M. E., Langston, N. F., & Creswell, J. W. （1988）. Scholarly Productivity: A Survey of Nursing Faculty Researchers. *Journal of Professional Nursing*, *4*（1）.

Menzies, H., & Newson, J. （2007）. No Time to Think: Academics' Life in the Globally Wired University. *Time & Society*, *16*（1）.

Meyer, J. W., & Rowan, B. （1977）. Institutionalized Organizations: Formal Structure as Myth and Ceremony. *American Journal of*

Sociology, 83 (2).

Nieswiadomy, R. M. (1984). Nurse Educators Involvement in Research, *Journal of Nursing Education*, 23 (2).

North, D. (1691). *Structure and Change in Economic History.* New York: W. W. Norton& Company.

Okrasa, W. (1987). Differences in Scientific Productivity of Research Units-measurement and Analysis of Output Inequality. *Scientometrics*, 12 (3-4).

Over, R. (1982). Does Research Productivity Decline with Age?. *Higher Education*, 11 (5).

Perry, R. P., Clifton, R. A., Menec, V. H., Struthers, C. W., & Menges, R. J. (2000). Faculty in Transition: A Longitudinal Analysis of Perceived Control and Type of Institution in the Research Productivity of Newly Hired Faculty. *Research in Higher Education*, 41 (2).

Pineau C., Levy-Leboyer C. (1983). Managerial and Organizational Determinants Ofeffciency in Biomedicai Research Teams (Social Sciences) // Epton S. R., Payne R. L., & Pearson A. W., (eds.) *In Managing Interdisciplinary Research.* New York: John Wiley and Sons.

Porter, S. R., & Umbach, P. D. (2001). Analyzing Faculty Workload Data Using Multilevel Modeling. *Research in Higher Education*, 42 (2).

Power, M. (1997). *The Audit Society: Rituals of Verification.* OUP Oxford.

Pranulis, M. F., Gortner, S. R. (1985). Characteristics of Productive Research Environments in Nursing. *Western Journal of Nursing*

Research, 7 (1).

Primack, R. B., & O'Leary, V. (1989). Research Productivity of Men and Women Ecologists: A Longitudinal Study of Former Graduate Students. *Bulletin of the Ecological Society of America*, 70 (1).

Ramsden, P. (1994). Describing and Explaining Research Productivity. *Higher Education*, 28 (2).

Sax, L. J., Hagedorn, L. S., Arredondo, M., Dicrisi, F. A., (2002). Faculty Research Productivity: Exploring the Role of Gender and Family-related Factors. *Research in Higher Education*, 43 (4).

Sindermann, C. J. (1985). *The Joy of Science: Excellence and Its Rewards*. New York: Plenum Press.

Shore, C., & Wright, S. (2000). Coercive Accountability: the Rise of Audit Culture in Higher Education. // Strathern M., (eds.). *In Audit Cultures: Anthropological Studies in Accountability, Ethics and the Academy*. London: Routledge.

Slaughter, S., & Cantwell, B. (2012). Transatlantic Mves to the Market: Academic Capitalism in the US & EU. *Higher Education*, 63 (5).

Slaughter, S., & Rhoades, G. (1996). The Emergence of a Competitiveness Research and Development Policy Coalition and the Commercialization of Academic Science and Technology. *Science, Technology, & Human Values*, 21 (3).

Smeby, J. C., & Try, S. (2005). Departmental Contexts and Faculty Research Activity in Norway. *Research in Higher Education*, 46 (6).

Smith, A. (1937). *An Imquiry into the Nature and Causes of the Wealth of Nations*. Edwin Cannan ed., New York: Random House.

Stigler, G. J. (1951). The Division of Labor is Limited by the Extent of the Market. *Journal of Political Economy*, 59 (3).

Stock, J. H. and M. Yogo (2005). Test for Weak Instruments in Linear IV Regression. In Identification and Inference for Econometric Models: Essays in Honor of Thomas J. Rothenberg, ed. Donald W. Andrews and James H. Stock. Cambridge: Cambridge University Press.

Susan, H. F., Daniel, T. (2000). Designing State Higher Education Systems for a New Century. *The Journal of Higher Education*.

Teodorescu, D. (2000). Correlates of Faculty Publication Productivity: A Cross-national Analysis. *Higher Education*, 39 (2).

Tien, F. F. (2000). To What Degree Does the Desire for Promotion Motivate Faculty to Perform Research? Testing the Expectancy Theory. *Research in Higher Education*, 41 (6).

Tien, F. F., & Blackburn, R. T. (1996). Faculty Rank System, Research Motivation, and Faculty Research Productivity: Measure Refinement and Theory Testing. *The Journal of Higher Education*, 67 (1).

Wagner, A. K., Soumerai, S. B., Zhang, F., & Ross-Degnan, D. (2002). Segmented Regression Analysis of Interrupted Time Series Studies in Medication Use Research. *Journal of Clinical Pharmacy and Therapeutics*, 27 (4).

Walker, J. (2009). Time as the Rourth Dimension in the Globalization of Higher Education. *The Journal of Higher Education*, 80 (5).

Wanner, R. A., Lewis, L. S., & Gregorio, D. I. (1981). Research Productivity in Academia: A Comparative Study of the Sciences, Social Sciences and Humanities. *Sociology of Education*.

Weber, M. (1958). *The Protestant Ethic and the Spirit of Capitalism.*

New York: C. Scribner.

Young, A. A. (1928). Increasing Returns and Economic Progress. *The Economic Journal*, 38 (152).

Zuckerman, H. (1967). Nobel Laureates in Science: Patterns of Productivity, Collaboration, and Authorship. *American Sociological Review*.

图书在版编目(CIP)数据

管中窥豹：科研助理在高校科研场域中的作用 / 林心颖著 . -- 北京：社会科学文献出版社，2023.11
（创新教育文库）
ISBN 978-7-5228-2620-2

Ⅰ.①管… Ⅱ.①林… Ⅲ.①高等学校-科研管理-研究-中国 Ⅳ.①G644

中国国家版本馆 CIP 数据核字（2023）第 193226 号

创新教育文库
管中窥豹：科研助理在高校科研场域中的作用

著　　者 / 林心颖

出 版 人 / 冀祥德
组稿编辑 / 任文武
责任编辑 / 郭　峰
责任印制 / 王京美

出　　版 / 社会科学文献出版社·城市和绿色发展分社（010）59367143
　　　　　 地址：北京市北三环中路甲29号院华龙大厦　邮编：100029
　　　　　 网址：www.ssap.com.cn

发　　行 / 社会科学文献出版社（010）59367028
印　　装 / 三河市龙林印务有限公司

规　　格 / 开　本：787mm×1092mm　1/16
　　　　　 印　张：17.5　字　数：233千字
版　　次 / 2023年11月第1版　2023年11月第1次印刷
书　　号 / ISBN 978-7-5228-2620-2
定　　价 / 88.00元

读者服务电话：4008918866

▲ 版权所有 翻印必究